埼玉県所沢市の中健二さんは、1町8反の畑で約36品目（100品種）の野菜をつくり、半分は地元スーパーと直売所へ、もう半分は約60軒のフランス料理店へ契約販売している。形はいろいろ、見てくれも悪いが、その味はフランス料理店のシェフを納得させるために選び抜かれたものばかりだ。右から「おふくろ」「辛味」「青長」「黒大根」「打木源助」「おこのみ」。

＊本文87ページからの記事もご覧ください。

べたがけ溝底播種なら冬でも収穫できる

大坪夕希栄さん　岐阜県下呂市

アトピーの子どもに、無農薬の野菜を食べさせたくてはじめた小松菜。べたがけ溝底播種なら寒い時期でも種まきできる

小松菜の溝底播種。かん水して土をならし、すじ付け器で25cm間隔に線をひく（右）。鍬で溝を掘る（上）

溝を歩いて鎮圧してから種まき（右）。気分はさながら綱渡り。鎮圧すると土の水分が保たれ、発芽がよくなる。上から不織布（パオパオ）をべたがけしておく。約3日で発芽（上）。溝の山の部分は乾いているが、種をまいた底の部分は、温度や水分が安定している

玉ねぎ植え。霜柱が立つと土と一緒に苗が持ち上げられてしまうので、しっかり踏んでおく

＊本文24ページからの記事もご覧ください

混植、混播で無農薬

伊勢村文英さん　広島県神石町

広島県神石町の伊勢村文英さんは、三〇年近く混植、混作を生かして無農薬野菜を栽培している。有機栽培を始めた頃、どうしてもにんじんがうまく発芽してくれなかった。古老に聞くと、コキビ、アワなどと混播することだという。やってみると、見事にコキビ、アワの陰でにんじんが発芽したという。それ以来、混播、混植のやり方に試行錯誤を重ねてきた。

混播されたほうれん草、小松菜、レタス

冷気が入るのを防ぐため、サイドに麦を植えている。真ん中で芽を出しているのはビタミン菜、小松菜。このあとににんじんが出てくる予定。覆土は落ち葉堆肥の細粒を使っている

真冬のにんじん畑。発芽をよくするために夏の播種時には、小松菜を一緒にまいた

芽キャベツは作付けが遅すぎて失敗してしまったが、その下から不断草やからし菜が生えてきている。手前の空いた空間は、今日収穫した水菜のあと

ハウス内にはところどころに麦を植えている。農薬を使わない伊勢村さんにとって、この麦は農薬代わりになる。べと病予防、アブラムシ対策、土壌改良対策と役割は大きい

文・写真　赤松富仁

混播したうね。冬場は3種類くらいの野菜を混播する。将来中心にすえる作物を多くまく

チンゲンサイのとうが立ってしまったが、混播してあるので別の野菜が収穫できる。チンゲンサイも花菜として出す

ベビーリーフ。ふつうは葉だけを摘むが、伊勢村さんは株ごと抜いて根だけ切って出荷。いわば間引き。栄養価のある茎部分も入れる

混播したうねから野菜をベビーリーフとして収穫しながら、将来はこのような一つの作物のうねにしていく

収穫した大根を並べて、種を採りたい母本（親株）を選ぶ

自家採種で個性的な野菜

岩崎政利さん　長崎県吾妻町

岩崎政利さんは、約八〇品種つくる野菜のうち、五〇品種を自家採種している。自家採種のよいところは、①種代が安くあがる　②固定種はそろいがわるく旬も短いが、やわらかくておいしいものが多い　③自分だけの野菜がつくれる　④その土地の気候風土に適応した、たくましい野菜になることだという。そして自家採種は、多様な品種を未来の世代に伝える、大切な作業である。

中国チンゲンサイ

中国白菜は少ない肥料でもよく育つ非結球白菜

紅芯大根。肌が白く中が赤いものを選んで種をとりつづけてきた。割れが多いのと、抽台が早いのが難点

黒田五寸にんじん（右）は「首が土の中にかくれて、お尻が丸く、色が濃い」ものがそろうようになった。フランスにんじん（左）は色が薄めだがおいしい

九条太ねぎ。深ねぎとして栽培したものが、やわらかく甘みがあって美味しい

源助大根（左端）、中国大根（右端）、女山三月大根（中央右）、中央左は中国大根の変り種

九条太ねぎの花の、種を採る直前の姿

ターサイ

どこから飛んできたのか、畑の隅で見つけた博多の地方品種・かつお菜

ターサイの花

写真　赤松富仁

＊本文一三四ページの記事もご覧ください。

「今年はあまり出来がよくないうえに、今は収穫を終えて残りもののような野菜が多いのですが…」と、畑でとれた野菜を見せる鈴木良一さんと奥さんの伸子さん

おいしい在来種をつくる

鈴木良一さん・伸子さん
茨城県石岡市

現在日本で栽培されている野菜の多くは交配種（F1）。F1にはすばらしい品種が多くあるが、色や形、連作を可能にするための耐病性ばかりを追求したり、多農薬、多肥栽培を前提とした品種改良も少なくない。農薬や化学肥料を使わない鈴木さんは、数年前から在来種や地種の野菜をつくり始めた。品種の特性をつかむのに何年もかかるそうだが、市場に出回っている品種より美味しいものもあるという。

不断草はほうれん草より暑さに強く、ほうれん草並みの美味しさ

九州地方のからし菜である三池高菜。秋は辛みの少ない漬け物に、春先は辛みのある漬け物になり、とても気に入っている

石倉根深ねぎ。古くからの長ねぎの代表種で、寒さ暑さにも強く、やわらかく甘みがのる

葉も美味しい与作大根（F1種）。種屋によれば、交配種の中では味は1～2位で毎年人気上昇中

宅配便の中にはその時できた野菜と保存野菜で10種類くらいと、加工品や仲間が作っている果物や卵などが入る。きゅうりは四葉系の純系きゅうり（長い種類）や新光A号（F1）。曲がりやすいが、とても美味しい。

しゃくし菜はチンゲンサイに似ているが、炒めてもおひたしでも合い、チンゲンサイより美味しい

元祖小松菜で味がいい丸葉小松菜。葉色は現在主流のものとちがって薄い

在来種、固定種を多く扱う種苗店

- ●野口種苗研究所
  埼玉県飯能市小瀬戸192-1　TEL042-972-2478
  http://noguchiseed.com/
- ●㈲浜名農園（畑懐《はふう》、旧芽ぶき屋）
  静岡県浜松市向宿2-25-27
  TEL 053-461-1472　FAX 053-461-1461

写真　赤松富仁

地中海起源の野菜

谷野守彦さん
静岡県浜松市

浜松市の谷野守彦さんは、全国のイタリアンやフレンチのレストランに、こだわり野菜を出荷している。イタリアンやフレンチの食材の世界は若い農業者の注目の的だという。

谷野さんが手に持つカーボロネーロは、別名黒キャベツ。種はイタリアから取り寄せた。イタリアでは豆と一緒に煮込んで食べられる。外側から葉をかきながら何回も収穫できる

左から、源助大根、ミラノカブ、紅芯大根、通称ドイツ大根（輪切りにするとリング状に紅が出る）、青長大根「長江」

ルッコラ・セルヴァチカ。ルッコラの野生種

ブラジルでよく食べられるケール。ブラジルで食べやすく改良された

セルフィーユ（チャービル）。布団（綿）マルチをしたら雑草が抑えられ、菌核も出なくなった

蘆川英顕さん　鳥取県米子市

文・写真　赤松富仁

タルディーボを持つ蘆川英顕さん。蘆川さんは、青果市場での仕事の傍ら、イタリア野菜の無農薬栽培を勧めている

タルディーボ（レッドチコリー）を使った料理。かすかな苦みがあって、日本の野菜ではたとえようのない食感。イタリア料理のシェフたちに絶大な人気

タルディーボはそのままでは苦味が強すぎる。遮光して流水に20日間ほど漬け込む。ここは大山の伏流水が流れる養魚場

岡山や島根の20戸ほどの農家が栽培に取り組んでいる。農家の１人、鈴木久治郎さんと生育具合を話し合う

傷んだ外葉を手で取ると、あざやかなワイン色に

チコリーの仲間のエンダイブも苦味がある。伏流水に漬け込むと、畑でとったとき（右）より、葉が細かくなって、価値が高くなる

カリフォルニアの冬野菜

ロサンゼルスの近くにあるバイタルズマン有機農場は、五〇年ほど前から有機栽培のいちじくや野菜を栽培してきた。世界中からWWOOFer（有機農場で働くボランティア）を受け入れており、日本からの視察者も多い。

文・写真　本田進一郎

レッドリーフレタスとリーキ（西洋ねぎ）の混植。畑は全部で2.4haしかない。畑の半分には200本のイチジクが植えてある。おもにサンタモニカのファーマーズマーケットで販売している

ルッコラ　ごまのような香りとマスタードのような辛味が美味

グリーンオークリーフレタスとレッドオークリーフレタス

マスタード　サラダで食べるとピリリとして美味しい。こぼれ種から自然に生えたもの

レッドチャード

ナスタチウム　花を収穫してサラダのいろどりにする

自宅の前にある直売所に立つアラン・カニンガムさん。父親のジョージが始めた農場を引き継いだ
バイタルズマン有機農場　http://www.vitalzuman.com/main.htm

サラダバッグ　少しずつ収穫した野菜を袋づめして、直売所に並べる

レッドリーフレタス

ケール、チャード、ディル

レッドチコリー

アーティチョークとレッドチャード

ワイルドスピナッチ（野生のほうれん草。畑の周囲に勝手に生えている）

ホワイトチコリー

イタリアンパセリ？ボランティアが種を勝手にまくので、アランも何が生えているのかわからない

ビーツ

チコリー　キク科キクニガナ属の多年草。欧米ではよく食べられ品種も多い

エンダイブはチコリーの仲間

ローズマリー

ソレル（すいば、すいかんぽ）

リーキ（西洋ねぎ）

春菊　英語でも「シュンギク」という

水菜　サラダで食べ人気がある

北海道蘭越町 中屋栄吉さんの畑の紫アスパラガス。もともと中屋さんの畑は、表土が5cmしかない重粘土の痩せ地で、冬場の山仕事で生活を支えてきた。それでも中屋さんはあきらめず、もみ殻と孵化場からでる鮭で毎年30tもの堆肥をつくり、畑に入れ続けてきた。現在では、アスパラガスが多収できる肥沃な土地に変わった。（撮影　赤松富仁）

農家が教える　家庭菜園　秋冬編

蕪や大根、小松菜などは、日本の伝統的な野菜と思っている人が多いであろう。しかし、これらは、遠く地中海地方から伝播してきた作物だ。古代に、麦作とともに東方へ伝わったと考えられている。地中海地方は冬が温暖で、これらの野菜は秋から春にかけて生育する。同じ地中海起源のブロッコリー、キャベツ、レタス、ほうれん草も冷涼な気候を好む。

寒さが厳しい日本の冬でも、さまざまな工夫によって野菜をつくることは可能だ。冬は害虫がいないし、病気もでにくい。そして寒さが厳しい地方ほど、おいしい野菜がとれる。冬こそが野菜の季節ともいえる。

本書では、冬野菜を上手につくる農家の知恵を集めました。

細井千重子さん（長野県南相木村）のミニハウス。ミニハウスがあれば、厳寒期でもじっくり野菜が育つ（撮影　赤松富仁）

目次

本書で取り上げた作物・野菜一覧

（五十音順）

*本書は左記の本を参考にして編集しました(いずれも農文協刊)。
月刊　現代農業
農業技術大系　野菜編
農業技術大系　作物編　土壌施肥編
食品加工総覧
家庭菜園コツのコツ　水口文夫 著
農学基礎セミナー　新版　野菜栽培の基礎　池田英男　川城英夫
家庭菜園レベルアップ教室　葉菜1　小寺孝治 編著

レイアウト・組版　ニシ工芸株式会社

Part 1
農家の菜園　秋冬編

「私の無農薬栽培になくてはならない存在」というほどに被覆資材を活用している大坪夕希栄さん。おもに使うのはべたがけ資材のパオパオと、蒸れにくいライトネット。短く切って使うことが多いので、カット用のスタンドを製作した

畑は小さくてもアイデアいっぱい

秋冬編

大坪夕希栄　岐阜県下呂市

9月は漬物用大根と赤かぶの種まきが大仕事（写真は白かぶ）

九月

大根と赤かぶの種まき

九月は漬物用の大根と赤かぶの種まきです。大根は遅くとも九月五日までに、赤かぶは十五日までにまきます。赤かぶは色づけに大根の間に入れて漬けるので小さいのがいいのですが、あまり早くまくと大きくなりすぎて使いにくいらしいです。

大根と赤かぶは、冬になるとばあちゃんが大きな樽にいくつも漬けるので、私が管理している家の周りの畑とはまた別に、数km離れた畑を借りて作っています。ここだけは主人が主役。無農薬・無化学肥料というわけには

元肥中心の赤かぶの種まき

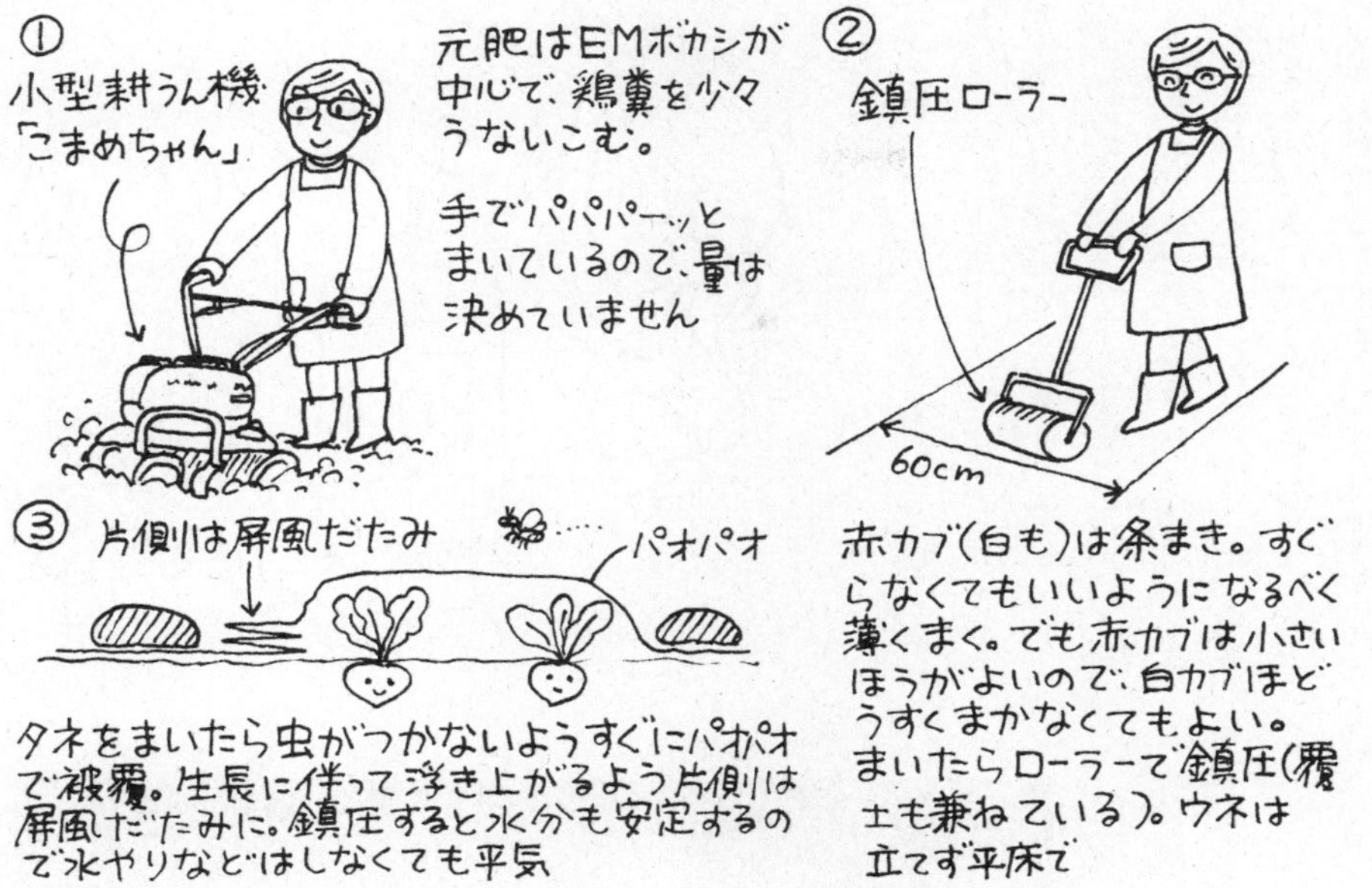
①
小型耕うん機「こまめちゃん」
元肥はEMボカシが中心で、鶏糞を少々うないこむ。
手でパパパーッとまいているので、量は決めていません
②
鎮圧ローラー
60cm
③
片側は屏風だたみ
パオパオ
タネをまいたら虫がつかないようすぐにパオパオで被覆。生長に伴って浮き上がるよう片側は屏風だたみに。鎮圧すると水分も安定するので水やりなどはしなくても平気
赤カブ(白も)は条まき。すぐらなくてもいいようになるべく薄くまく。でも赤カブは小さいほうがよいので、白カブほどうすくまかなくてもよい。
まいたらローラーで鎮圧(覆土も兼ねている)。ウネは立てず平床で

いきませんが、大根に関しては、種まきや追肥のやり方は私が管理している畑とほとんど同じです。土寄せもしないので草が気になりますが、秋は草の勢いも春先ほどではないので、気にしないようにしています。

赤かぶに関しては、借りている畑では元肥ゼロで追肥中心に育てますが、私の畑ではパオパオをかける都合上、あまり開け閉めしたくないので、追肥しません。元肥中心で、うね幅も狭くしてあります。

種まき後は、すぐに被覆すべし

百姓は毎年が一年生とはよくいいますが、本当に私のためにあるような言葉です。今年の春、お客さんから「ルッコラが大好きで、昨年も買ったけど、今年はもっとたくさん作ってね」と嬉しい注文がありました。ところがちょっと油断をして苗を枯らしてしまい、定植までにはいたりませんでした。

小松菜も気づくと次々と消えてゆきました。葉物は必ず被覆をしますが、きっと小さな虫か幼虫が中にまぎれていたのだと思います。被覆したライトネットの中で虫を飼っていたようなものです。隅のほうにわずかに生き残った小松菜をお浸しにしました。

「やっぱりあの時、途中で休憩したのがまずかったのかなー」と考えても後の祭り。お茶とお菓子のある「休み」にめっぽう弱い私ですが、種まきをしたら休まず敏速に被覆を、と肝に銘じました。

きゅうりやトマトの残渣で床土づくり

ハウスのきゅうりやトマトの残渣を活用して、床土を作っています。十月に種をまくレタスやキャベツなどのポット用の床土としたいので、九月の終わり頃、きゅうりやトマトが枯れたら取りかかります。

空いている畑に残渣を持って行き、細かくします。EMボカシなど、菌が活発に活動しそうなものを上からまいて畑にうないこみます。黒ポリマルチでおおったら、暑ければ一～二週間、秋なら一か月ぐらいして、黒ポリマルチの下に白い菌がぽつぽつと張って土ごと発酵してきたらできあがりです。ばあちゃんも、花の土などをここから持ってゆきます。

コオロギよけにはペットボトル

この間、『五年目で達成　私の有機無農薬

栽培』という本（久保英範著・農文協）を見ていたら、ペットボトルを利用してコオロギを退治する方法が書いてありました。

一ℓ以上のペットボトルを切って、種をまいたところに差し込んでおくと、コオロギを防ぐことができるらしいです。さっそくオクラの種まきのときに試してみました。

オクラの種もまいたあとに鎮圧します。一升びんの底で鎮圧しておくのですが、ペットボトルを土に押し込むときに種のまわりの土が動いてしまいました。できるだけ大きなペットボトル（三ℓ以上のもの）のほうが、土に押し込んでも土が動かず、いいような気がします。また、コオロギが飛び込まないくらいの高さが必要ですから、土の中に押し込むぶんを考えると、できるだけ長く切ったほうがよいと思います。今は秋野菜にそなえ、せっせとペットボトルを集めています。

その後、感じたことですが、はずすときは、苗が大きくなって十分に根を張らせてからのほうがよいと思いました。早くはずすと根が張っていないので、ペットボトルと一緒に苗も持ち上がってしまうようです。

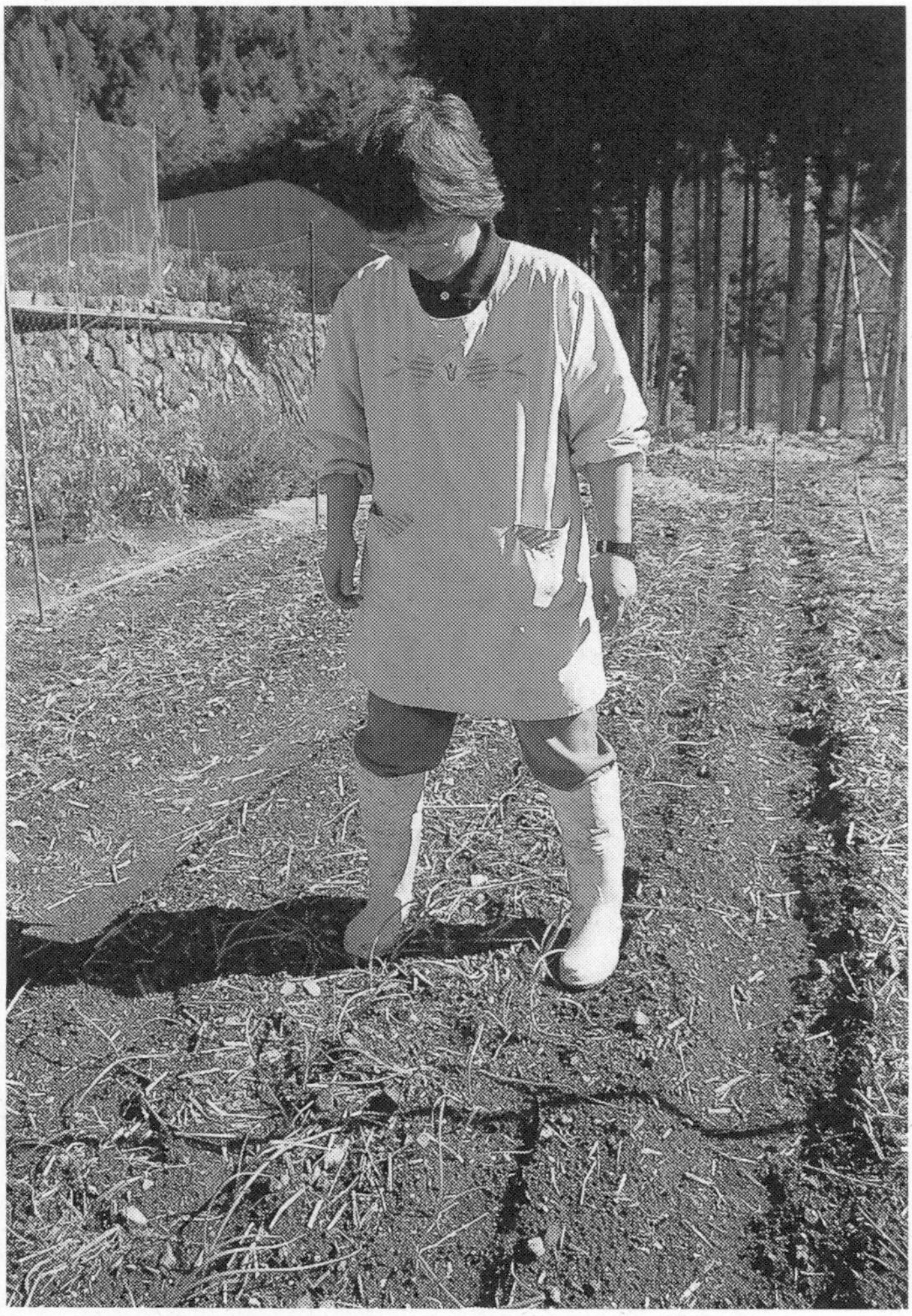
秋は玉ねぎ植え。霜柱が立つと土と一緒に苗が持ち上げられてしまうので、しっかり踏んでおきます

十月

玉ねぎは足で踏んでもみがらでマルチ

秋の刈り取りがすむと、知り合いからもみがらが大量に届きます。自分の田んぼのぶん

と合わせると、けっこうな量になります。

ばあちゃんは昔から草が生えないようにと、茶株の下やみょうがなどに、もみがらをどっさりと入れています。私もこの時期に定植する玉ねぎにまいて、マルチ代わりにしています。

玉ねぎは苗を買ってきますが、すじ付け器で二五cm間隔の線をひき、田植えの要領で植えてゆきます。そのあと、足で踏んで歩きます。冬に霜で土が浮き上がると苗が倒れてしまうことがありますので、踏んで押さえておきます。

玉ねぎはもみがらでマルチ

踏んだら上からもみがらをどっさりとかけておきます。カヤ堆肥でマルチをする時もありますが、カヤだと苗の上に乗っかってしまうと取りよけるのが面倒です。扱いやすいので、最近はもみがらを使用しています。

ふんだんに使えるもみがらくん炭

玉ねぎに使う以外のもみがらは、ほとんどくん炭にします。生のまま土に入れると窒素飢餓になりそうなのであまり使いません。くん炭にすれば微生物のすみかとなって土にもよさそうなので、ふんだんに使えます。

くん炭づくりは、ばあちゃんの出番です。じつは私はまだ一度も作ったことがありません。

秋、大活躍のくん炭製造機

以前は一斗缶に穴をあけて煙突をさしてやいていましたが、今は金物屋で購入したくん炭製造機（といっても簡単な作りですが）を使っています。

下の広がった部分に杉の葉など燃えやすいものを置き、火をつけます。煙が出てきたら周りにもみがらをかけてゆき、黒くなりかけたら、またその上にもみがらを足してゆくのを繰り返します。燃えて灰にならないように、全体が黒くなり、生のもみがらが少し残っているくらいにしておきます。

最後に水をかけて火を消しますが、私は「微生物が増えるかも」と思って、ＥＭ一号を三〇〇倍程度に薄めたものをじょうろでかけます。あとは冷めるまでそのまま広げておきます。冷ましている間、雨にあわないよう天気のよい日にやるのも大事なことです。

冷めたら菜種かすの袋などに入れて保存します。主にボカシに混ぜて使いますが、元肥と一緒に畑に混ぜることもあります。また、生のもみがらは水分調整のためもあってボカシにも使います。

レタスの種をポットにまいて越冬させる

十月になると種まき作業もそろそろ終盤、

露地で一番最後にまくのはレタスです。梅雨時の収穫を避けるため、十月中にポットにまきます。

じいちゃんが現役の頃は、発泡スチロール箱にすじまきして、箱の半分ぐらいまで土の中に埋めて春の定植まで置いておきました。そして、春の定植の時、発泡スチロール箱から苗を取り出していたのですが、底に切れた根が残っていました。

根を切るのはもったいないと思って、今は面倒でも小さいポットに種をまき、ポットの半分くらいまで土の中にいけています。定植はポットから取り出せば根を切らずにすむので、生育もいいような気がします。

十一月

秋の大仕事　漬物用大根・赤かぶの収穫

十一月は大根や赤かぶなど漬物用野菜の収穫時期です。主人やばあちゃん、時には高校生の息子も総出の作業となります。

大根を引き抜いたら、畑でばあちゃんが葉っぱを切り落としていきます。畑からは袋に入れて運ぶのですが、担ぐほうが楽なので南京袋（麻袋）を使っています。

普通のたくあん漬けは葉をつけたまま干し上げますが、この辺りの大根漬けは干さずに洗ったらすぐに漬け込んでゆきます。

六〇年のキャリアを持つばあちゃんの漬物を楽しみに待っていてくださる方も多いのですが、重い石を扱う作業も大変になってきたようなので、今年は作付け面積も大幅に減らしました。

花餅（飛騨地方の正月飾り）作りの時期と重なっていて、これまで私も手伝うこともなかったので、ばあちゃんは大根洗いからすべての仕事を一人でこなしてきました。

でも、ばあちゃんが元気なうちに私も漬け方を教えてもらわないと…と思って、昨年は少しは手伝いましたが、微妙なこつがあったり、生の大根ですから桶に並べるのも難しかったです。一度聞いたぐらいではすぐ忘れてしまうので、細かい手順をデジカメで撮ってパソコンに記録しました。でも、ばあちゃんと同じように作れるようになるのはいつになることやら…。いずれ私が漬物を漬ける時代がきたら、「昔のばあちゃんの漬物は美味かったなー」なんていわれるかもしれません。

そのほかにも冬の間に食べるねぎを埋《い》けるなど、まさに冬ごもりの準備をします。

うちのねぎの保存法 (横から見たところ)。ねぎは、わらで10本1束にまとめて、溝の中に埋けます。トタン等の雪よけをつけます

溝底播種で冬の小松菜

小さな畑でもピーマンやなすなどの夏野菜の後片付けなど、次から次へと仕事が出てきます。

雨除けハウスでは、夏のトマトが終わると冬野菜の準備が始まります。ハウスといっても長さ一二mほどの小さなものですが、『現代農業』に載っていた溝底播種法の記事を見てから、冬に小松菜を作れるようになりました（本誌カラー口絵、一〇九頁の図もご覧く

私の有機野菜の原点ともいえる小松菜

ださい・編集部）。春菊、オータムポエムも同じハウスの中で、やはり溝底播種します。

小松菜の種まきは十月の終わりから遅くとも十一月三日までにすませます。これでお正月の頃には間引いてお雑煮に入れることができます。お店に並ぶのは二月の中旬頃になります。鋏で根元をちょきんと切って、洗わずに袋詰めします。

有機野菜の原点、小松菜

冬、雪に埋もれたハウスの中で、青々とした小松菜を手に取る時、十数年前のせつない気持ちがよみがえります。

息子が生後四か月をすぎた頃、重度のアトピーだと診断されました。米や麦をはじめにんじん、じゃがいも、さつまいも、玉ねぎなど、次々とアレルゲンとなり、毎日の食事が戦いでした。食べられるのは雑穀と菜っぱ類。中でも小松菜がよいと聞いても、当時はまわりのお店にはなく、お正月の頃にもち菜としてわずかに出回るだけでした。無農薬の小松菜を手に入れるなど無理なこと。わが家でも極力農薬を避けて作ってもらうように頼みましたが、化学肥料のみの栽培でした。そこで、自分で畑をやるとなったら小松菜を、しかも無農薬で作ろうと思いました。小松菜は、私にとって有機野菜の原点ともいうべきものです。

小松菜は年間を通して作付けしていますが、最近、そのパワーを改めて実感する経験をしました。七月頃から毎日、家族中で小松菜ジュースを飲んでいたところ、十月の健診で私の骨密度がビックリするほどアップしていました。平成九年以来、いつも八五～八八％だったのが、今年はなんと一〇七％と見違えるような値になっていました。

作り方は、約六人分で生の小松菜二把弱、豆乳一カップ、水適量、りんご一個をミキサーにかけるだけです。一度試してみませんか？

黒ポリマルチの使いまわし

畑で収穫するものがなくなるといっても、仕事はけっこうあります。雪が積もる前に野菜の支柱や使用したマルチの片付けなどをしないといけません。

まずは猿除け用のネットを外します。一度、そのままにしておいたら雪の重みで支柱がつぶれてしまったことがあります。生えてきた雑草がネットにからんで外すのに苦労したことがあるので、ネットのすそが垂れるところには地面に、幅を半分にした黒マルチを張っています。これがあると草が出ないのでネットを外すのが簡単です。支柱と黒マルチはそのままにしておきますので、翌春はネットをかけるだけで済みます。

なすやピーマンに使った黒ポリマルチは、真ん中の穴のあいたところで二つ折りして

黒ポリマルチ使いまわし

①定植②追肥③土よせ、そして④うねの肩にマルチ。井原豊さんの本では最初からマルチして芽が出たら穴をあけ、追肥するときにはマルチをはがしますが、私はマルチの開け閉めが面倒なので、あとからマルチします。最初、ちょっと草が生えますが、気にしない、気にしない!?

トマトやきゅうりの残渣を細かくして乾燥、EM1号や木酢などをまいて土にうないこんだら黒ポリマルチ。白い菌が張って微生物いっぱいの土に

しまっておきます。これは、来年、ごぼうや土寄せをしたあとの里芋のうねの肩に敷くのに使います。除草になるし、これがあると、とくに里芋は根の脇から細かい芽が出にくくなるうえ、光が当たらず芋が青くなるのが防げます。

ベッドを黒ポリでマルチして雑草処理したり、トマト・きゅうりの残渣を黒ポリで覆って土ごと発酵させる際に使うのも使い古しの黒ポリマルチです。穴があいていないところを選んで最後まで使いまわします。

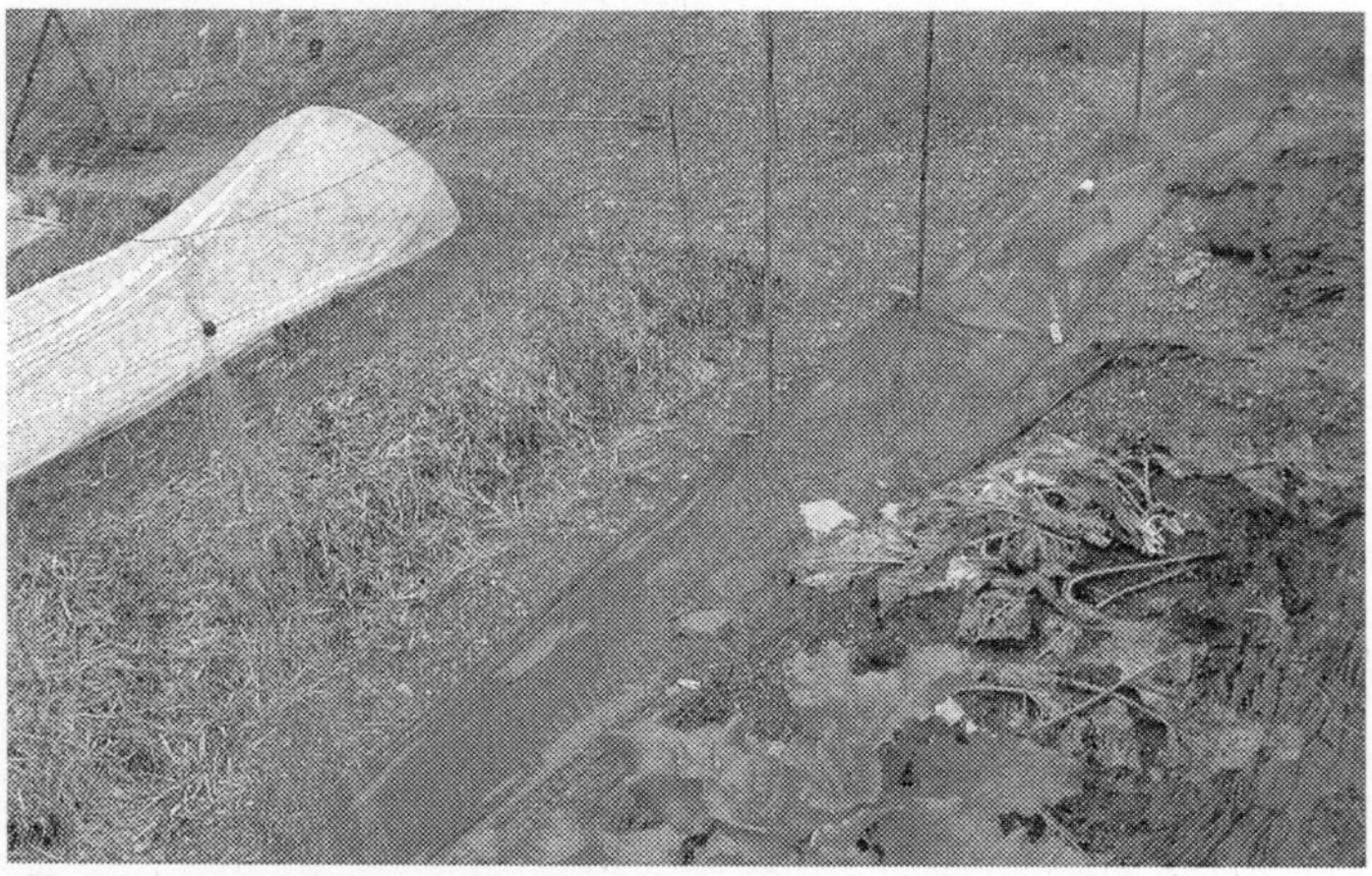
黒ポリを猿除けネットのスソにマルチする。草がからまず、ネットを外すのも楽

畑の片付け仕事も雪が積もればその時点で終了です。

十二月

十二月ともなると雪が降り出してきて、露地の畑はだんだんおしまいになってきます。畑以外にもいろいろと仕事があって、ばあちゃんは大根の漬物の仕込みの真っ最中です。大根は干していないので、すぐに水が上がってきます。水を出して、また大根を足して重石を戻して…を繰り返すので、しばらくは漬物桶から目が離せないようです。

私のほうは年の瀬が近くなると花餅作りです。飛騨の正月には欠かせないお飾りで、わが家では三〇年以上前から作っています。家の中はこぼれ落ちた餅の取り粉でざらざらになります。

春菊、オータムポエムも溝底播種で

冬の間の野菜はハウスでとれるものが主になります。十月末に溝底播種した小松菜もお正月には間引いて、お雑煮に入れて食べています。他にもハウスの中には春菊やオータムポエムなどがあり、小松菜と同じように溝底播種で種をまいています。

　最近は秋になっても気温が高い年が続いています。暖かいと虫たちも生きているわけで、去年は、小松菜は発芽したものの、しばらくしてからパオパオを開けてみてビックリ。ほとんど食べられていました。コオロギの格好の餌食となっていたようで、慌ててまきなおしました。初めての経験でした。

　寒い時期だからこれまでは容易に無農薬で作れたキャベツや小松菜も、暖冬が続けば虫除けに四苦八苦するようになるのでしょうか？　スナックえんどうも秋に大きくなりすぎると寒さで枯れてしまいます。昨年と同じように暖かい日が続くようであれば、今後は種まきの日を遅らせようかとも思っています。

　露地の畑が雪に包まれると外へ出ることもなく、夏の忙しさとは比べようもないくらいにゆったりと時間が過ぎていきます。ばあちゃんは、こたつにあたりながら日頃後回しにしていた仕事に精を出します。小豆や発芽玄米を作るための玄米の選別、夏の間に書きためていたノートの整理、繕い物などなど。その横で私は今年の作付けや品種などを考えながらパソコンと向き合っています。

頼もしい仲間　べっぴん会

　私には野菜づくりの頼もしい仲間がいます。生協の共同購入の仲間ですが、農業に関心のある専業主婦の集まりです。グループ名は「べっぴん会」。メンバーは五人で私が一番年下です。おかずを一品ずつ持ち寄って一か月に一回ほどお昼に集まっています。五人が持ち寄ると、かなり豪華な食事になります。

　たとえば、五平餅、紫芋団子のきな粉かけ、五目味噌汁、野菜天ぷら、小豆菜のごま和え、クレソンと新玉ねぎの自家製ドレッシングのサラダ、きんぴらごぼう、瓜と野沢菜の漬物、朴葉味噌あんパン、ふんわり生ブッセ…。ほとんどが旬の素材を生かしたお手製の料理です。

　このとき、話題の中心はやはり野菜づくりのこと。以前は自分一人で考えたり悩んだりと、なんとも孤独な百姓生活だったのですが、栽培方法は様々でも、安心して食べられる野菜を作り、楽しんで農業がしたいという仲間がいることはとても頼もしいことです。

わが家にあった最後の一つ。丹生川村の宿儺かぼちゃは、もっとひょろ長いかたちをしています

おすすめ品種

宿儺《すくな》かぼちゃ

　もとは飛騨高山の隣にある丹生川村の特産のかぼちゃです。へちまのような長い形で、硬くてクリのようにホクホクとした食感です。とても評判がよく、今、萩原や下呂ではちょっとしたブームです。

　なるべく交配しないように、離れた休耕田で作りました。準備は、全面にEMボカシと灰を少しだけまいて耕うんし、黒ポリを張っただけです。他に植えるものがなかったので、一二mほどのうねに三株という超疎植、ほったらかし栽培だったにもかかわらず、一六個もとれてビックリしました。でも、いくらおいしいかぼちゃでもあまり長く保存しているとやわらかくなってくるようです（丹生川村の「宿儺かぼちゃ研究会」で生産したものが、「両面宿儺」という名前で商標登録されています。品種登録も申請中だそうです）。

スイートシュガー南瓜

冬まで保存していてもほっくりしている品種です。べっぴん会の三人が作っていました。三か月ぐらいはほっくりしていておいしいそうです。（(株) 大和農園）

かぼちゃ「かちわり」

うどんこ病に強く、冬まで貯蔵できるという「かちわり」も試してみたいと思っています（自然農法国際研究開発センター）。

ごぼう「サラダむすめ」

私の畑は石ころだらけで土が比較的浅い畑なので、長いごぼうを畑に直接まいてまっすぐに育てるのは無理です。底を切った肥料袋を畑の上に置き、土を入れて育てていましたが、土入れも大変です。

その点、短いごぼうは、うね幅を広く取ればある程度の高うねにできるので掘り取りも楽です。長さは三五cmぐらいで早く収穫できます。昨年は四月一日にまき、七月十日に収穫しました。私の野菜を販売してもらっている、地元のお店「肉の天狗」さんでも人気のごぼうで、すぐに売り切れてしまいます（タキイ種苗（株））。

土が浅くて石ころだらけの私の畑では、長いごぼうより短いごぼうのほうがいいみたい

きゅうり「つばさ」

苗つくりの失敗もなく、おいしくて作りやすいので、無農薬栽培に向いている品種だと思います。「肉の天狗」さんにはじめて持っていったのがこのきゅうりでした（タキイ種苗（株））。

きゅうり「バテシラズ」

「つばさ」は雨よけハウスで作りますが、昨年、露地で遅まき用として作ったのがこれです。形が太くて短く、霜の降る頃まで収穫できるそうです。でも、私は畑の準備が間に合わず、無肥料でうねの間にボカシをまいただけの、かなりの手抜き栽培だったせいか、早くにバテてしまいました。それでもきゅうりが十月の初めまで収穫できたのは、わが家では初めてのことでした。種は採ったので、今年はもっと計画をしっかり立てて、再度挑戦したいと思います（自然農法国際研究開発センター）。

種の保存は冷蔵庫で

小さな畑では、小袋でも種を使い切ることができないことが多くあります。そこで、余った種は袋を密閉して、さらにジッパー付きのフリーザーバッグに入れて冷蔵庫にしまいます。

私の父の実家は飛騨高山で、叔父夫婦が昔から飛騨ねぎを栽培しています。このねぎを、私は屋号からとって勝手に「宗兵衛ねぎ」と呼んでいます。三年前その種をわけてもらったのですが、量が多くて使い切ることができず、冷蔵庫に保存しました。昔からねぎの古種は発芽しないといわれているようですが、昨年もちゃんときれいに発芽しました。

この方法は以前、故・井原豊さんの記事に載っていました。種も種類が多くなると結構な値段になるので、とっても助かっています。（姉妹編の『家庭菜園　春夏編』四一頁に種の保存法があります・編集部）

辛唐辛子でにんにく南蛮

冬、大根の漬物を仕込むのはばあちゃんの仕事です。大人が二人は入れるほど大きな樽にいくつも漬けてゆきます。この漬物に使う辛唐辛子も自家採種して二種類作っています。品種名はわからないのですが、一つは一〇年ほど前に近所の方からいただいたもので、もう一つは農協で買った苗です。以前、韓国唐辛子と同じ畑で一緒に作ったら、交雑したのか辛くなくなってしまったのですが、それでも市販品よりもすごく辛いです。

この漬物用の唐辛子が余ると、冬で外仕事ができないとき、私はにんにく南蛮を作ります。その時ばかりは、家中がにんにくの匂いであふれています。煮物や焼肉のたれ、豚汁など何でも使えて、わが家の常備調味料です。

何事も経験、失敗も「先生」

この一年間は自分の書いたことに対する責任を感じながら、農作業をしていました。「私はこのやり方でいいけど、専門家や専業でやっている人から見たらどうなのかなー」と考えたり。

毎年、何か一つは思うようにいかないことがあります。でも、専門的な知識もない私には「失敗が先生」と思って、「まっいいかー、何事も経験やさー」と、のんきに構えての畑仕事です。

一七年前、重いアトピーと診断された子どもが、安心して食べられる野菜がほしいという思いから出発した私の農業です。今こうして何とか楽しんで百姓暮らしができることに幸せを感じています。

（岐阜県下呂市）

二〇〇四年一月号〜十二月号　畑は小さくてもアイデアいっぱい

にんにく南蛮の作り方

①カリカリになるまで干した赤唐辛子を、ミルにかけて粉にする
②①を100ｇほど、大きいボウルに移しておく
③薄皮をむいたにんにく1.7kgと濃い口しょうゆ１升を、少しずつミキサーにかける。しょうゆはにんにくがミキサーで回る程度に入れてゆく
④にんにくが細かくなったら、②のボウルに入れる
⑤残ったしょうゆを全部ボウルの中に入れてよく混ぜ合わせる
⑥海苔のビンなどに入れて保存

※私は小さいビンに小出ししていますが、常温で何年でも保存できます

菜園づくりのびっくりアイデア

秋冬編

井原英子　兵庫県太子町

筆者と菜園（撮影　平蔵伸洋）

（撮影　平蔵伸洋）

秋なす

枝を切り込むと樹が若返る

　今年のなすは、植え付け後に雨が続き、生育が遅れました。主人（井原豊・故人）は、なすなど出来が悪かったとき、「その年に二回、同じもんが作れたら、二回目は絶対に失敗せんのに」と悔しがっていました。露地ものしか作らない我が家に、二回目はありません。出来が良くても悪くても、八月はなすの枝を切り込んで、美味しい秋なすが成り始めるのを待ちます。

　主人は、なすを朝五時半くらいからちぎりました。私は、なすのうねの真ん中の通路で、四輪の手押し車を押し、主人は「さっきの品種よりこっちのがいい」とか言いながら、手ごろな大きさの果実を残さず収穫しました。そして八月に入ると、なすの枝を鋏で切り込みました。これらの作業はとても大切だったらしく、「手伝ってくれ」とも言いませんでした。

　そのときはまったく興味がなかったのですが、自分で作るようになって思い出し、その通りに実をちぎったり枝を切りました。すると、樹が若返り、大きな秋なすが揃いよく見事に成るのです。肌がきめ細かくてきれいな実です。成り始めの小さな実も漬物にすると皮がとてもやわらかい。秋なすは煮るとビックリするくらい汁が濃い紫色になりますが、この強いあくが美味しいのでしょう。

　主人は考えながら枝を切っていたのでしょうが、私は気の向くまま。胸をはらすような気持ちで、適当にブサブサと切り込みます。それでも五年間、失敗したことはありません。なすの樹は手を広げたように作らず、すっきりとスタイルよく作るほうがいいようです。

　枝を切り込むと、その樹には一か月くらい実が成りません。我慢できない人は樹によって時期をずらして切り込んでやると切れ目なくなすがとれます。また、切り込んだ後に出てきた葉の色が薄く感じる時は、ほんの少し追肥します。うねの中心の敷きわらの上に化成肥料一握りを四～五歩おきにふってやります。

　また、樹の根元のわき芽をこまめに取ることで養分の消耗を防ぐこと、収穫適期の実は残さずちぎって樹の負担を軽くしてやることは、よい秋なすをとるためにも大切です。

8月は、なすの枝の切り込み

胸を晴らすような気持ちで
適当に枝を切る！
ブサ
ブサ
これで樹が若返る。
1カ月後
見事な秋ナスがそろい
よく成る。
ナスはスッキリ
スマートな樹
のほうがいい実
がとれます。

秋じゃがいも

種芋を砂床で芽出し

　八月末、秋じゃがいもを植え付ける頃ですが、わが家では畑が空きません。そこで、畑が空く九月下旬頃まで、砂を入れたコンテナで芽出しします。

　春じゃがいもは種芋を三等分にして植え付けましたが、秋じゃがいもは切らずに一個ずつ植え付けます。暑い時期なので、切ると腐る恐れがあるからです。春の種芋は切って使うのでサイズの大きいL寸ですが、秋は逆にS寸を使って株数を多くします。このほうが安上がりです。

　風通しのよい日陰を選び、ケースの底に砂を入れ、種芋を伏せ込み、砂で三～四cm覆土し、軽く水をかけます。その上に新聞紙をのせ、数本の細い棒で重しをしておきます（重しは猫のいたずら防止のため）。そして、九月中旬頃に一回、軽く水をかけます（芋が腐らないよう水のやりすぎに注意）。なお、砂は川砂を使いますが、海砂も何回か水をかけて塩分を流してやれば使えると思います。

九月に定植、一か月後に芽かき

　九月下旬頃、新聞紙をはぐと、ほんの小さな芽が出ています。この種芋を、二週間前までに準備しておいた畑に定植してやります。春じゃがいもを植えるときと同じように、米ぬかとラクトバチルス（微生物資材）を混ぜ、過リン酸石灰も加えて、畑で土づくりをしておくのです。

　定植は九月初旬。植え溝を切って芋を置き、ひとまず芋の上だけ覆土をしておきます。次に芋と芋のあいだに、一握りの硫安か有機肥料を入れて覆土。あとは黒マルチを張ればおしまいです。すると九月二十日過ぎには、芽がツンツンとマルチを突き上げてくるので穴を開けてやります。

春じゃがいもと少し違うところは、暑いので生長が早いことです。それに合わせて、十月初めには芽かきに入ります。芽かきのやり方も春じゃがいもと同じ。丈夫な茎を二本残すように左手の指ではさみながら芋を押さえ、右手で引きぬきます。

六月に収穫して貯蔵しておいた春じゃがいもは、九月にもなると二度目の芽をちぎります。そして、だんだんと栄養が減り、しわができて細くなる十一月末になると秋じゃがいもの掘り取り。霜が降りる頃の収穫になります。

秋じゃがいもの砂床芽出し

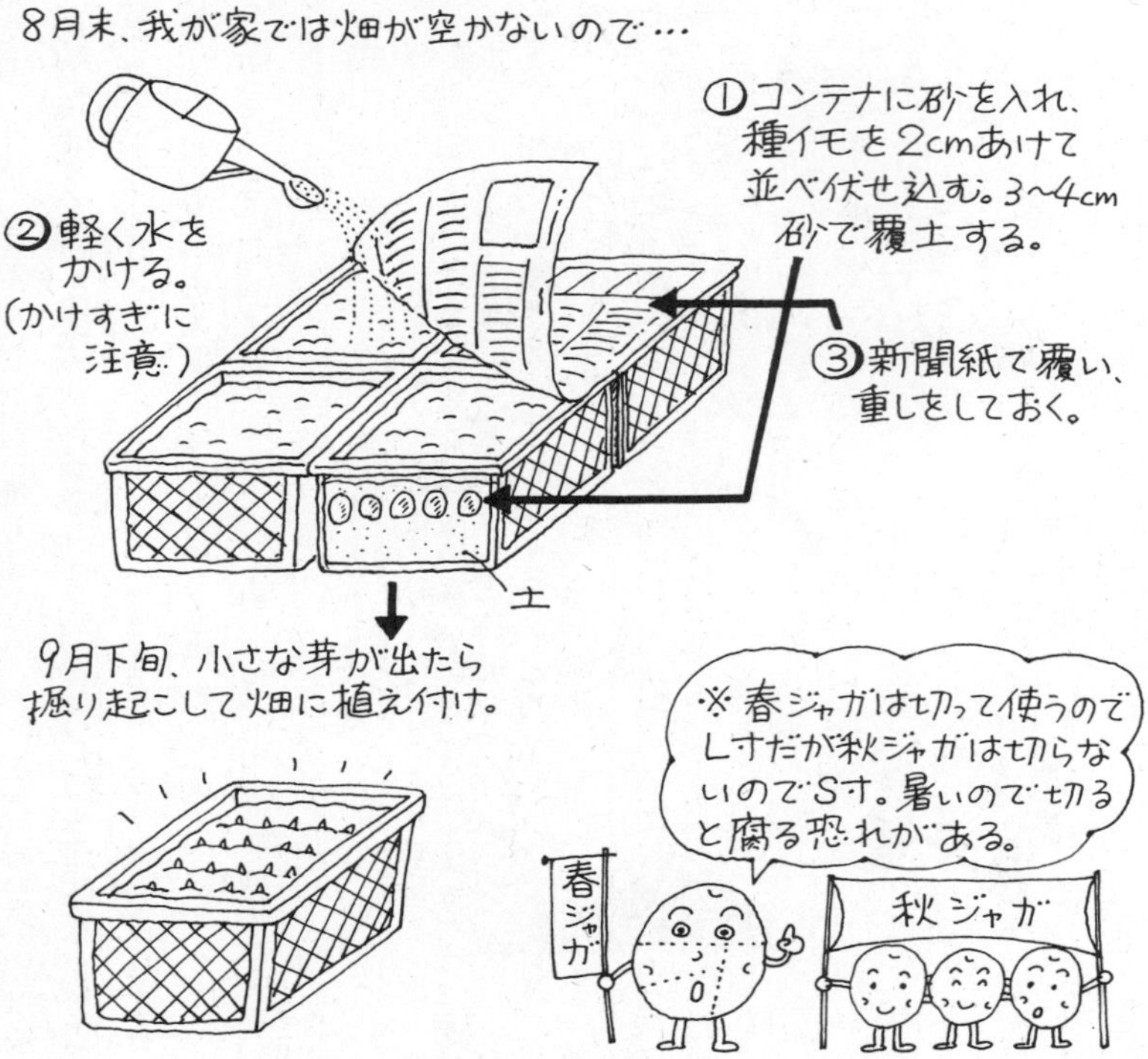
8月末、我が家では畑が空かないので…
①コンテナに砂を入れ、種イモを2cmあけて並べ伏せ込む。3～4cm砂で覆土する。
②軽く水をかける。(かけすぎに注意)
③新聞紙で覆い、重しをしておく。
土
9月下旬、小さな芽が出たら掘り起こして畑に植え付け。
※春ジャガは切って使うのでしすだが秋ジャガは切らないのでSす。暑いので切ると腐る恐れがある。
春ジャガ
秋ジャガ

すいか

ゴルフボール大から三〇日後が収穫適期

すいかは六月末～七月初めに花が開くので、よいお天気の日をねらい、まだ虫が飛んでいない朝十時頃に人工交配します。樹の重荷にならないよう、一株四個ぐらい着果させます。あとは、自然と玉がつき、大きくなっていきます。とにかく、すいかは捨て作りと考え、あまりうねの中に入らないようにします。

玉がゴルフボールぐらいになった時、玉のそばに日付を書いた札をつけた棒を立てておきます。近所の方に教わったのですが、その三〇日後が収穫目安です。お尻を見て、黄色くなっていたら収穫します。

すいかの収穫適期

ボクと同じ大きさになったら日付の棒をさすんだよ!
○月○日
(ゴルフボール)
(小果)
1カ月経ったしお尻も黄色くなったし食べごろだよ!
△月○日

我が家のすいかは接ぎ木していないので、皮が薄くて割れやすいのですが、とても甘く、サラッとした味です。

玉ねぎ

種をまいたら踏みつける

玉ねぎは九月二十四日頃までを目安に、種をまきます。その二週間前に、米ぬか、過石をふってすきこみ、苗床を作ります。上にビニルをかけておくと草抑えになるし、ぬかるむほどの大雨が降っても予定通り種まきできます。苗床に角材を使ってすじをつけ、指でひねりながら種を薄く落とし、土をかぶせます。

その後、苗床全面を足で踏みます。「かわいそう。それにちょっと心配…」のような気持ちもありますが、思い切って踏んでやります。私も主人がそうするのを見て、「その体重で大丈夫?」と聞くと、「おー、まあ見ておれ。すばらしい芽が吹いてくるぞ!」と言われました。

踏み終わったら新聞紙をのせ、さらにむしろなど重いものをかぶせます。四～五日経ってめくってみると、発芽一〇〇%、しかも芽に勢いがあります。足で踏みつけてやると、土の下のほうから水分が上がって、苗床にむらなく行き渡るからです。近所の方たちも主人を見て、みな玉ねぎの苗床を踏みつけるようになりました。

被覆は芽がひょろひょろにならないよう早めに取り、芽の上に土が乗っかっているので、じょうろの水で落としてやります。芽が四～五cmくらいになったら液肥を与えます。液肥は「目薬に使えるくらい」薄くして、回数多くやるようにします。

幅広・低うねのほうがムダなく、乾燥も防げる

九月のお彼岸にまいた玉ねぎは、十一月中頃に植えごろの苗となります。十一月初めには、過石、米ぬか、鶏糞、その他の肥料を入れて、二週間前には植え付け準備をすませることが大切です。

玉ねぎのうねの高さは五～六cmでいいです。幅は、三条植えなら一・二m、四条植えなら一・四mとし、三角鍬で五～六cmの深さに植えすじをつけていきます。

以前、主人に、なぜうねは低く幅を広くするのかとたずねると、「二条植えの細いうねは通路部分が増える。そういうことは畑の広い営業にする者がやればよい。自家用なら幅の広い四条植えにすれば、通路部分が減って畑の節約になる。うねの高さも低くていい。そのほうが乾燥が防げる」とのことでした。

玉ねぎの種まき（育苗床）

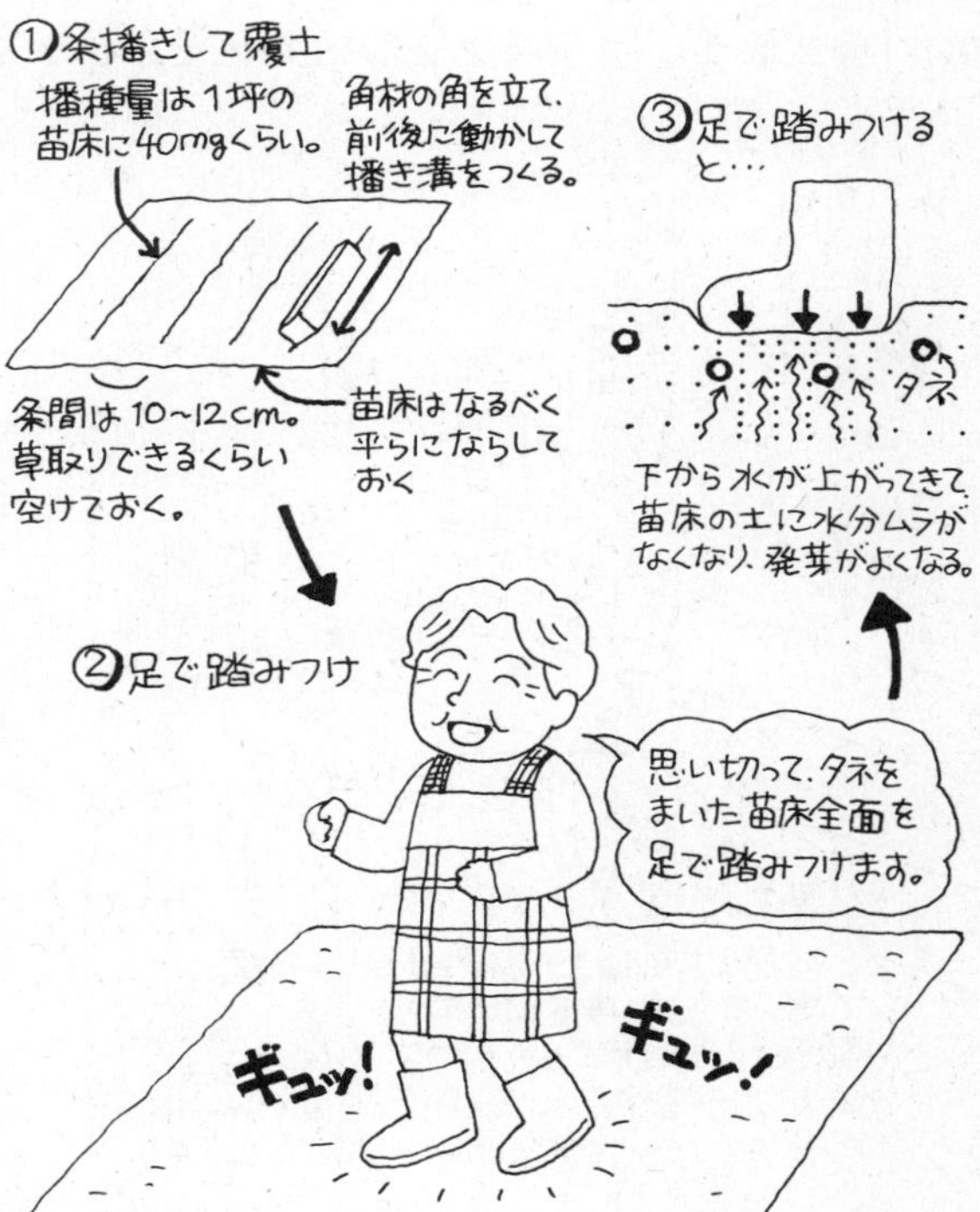
①条播きして覆土
播種量は1坪の苗床に40mℓくらい。
角材の角を立て、前後に動かして播き溝をつくる。
条間は10~12cm。草取りできるくらい空けておく。
苗床はなるべく平らにならしておく
②足で踏みつけ
③足で踏みつけると…
タネ
下から水が上がってきて苗床の土に水分ムラがなくなり、発芽がよくなる。
思い切って、タネをまいた苗床全面を足で踏みつけます。
ギュッ!
ギュッ!

主人は、こうして植え付け準備をすませた後、定植寸前に、もう一度土をほぐして整地してから、植え付けをしていました。こうしておくと、土をかぶせるのもとてもスムーズにできるので、仕事が早く、畑も美しくなります。

揃いをよくする同級生植え

玉ねぎの苗をとるときは、本数を一〇〇本単位で数えて、大きい苗と小さい苗とに分けてとり、小さい苗はもう一度戻し、仮植しておきます。これも「大きいのと小さいのを一緒に植えると、揃った玉ねぎができぬ。大きさで揃えて同級生植えせよ」という主人の言葉にしたがったやり方です。

株間は、玉ねぎの出来上がりを想像して、一〇〜一二cmぐらいがいいかなと思います。

植えたあとも踏みつける

植え付けは図のようにしています。最初にかごの中から苗をひと握り手にして、すじの中に配りながら、田植えの要領で根首を押さえていきます①。手にした苗がなくなったらうねを折り返し、逆戻りしながら手で苗に土をかぶせていきます②。玉ねぎ苗の根がかくれるように、四本指で、歩きながらすればいいのです。このとき、やっぱり土は細かいほうがやりやすいです。次に隣のすじに移り、同じことを繰り返します。

そのあと、かごを持って、植えたところを両足で踏んでいきます。種をまいたあとも踏みましたが、植えたあとにも踏みつけます⑤。その繰り返しで、私は約二三〇〇本、いつも植えています。

この方法だと、定植作業が一人でも簡単にできます。苗床から苗を持ってくるほうが時間がかかるくらいです。主人といっしょに仕事をしていたときは、主人は植え付けが早く、私が苗床から苗を数えて畑へ持ってくるのが間に合わず、せかされるくらいでした。今思うのに、やっぱり土が細かいのが作業を早くするこつですね。家庭用でしたら、五〇〇本ぐらいでしょうか。いくら本数が少なくても、この方法ですれば、無駄がなく、重荷にもならず、時間短縮。「玉ねぎを植え終わらぬと肩の荷がおりない」と、よく皆さんがいっておられますが、この方法なら深く考えることはありません。

鎮圧すると水やりがラクに

それに、植え付けたあとに足で踏むおかげで、水を一滴もかけずにすみます。それは地面から水分が上がってくるようになるからで

玉ねぎの定植は「幅広低うね」「同級生植え」「植えたあとの鎮圧」

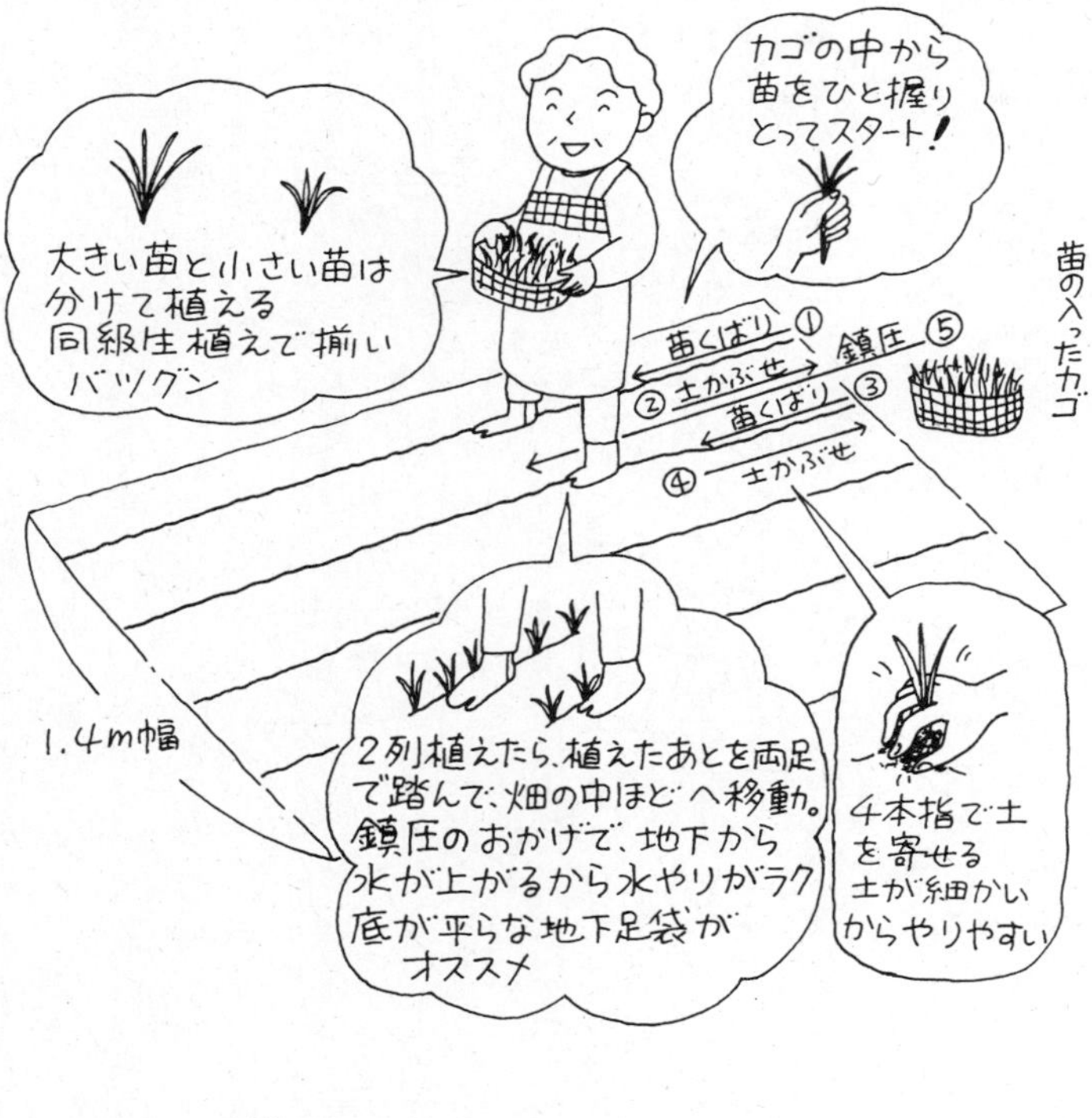

す。ですから、なるべくていねいに踏みつけています。

足で踏んで、植え付けたねぎが曲がるようなことが時々ありますが、心配ありません。ネギ科はとても強いことにびっくりです。

主人も玉ねぎを作り始めの頃は、とても手間のいる作り方でした。一本一本移植ごてで植えていましたし、二条植えで、うねの数ばかり多く作って、草けずり等をする通路部分が多く、苦労したものです。それに加えて、ホースを引きながらの水やりが必要。それも一人では無理で、私がホースの移動の手伝いをしないとできないので大変でした。

それが、この足で踏みつける鎮圧方法を主人が見つけてからは、こんなに簡単。そして、手際よく、労力も省け、時間も短く、水の節約などにもなりました。

追肥時期で貯蔵ぐあいが決まる

追肥は二月頃、遅くても三月初めにはすませておきます。これより遅くなると、収穫時期が来てもいつまでも茎が青く、いっこうに茶色くなってくれません。青い茎のままつり下げると、腐ってポトポト落ちてきます。

今年は、思いがけず、刈り取り後の田んぼの稲わらを取り除かず、コンバインで切りきざんだままずき込んで、玉ねぎを植えることになりました。いつものように足で踏んでも、稲わらがじゃまして土が密着しないせいか、お隣さんの玉ねぎと比べて活着がとても遅れて心配でした。でも、何とか後から回復して、まずまず上出来で収穫できました。今までにない経験をつかむことができました。やっぱり毎年一年生です。

大根

種まきはちょっと遅いほうがよい

知り合いの大正生まれの方は、昔からの種まき時である、八月下旬頃に大根の種をまいています。近頃は秋の訪れが遅いせいか、まだ気温が高く雨も少ないので、苗がしおれないよう水やりに苦労されます。黒く細い虫もつくようです。

私はそれより二週間ほど遅い、九月十日頃にまきます。この頃になると日差しが弱まり、雨も多くなるので、水やりは不要です。虫も出ません。二～三週間で生育が追いつき、また、涼しい時期に生長するせいか、すも入りません。

種まき二週間前に米ぬか五kg／a、過石一・五kg／aをふります。大根は根が入るので、よくすきこみ、うねはやや高くしておきます。二条の株間一〇cmで一粒ずつ点播し、

大根の種まき

①早播きしない
（9月10日播種）
遅く播いたほうが日差しは弱いし、雨にも恵まれるからしおれない。虫も少ないよ。
害虫
寒いよ〜。
でも、ボクは寒さにあたると結球しなくなるから、ちょっと早めに播いてね。
ハクサイ
②疎植にする
疎植にすると伸び伸びゆったり。太くて揃いのよいダイコンになるよ。
株間・条間15〜20cm
③肩上げする
×
○
ウネの肩はまるくせず、角を立てたほうがよい根が張る。ウネの高さは他の作物よりも5〜7cmは高くしておく。

一〇日目に五～六cm伸びて一回目の間引き、二〇日目に一五cm伸びて二回目の間引きをし、株間一五～二〇cmくらいにします。広々とした感じになりますが、葉が伸び伸び・ゆったりとするので、太く揃いのよい大根ができます。ちなみに、このあたりでは大根の間引き菜を「くもじ」といい、漬物にします。ちょうど新米の収穫の頃で、昔からこの漬物でいただく炊きたては格別です。

　間引き後、残した株がぐらぐらし、そのままでは雨が降ったら倒れてしまうので、手で軽く土寄せしておきます。そして、うねの真ん中に三角鍬ですじをつけ、そこに化成肥料を四～五歩に一握り分くらいふり、鍬で土をならします。次に、草けずりをし、肩上げしますが、このとき、なるべく肩によく根が張るよう角を立てておきます。

白菜

結球するように早めにまく

　白菜の種まきも、あまり早過ぎないようにしますが、大根と違って十分に生長する前に寒くなると結球しなくなるので、やや早めの九月初め頃にまきます。種まき前に、米ぬか、過石をふってすきこみます。大根のように根が下に入って肥焼けする心配がないので、うねを立てた後、割り肥します。うねの真ん中に溝をつけ、化成肥料を三～四歩に一握り分くらいふり、土をならしておきます。

　二条の株間一五cmで三～五粒ずつ点まきし、三葉になったら二本残して間引き、しばらくして一本残して間引き、一五cmくらいに伸びたら株間三〇cmにします。白菜の間引き菜は油いためや、お湯にくぐらせていただきます。

　大根同様、軸がぐらつかないよう土寄せし、草をけずります。寒くなるのが早くて結球が間に合わないようなときは、うねの肩のところに古マルチを被せておくと生育の遅れを取り戻せます。

　お彼岸過ぎから寒さに向かいます。「どうかなあ…」と考えながらの野菜作りは楽しいものです。

無農薬栽培なのにこんなにきれいなキャベツ。手に持っているのがサンサンネットです

キャベツ・ブロッコリー

サンサンネットのべたがけ

　主人は「虫がついてかなわん。その虫がとなりの野菜にも悪さする」といって、キャベツとブロッコリーは作りませんでした。私は自家用にいくらか作っていますが、今年は春作で新しい工夫をしてみました。夏大根で使うサンサンネットをキャベツにもかけてみた

のです。

　苗を植え付け後、サンサンネットをべたがけし、根付いた頃に一回めくって草をけずり、株間に肥料を軽くふり、再びかぶせておきました。すると、収穫まで虫に食われず、すばらしいキャベツができました。秋作は虫の出る時期が違いますが、同じように被せてみようと思います。ブロッコリーはネットの重みで首が曲がるかもしれないので、パイプを使って覆うつもりです。

　サンサンネットで虫が防げるだけでなく、葉がとても軟らかいキャベツがとれました。夏大根の葉もザラザラがなくなり、おいしくいただけます。キャベツは秋作のほうが硬くなるだけに、結果が楽しみです。

いちご

実とり株を残して、そのまま苗採り

　今年のいちごの苗採りは、六月にいちごの親株を植える場所が足りなかったので、私なりに横着をしてみました。春に実をとったあとの株を適当に間引いて、そのまま親株にしようと考えたのです。うねのマルチをめくり、ランナーが張れるように土を出してやりました。

　六月は雨も多かったのですが、親株を移植する頃はちょうど少なく、お隣さんは水やりがたいへんだった様子。それを見て、この横着も案外よかったのかなあと思いました。

　でも、もっと驚いたのはそのあとです。手をかけて移植したときより、かえってランナーの伸びがすごいくらいなのです。親株の移植も、水やりの一回もせずに、なんとええかげんにしておいて、立派なランナーができたことか！

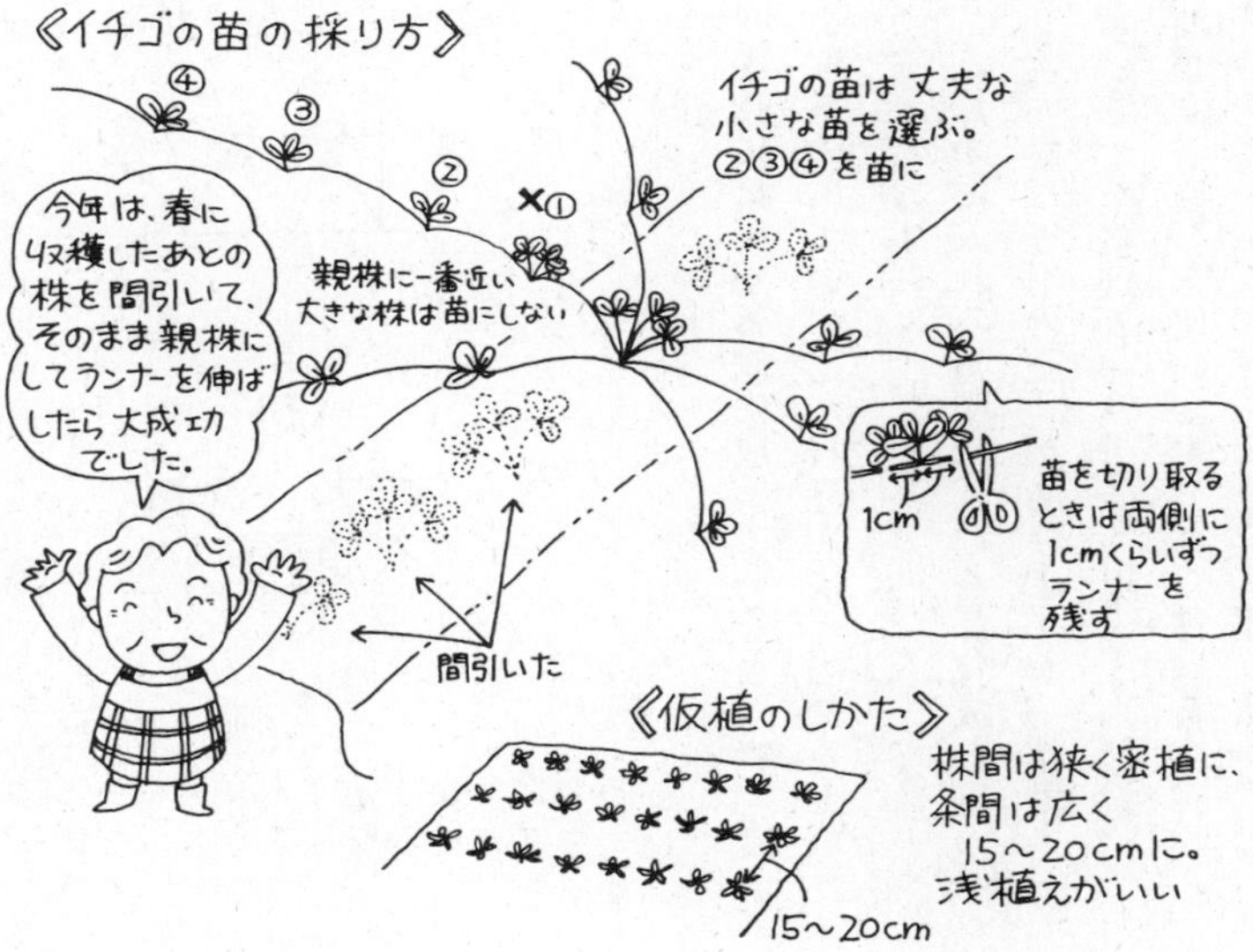
《イチゴの苗の採り方》
イチゴの苗は丈夫な小さな苗を選ぶ。②③④を苗に
④
③
②
×①
今年は、春に収穫したあとの株を間引いて、そのまま親株にしてランナーを伸ばしたら大成功でした。
親株に一番近い大きな株は苗にしない
1cm
苗を切り取るときは両側に1cmくらいずつランナーを残す
間引いた
《仮植のしかた》
株間は狭く密植に、条間は広く15～20cmに。浅植えがいい
15～20cm

　いちごは、収穫できる期間のわりに一年中手のかかる作物です。何でも作った主人でさえ、嫌って作らなかった作物でした。それがこんなに楽にできるなんて。もしかして、来年の春のいちごの実がつかないのではと、ちょっと心配になるくらいでした。

　仮植は、九月中旬～十月上旬までには行ないます。水はけのよいところに、少しうねを高くして、植えるときには赤葉（下葉）を取り除いて浅植えしたほうがいい、とプロの方から聞きました。

　それにいちご苗というのは小さいほうがよいとか。伸びたランナーのうち、親株に一番近くて大きな株は除いて切り取ります（図の②③④を取る）。また、切ったときには、それぞれの苗の両側に、ランナーの軸が一cmくらいずつ残るようにします。

　予定した数が二〇〇本ならば二三〇本ぐらい仮植します。途中で枯れることもあるので余分に用意が必要ですね。元気のいい苗を仮植する場合は、株間は詰めて植え、条間は広く空けて植えたほうがいいということも、プロの方に教わりました。主人が亡くなってから始めたいち

ご作りは三年目になります。私は、初めのうちは、大きい苗を選んで、条間も株間も同じように広くしていたのです。

水はたっぷりかけます。あまりの日照りのときは、サンサンネットでもかけてやるとよいと思います。仮植後、新しい芽が出てきたときに液肥をやります。定植までに適当に二～三回液肥をかけてやればいいとのことです。

いちごのうねは、かまぼこ形

いつも、何の作物でも、植え付けの準備は二週間前にはしておきたいもの。いちごの定植は十一月。肥料等をうない込んで水はけのよいうねを作ります。

うねは、うね幅九〇cmぐらいとし、二条植えにします。うねの中心が凹んで水がたまると、いちごの実が腐る心配があります。そこで、二月頃に黒マルチを張るとき、うねの中心に肥料等を入れて、そこへ両側から土を盛り上げて、かまぼこ形になるようにします。

植えるときは、苗の実の成る方向をよく見て、二条に植えます。私はまだよく見分けられませんが、果房が外側のほうへ向くように、ランナーの切り口が内側に向くように植え付けるとよいのですと、教えてもらいました。

いちごはかまぼこ型うねに

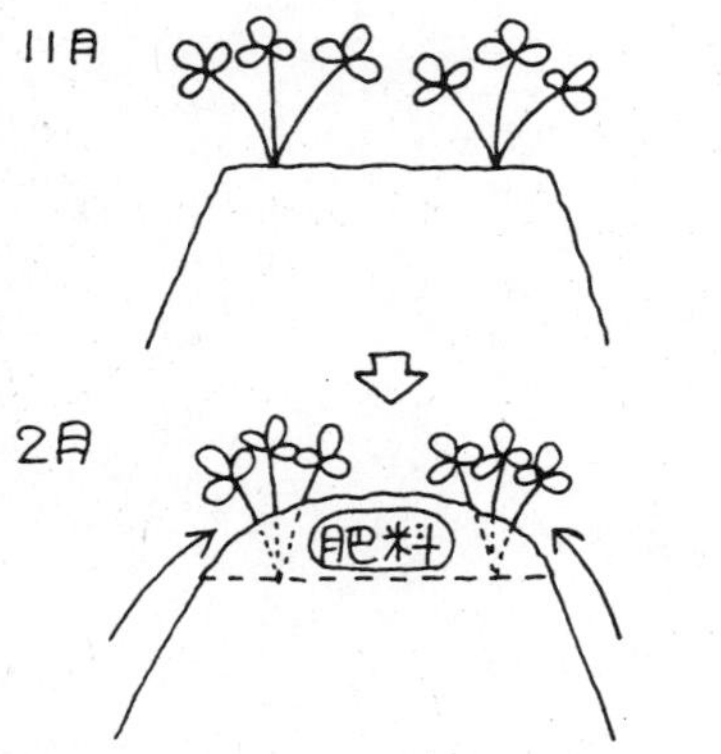

うねの中央を高くしてマルチング。いちごが成りだしても水がたまらず腐らない

収穫時に果房が外側に成っていると、いちごを取るのによいのと、日光がよく当たるということですね。

二月頃に入れる追肥は、いちご化成といって、いちご専用の肥料がありますが、値段も高いです。私はもっと安い、米ぬか、魚粉、油かす、過石を使います。とくに過石は石灰が入っているせいか、いちごが固くてくずれず、甘くていいのができます。そして黒マルチで最後の仕上げをして、春を待ちます。

里芋

収穫・皮むきをラクにする方法

里芋の掘り上げも、毎年十一月末にすることに決めていますが、お盆の八月十四日には早掘りをします。芋は小さいですが、まだ珍しい時期です。里芋は主人の大好物でした。それでお盆に二株ほど掘っては、夕食膳をにぎわせてくれていました。

里芋を掘るときは、ずいきの軸を切ってマルチをめくり、二か所ほどスコップを入れると簡単に起きます。両手で持ちあげ、スコップの柄の上に落とせば、土も取れてパラパラにくずれます。

赤軸の里芋の場合は、軸も食べられるという昔の料理法があるそうですが、この親芋は冬のおでんの一品にするとおいしいです。厚く皮をめくって角切りにすれば、不思議とくずれません。一度お試しください。でも青軸の親芋は駄目。子芋はおいしいですが。

里芋の皮をめくるにはゆでてめくる方法もありますが、なんとなく栄養が逃げてしまいそうです。それで私は、昔ながらの道具を使っています。

水を少し入れた桶の中に里芋を入れ、「芋こくり」という木で作った道具を使うのです。これを左右に何回か回すと、ほぼ八〇％は皮がめくれます。あとは包丁で整えれば、すぐ調理することができます。一度に、二～三回調理する分をまとめてやっておいて冷蔵庫に入れておけば楽ですよ。

里芋のラクラク皮むき「芋こくり」

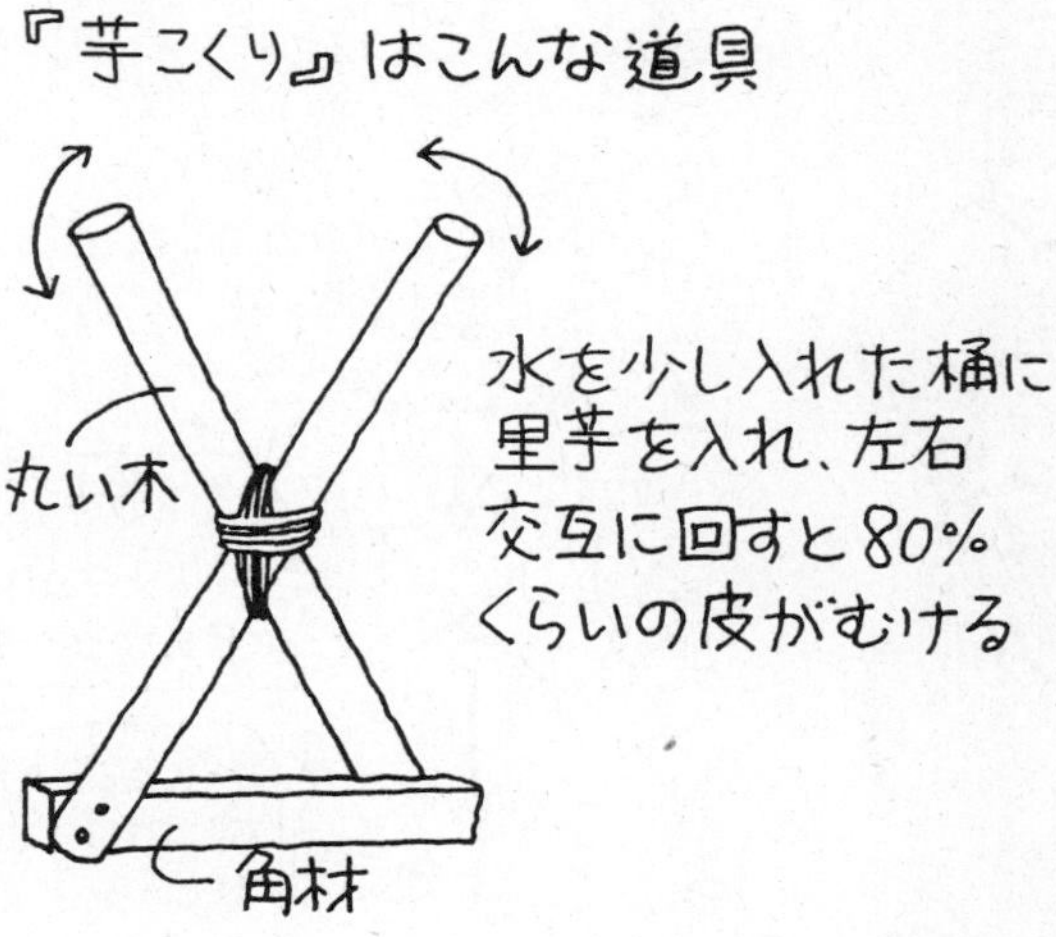
『芋こくり』はこんな道具
水を少し入れた桶に
里芋を入れ、左右
交互に回すと80%
くらいの皮がむける
丸い木
角材

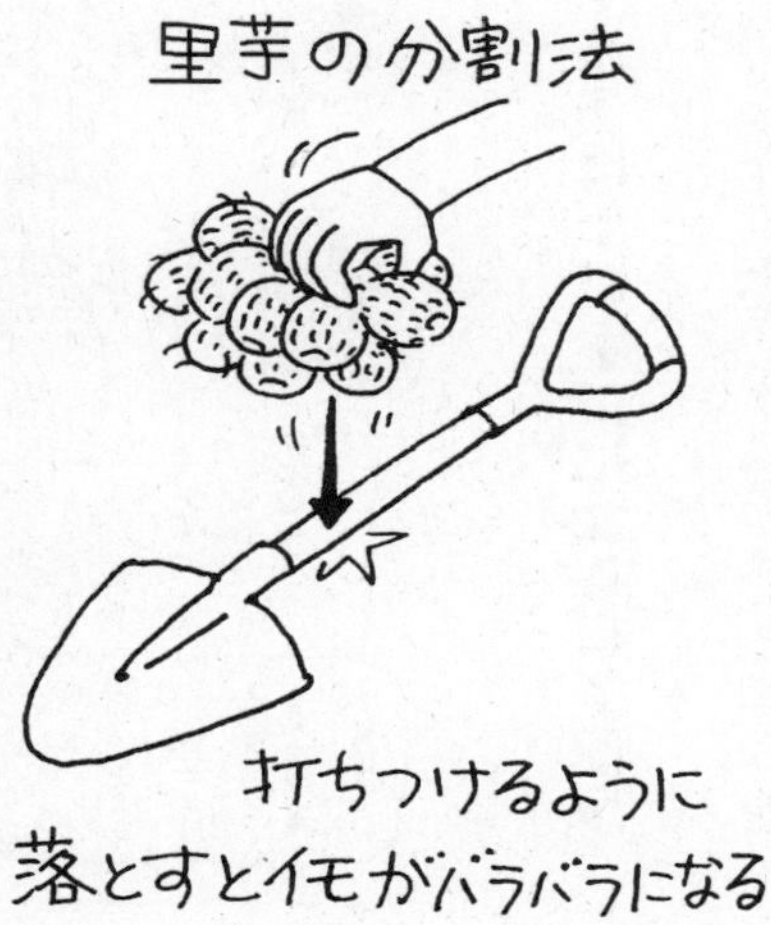
里芋の分割法
打ちつけるように
落とすとイモがバラバラになる

スーパーへ行けば、皮をむいた里芋がパックされて売られていますが、本当の芋の味はなくなっているのではないでしょうか。最近は、手間を省けるという商品があまりにもありすぎます。おかげで、お鍋の中に入れるまでの手順がわからない人たちが増えました。手をかけた料理、心のこもった食事がしたいと思う今日この頃です。

里芋のずいきの皮をめくって陰干しにするのは、母に教わりました。昔は、お産をすれば必ずといっていいほど食事に出ていた一品とのこと。これを食べると産後の肥立ちがとても良く、早く元気になれるといったそうです。今ではずいきは捨ててしまうのがあたりまえですが、昔はとても大事に食べていたのですね。

マルチは折り畳みながら巻く

主人は資材を大事に使いました。畑を引き継いで五年になりますが、新しく買ったのは黒マルチ一〇〇m巻き三本だけ。私が畑で使っているビニルも支柱も杭もすべて主人が使っていたものです。寒冷紗やパオパオなど、破けると幅広のガムテープやセロハンテープで穴をふさぎました。今でもマルチをのばすと、ところどころ主人の修繕のあとがあります。

マルチは、主人がいたときには巻き取り機を使い、二人で息のあった片付けをしていました。でも、一人で片付けるようになったら巻き取り機は使えませんので、マルチを両手で手繰り重ねて片付けました。マルチは右手に持ったまま左手を伸ばしてつかみ、手繰り寄せては右手で重ねつかんでいきます。

ところが、マルチは長いので右手だけでつかむには意外に重く、厚くなっていきます。そのうち、ちょっとした拍子でマルチの束が抜けてしまいます。そこで、もっと上手にコンパクトに片付ける方法を考えつきました（次頁の図参照）。

まず、マルチの端から適当な長さまでタテに三つ折りに畳み、クルクルとまるめます。ある程度まるめたら、また適当なところまで三つ折りに畳み、まるめます。これを繰り返せば、マルチを硬く巻くことができ、端もズレにくくなってきれいにまるめられます。これで、一人で楽に片付けられます。

なお、黒マルチを片付けるときは表裏をひっくり返し、十分に干してからにします。マルチは支柱のように錆びたりせず、腐ったりカビたりするものでもありませんが、こうしておくと軽くなり、水気や泥でべたべたしないので片付けやすくなります。

古マルチはボロボロになるまで使う

古マルチにも上等と下等があります。次に使うとき、いちいち広げて確かめるわけにもいきませんから、片付けたときに今度何に使えるか、メモなど目印をつけておきます。古マルチも植え穴がふさがるように二枚ずらして重ねれば何回かはうねの上で使えますが、さらに古くなってきたら別の使い方をします。

畑は全面積を全部使うわけではなく、次の作付けのため、また、いや地にならないよう場所を空けたりします。そういうところに古くなったマルチを敷いておくと草抑えになり、作付け後も草取りが楽になります。マルチの下の土はいつもふわっとしているので、耕しやすく、肥料が馴染みやすい土になっています。

さらにボロボロになってしまったら、小さく畳んでひもで十字がけに結び、田んぼの水戸のせき止めに使います。隙間なくしっかり水が止まるので重宝します。そして、いよいよ水も止まらなくなったらごみに出します。これだけ使ってやれば本望でしょう。黒マルチは私にはなくてはならない必需品です。

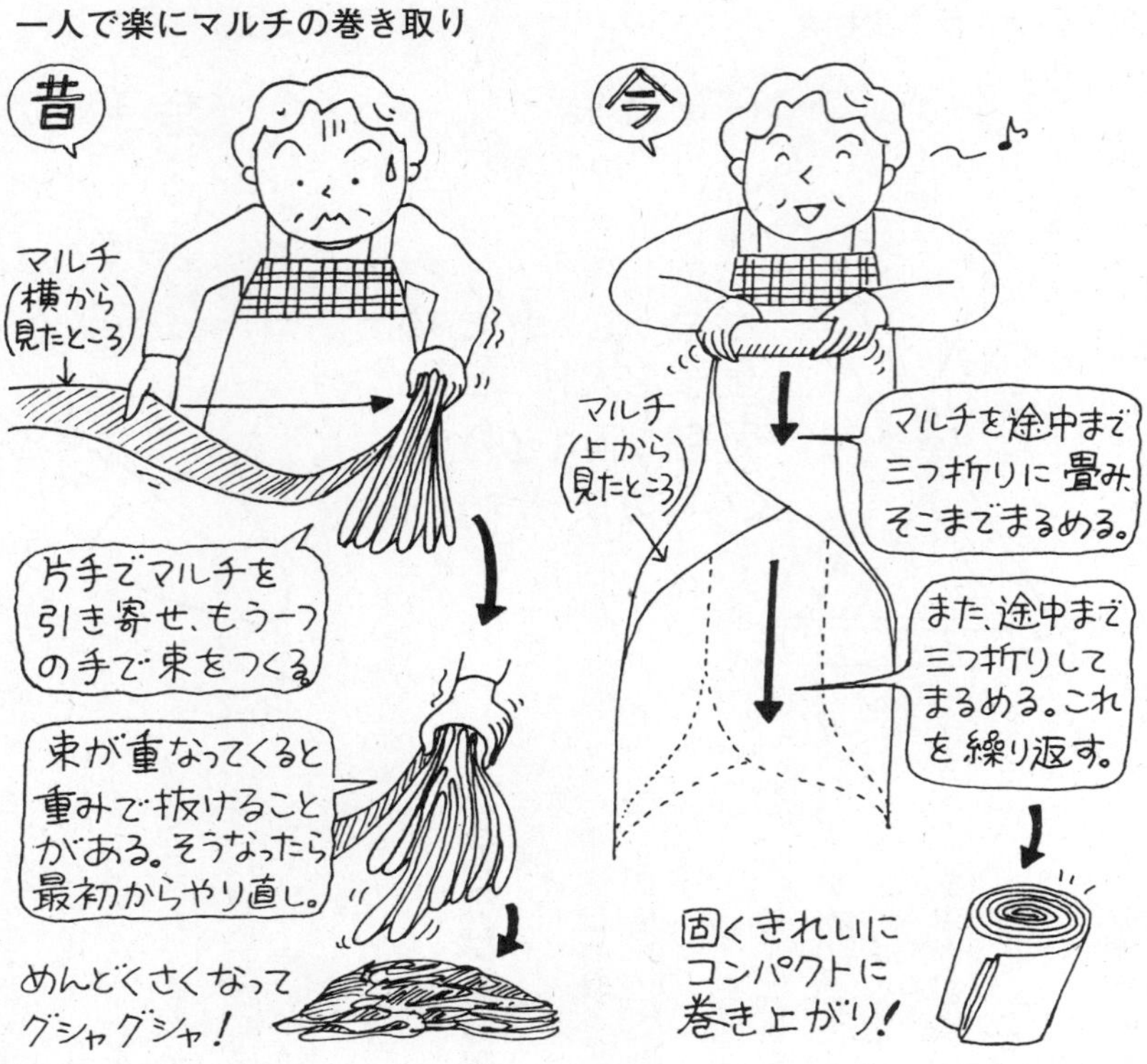
一人で楽にマルチの巻き取り
昔
マルチ横から見たところ
片手でマルチを引き寄せ、もう一つの手で束をつくる
束が重なってくると重みで抜けることがある。そうなったら最初からやり直し。
めんどくさくなってグシャグシャ！
今
マルチ上から見たところ
マルチを途中まで三つ折りに畳み、そこまでまるめる。
また、途中まで三つ折りしてまるめる。これを繰り返す。
固くきれいにコンパクトに巻き上がり！

支柱は一〇本単位にひもでくくる

トマト・なす・ピーマンなどの支柱を片付けるときは一〇本単位にひもでくくりつけます。こうしておくと、次の作付けのとき、株数を覚えておけば必要な支柱の数を勘定しやすく、くくりごと畑にもって行けます。作業の途中で支柱が足りなくなって納屋に戻ることはありませんし、余っても数本ですから垣根づくりや支柱を固定する杭代わりにしたりと、ついで仕事に使えます。

支柱は表面がはげたりして錆びやすいので、土から抜いたあとは中に水がたまっていたら出してやり、しばらくうねの上にそのまま倒しておきます。これで天日や風にさらして乾かせば、錆が防げるし、ついた土も簡単に落とせるので納屋を汚すこともありません。

支柱はひもで両端二か所に二回まわしてくくると、楽に運べます。納屋では横積みにせず、頑丈な柱に立てかけ、大きくひもをまわしておけば崩れず、場所を取らないし、勘定しやすいです。

（兵庫県揖保郡太子町）

二〇〇二年八～十二月号　菜園づくり今月のびっくりアイデア

こだわりを産直　おいしい野菜を届けたい

秋冬編

佐久間いつ子　福島県三春町

筆者（撮影　小倉かよ）

小さなとうがんは宅配にもぴったり

一度食べるとやみつきになるとうがんですが、その大きさが悩みの種でした。二年ほど前から実家の父に作ってもらっていたものの、あまりにも大きくなり、大きすぎるものは畑に置き去りにしていました。手ごろな大きさのものでも宅配便に入れるには半分にしなければなりません。とうがんは水分が多く、切り口をラップしてもすぐ傷んでしまいました。そこで、父が見つけてきたのが小さいとうがん品種「青ん坊」（サカタ）。作ってみたら、長さ二〇～三〇cm、直径一五～二〇cmの大きさになりました。

発芽や苗立ちはあまり良くなかったのですが、畑に移したらみるみる生長していきました。つるの勢いはものすごく、隣のとろろ芋の支柱まで占領しています。とろろ芋の支柱にからまったとうがんは、実が地面につかないので果皮がとてもきれいな状態で収穫できます。手がまわればきゅうりのような支柱（ネット）を立ててやればいいのだと思いました。

とろろ芋の支柱を占領したとうがん

とうがんは「冬瓜」ですから、字を見ると冬の食べもののようですが、まだ暑いときでもおいしくいただけます。薄味で柔らかく煮て、とろみをつけ、冷やして食べます。もちろん、寒いときは熱々で食べると最高です。

早どりの桃やメロンをシロップ漬けに

父が大事に育てていた桃の樹が、今年も見事な実をつけました。しかし、なかなか手がまわらず、ほとんど農薬を散布できませんでした。虫や病気に弱く、片っ端から果実が腐っていきました。もったいないと思い、傷ついたり傷んだりする前の果実をとり、シロップ漬けにしてびん詰めをつくりました。これがとても好評。今年もつくります。

今年はメロンでもシロップ漬けをやってみました。「マルセイユ」をたくさん植え付けてミツバチ交配までして手をかけ、収穫を楽しみにしていたのですが、うどんこ病が大発生。まだ硬い果実をとって鍋にかけたら、果肉の鮮やかなオレンジ色が映え、メロンの香

とうがんの煮つけ

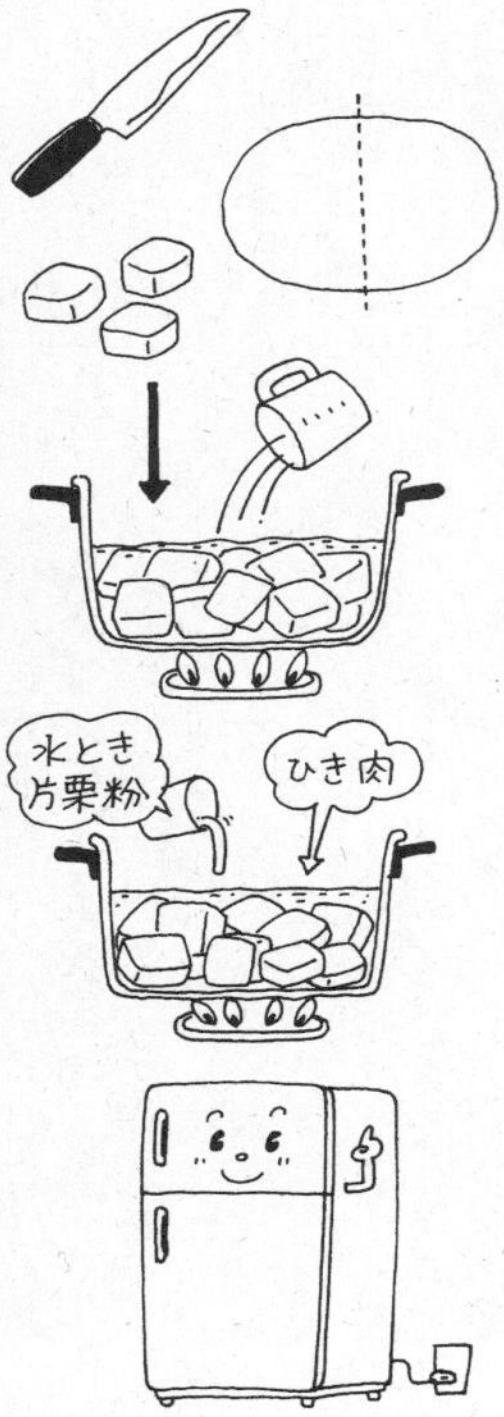

①とうがんは半分に切って種を取り出し、厚めに皮をむいて5cm角くらいに切る。

②鍋にとうがんがかぶるくらいのだし汁、しょう油、塩（少なめ）を入れ、火にかける。煮たったら中火にし、やわらかくなるまで煮る（25〜30分）。
※色・味は濃くしないこと。

③ひき肉をほぐしながら入れ（むきエビでもよい）、ひと煮立ちさせる。仕上げに水とき片栗粉で軽くトロミをつける。
※片栗粉はほんの少しでよい。

④冷蔵庫で冷やすとおいしくいただけます。

桃・シロップ漬けのびん詰め

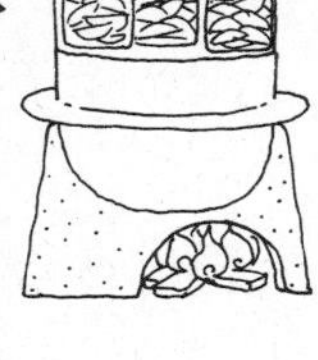

①硬めの果実を収穫し、皮をむいて種から実をはがすように切る。1果あたり5・6個くらいのくし形に切る。

②果肉の量に対して半分くらいの水を加え、砂糖を入れ、火にかける。ひたひたになり、果肉の色が透き通ってくるまで煮る（15分くらい）。

③びんは煮沸消毒しておく（10分くらい）。

④シロップ漬けを熱いうちにびんに入れ、軽くふたをしめる。

⑤セイロで15分ほど蒸して（脱気）、ふたを固くしめる。

⑥その後、沸とうした湯で10〜15分煮たら出来上がり。

モンブラン
紅いもを蒸してうらごしし、生クリーム、砂糖、マーガリンを加えて煮たもの

羊かん
黄色のサツマイモをサイの目にしていれると高級感が出る（食感もクリそっくり）

茶きん絞り
紅いもを蒸してうらごししたもので自家製クリ甘露煮をラップでしぼる

ゼリー
紅いもを蒸した時に出る汁でつくる

り高いシロップ漬けができました。

念願の紅いもを洋菓子に、和菓子に

「うわー、やったー！」。思わず大声で叫びたくなるような気持ちにさせてくれたのは、今年初めて収穫した紅いもです。土の中に手を入れると確かな手ごたえ。百姓になって数ある感動の中でもこれはまた格別です。

念願の紅いもを収穫したら、もういても立ってもいられません。とはいっても形のよいものは宅配便にまわします。細いもの、形の悪いものが私の楽しみにお付き合いです。

主人と何にしたらよいかあれこれ話しているうちに、「もちはどうかな？」と主人が言いました。私より発想が豊かな彼は「一段ではつまらないから白と紫の二段がいい」。さっそく二段もちに挑戦。和菓子のようなおしゃれなもちができました。

もちのほかに洋菓子では紅いもパイ、モンブラン、紅いもゼリー。和菓子では紅いも羊かん、茶きん絞りなどを作ってみました。ちょっとお菓子屋さんになった気分です。子供たちに「お母さんのお菓子はおいしいねえ」なんて言われて、思わずにっこりです。

これから挑戦してみたいものは、おこわ、饅頭、アイスクリームにうどん。いろいろ考えていると夜も眠れません。

スイートバジルでジェノバソースを

今年二度目のスイートバジルは春先にとれるものに比べていいものができました。四月頃にまいたものは、日照りにやられたり、早々と花が咲いてしまい、収穫期が短かったのですが、七月終わり頃まいたバジルは、大きくて厚みをもった葉っぱになりました。見るからにおいしそうです。

早速ジェノバソースを作ります。これはお客さんから教わったもので、瓶に入れて保存しておくと一年中イタリアンが楽しめます。自家製トマトピューレとジェノバソースのパスタは子供たちに大人気です。バジルはこのほか、オリーブオイルににんにくと一緒に葉っぱを漬け込んだり、乾燥させて粉にしたりと保存方法はたくさんあるようです。

ただ、生バジルの注文は多いのですが、ここにきて朝夕の寒さで葉色もくすんできまし

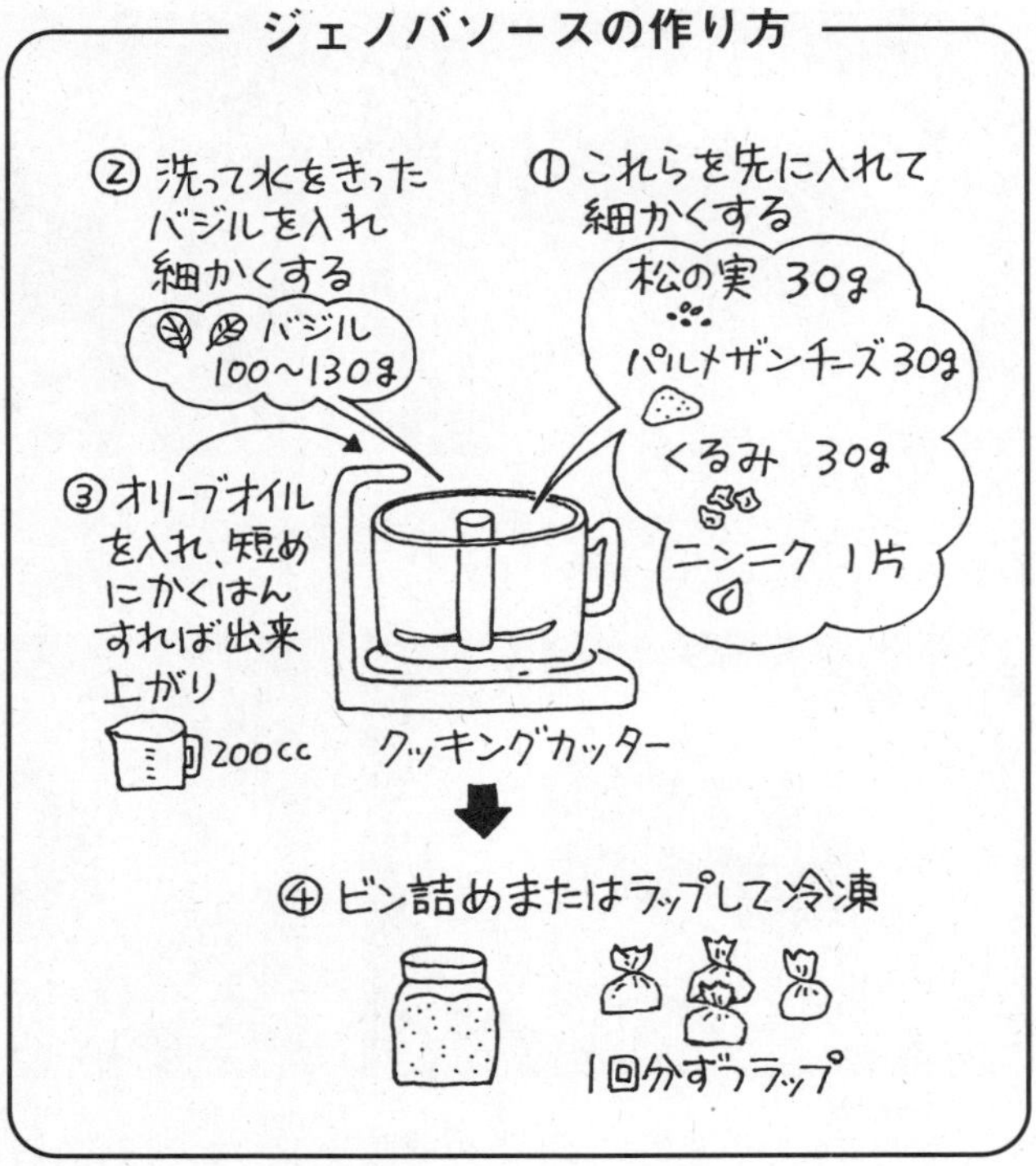
ジェノバソースの作り方
①これらを先に入れて細かくする
松の実 30g
パルメザンチーズ 30g
くるみ 30g
ニンニク 1片
②洗って水をきったバジルを入れ細かくする
バジル 100〜130g
③オリーブオイルを入れ、短めにかくはんすれば出来上がり
200cc
クッキングカッター
④ビン詰めまたはラップして冷凍
1回分ずつラップ

た。このまま畑でビニルなどをかけて育てるか、それともハウスに引っ越すか、明日降りるかも知れない霜を心配しつつ決断に迷っているところです。

生ごみ堆肥に挑戦

現在は、肥料にはおもに土着菌ボカシを使っています。病害虫の防除には、焼酎に赤唐辛子を漬け込んだものを木酢と混ぜて使っています。また、地元の学校給食の生ごみをもらって、わが家の生ごみと野菜くずを合わせ、週に一回コンポストを仕込んでいます。生ごみの量は週に多いときで大袋に五つほどです。

生ごみコンポストの作り方は、米ぬかをまぶした生ごみに、土手の草や篠竹をチップにして寝かしていたもの、切りわら、土着菌ボカシを少々混ぜて、コモをかけます。温度がいったん六〇℃くらいまで上がって、下がり始めたらそこで切り返します。再び温度が上昇するので、これを五回ほど（季節によって異なる）くり返すと、グチャグチャだった生ごみがサラサラの肥料に変身します。

今年の大根はこのコンポストのみで作ったのですが、本当に甘くておいしい大根になりました。また、冬の葉物の通路には、切りわらを敷きつめて米ぬかをふります。こうすることによって良い菌が繁殖し、病気を抑えることができるのだそうです。これは後作のトマトやパプリカ、メロンなどの堆肥にもなり、まさに一石二鳥です。トマトやパプリカを作ったときも、土手の草を敷きつめ、米ぬかをふりました。

小麦粉でうどん、パン、ケーキ

東京にいた頃、「うどん屋に入ってうどんを食べるのは簡単だが、自分で小麦をまいて、その粉を自分で打ってうどんを食べたら、これは最高のグルメ」という話を聞いたことがあります。現在はその「グルメ」が実現でき、大満足です。それで、少々種まきが遅れても、「小麦だけは自分でまきたい」と意地を張っています。

収穫した小麦の半分以上は、乾麺にして宅配便に入れます。私の剣道の先生が隣町で精米店を営んでおり、玄麦をもっていくと乾麺にまで加工してくれるのです。昔ながらの機械で挽き、なおかつ塩はこだわりの伯方の塩。これも持ち込みで、味のあるうどんに仕上げてもらっています。残りは粉のままお客さんに送ったり、わが家のおやつの素材にしてます。

小麦の種類はアオバコムギとハチマンコムギ。前者は薄力に近い中力で、うどんやお菓子に。後者は強力に近い中力でパンを焼くのに適しています。

嬉しいのは、お客さんにお菓子づくりの先生がいて、ときどきこつを教えていただけること。先生曰く、「洋菓子はバターを十分泡立てるのがこつです」。私もお菓子づくりは好きで、小麦粉、砂糖、バターが同量のパウンドケーキはわが家定番のおやつ。冬のこの時期は、ゆずの皮、バナナ、ココアなどをアレンジして、いろいろなケーキを楽しんでいます。隣のばあちゃん秘伝の小麦饅頭も作ります。

忙しい合間を見てお菓子を作るのが私のストレス解消法。「ただいまー、お腹すいたー」と帰ってくる子どもたちの喜ぶ顔が楽しみです。

品種、貯蔵の工夫で冬に野菜を切らさない

夏野菜が一つ二つと消えていくと、代わってそこには白菜やキャベツなどの秋野菜が植えられます。昨年植え付けた白菜は「六五日」（播種～収穫期間）一種だけ。早生である分、収穫時期がまだ暖かくて傷みやすく、いまひとつ保存には向きませんでした。そこで、今年は「六〇日」「七〇日」「七五日」と、中生と晩生を取り混ぜて三種類にしてみました。

キャベツも、寒さに強いミサキカンラン、チリメンキャベツ、小玉のグリーンボールなどを取り入れてみました。昨年はキャベツが少々品不足だったので、今年はばっちりそろえたいと思います。

でも、問題は貯蔵です。わが家ではハウスの中にわらを敷き、白菜などを立てて置き、その上に新聞紙とコモをかけて貯蔵していました。でも、昨年は年明けの寒波で貯蔵野菜がみな駄目になりました。白菜などは普通、多少凍っても元に戻るのですが、昨年はかちんこちんに凍ってしまったからです。今年はハウスの中に穴を掘ってダンボールなどで囲いをして室を作る予定です。

冬はハウスが頼り。真ん中がほうれん草、その右が蕪、左の奥に寒冷紗のかかっているのがオータムポエム

手作りこんにゃく、りんごジャム

野菜が不足する冬季に、加工品作りを始めました。まず暮れに残しておいた芋でこんにゃく作りです。皮をたわしで洗った芋（二kg）を、水の中にすり下ろし、二時間ぐらいおいて沈ませたのち、上水を捨てます。あらたに一・五ℓの水を加えて四〇分ぐらい煮ます。約三五〇ccの水に石灰大さじ二を溶き、火から下ろしたこんにゃくによく混ぜます。発泡スチロールの箱にビニルを敷いて、中にこんにゃくを流し込み一晩冷まします。翌日適当な大きさに切り、一時間ほどゆでて出来上がりです。芋の状態によって加える水の分量が多少変わりますが、おいしいこんにゃくが出来上がります。

次はりんごジャムです。お歳暮にいただいた生ジャムをヒントに作ってみました。りんごの皮をむいて、クッキングカッターで細か

くしたら、りんごの三分の一量の水と約二割の砂糖を加えます。三〇分くらい煮て、果肉が透きとおってきたらクリアガー（海藻から採ったゼリーの素）を少々入れとろみを付けます。りんごそのものの味が引き立つ生ジャムで、そのままデザート感覚で食べられます。お子さんがいるお客さんには、このジャムを練り込んで焼き上げた地粉のマドレーヌも加えて送りました。

「わくわく便」の野菜不足を補う手作り加工品3点。
こんにゃく（左）、りんご生ジャム（左下）とジャムを練り込んだ地粉のマドレーヌ（下）

義母は寒波を生かして凍み大根づくり

義母はこの寒さを利用してせっせと凍み大根づくりです。皮をむいて二〜三等分にした大根を縦に四つ割にし、少し固めにゆでます。一晩水にさらし、寒い日を見計らってさおに吊るします。夜はギンギンに凍り、昼間はほどよく晴れるこの時期は、凍み大根づくりにもってこいの条件です。

凍み大根はおもに年配の方むけ、若い人には切り干し大根のほうが好まれるようです。皮引きで皮をむくように削り、三〇分ほど水にさらしてから（あまり長いと甘味が逃げる）玉ねぎのネットに入れ、脱水機にかけます。こうすると早く、しかもきれいに仕上がります。近所のおばあちゃんに教えてもらった知恵です。大根ほど保存方法の豊かな野菜はないと思います。

（福島県田村郡三春町）

二〇〇一年一月号〜十二月号　わが家畑通信

最高の条件下で作られた凍み大根

Part 2

西アジア—地中海起源の作物

地中海から西アジア、中央アジアの一部にかけては、夏は高温で乾燥し、冬は温暖で雨が多い。いわゆる地中海性気候である。そのため、秋に発芽して生育しながら冬を越し、春に開花、初夏に結実する植物が多い。アブラナ科やセリ科の植物は、冬季の低温に遭遇すると花芽分化する。キク科やアカザ科はおもに長日条件で花芽分化する。

ブロッコリーや菜花のように抽台させて収穫するもの、キャベツ、白菜のように抽台させないもの、ほうれん草や小松菜のように若どりする作物がある。

菜の花

こだわるからには
極めてみせよう
手づくりビール
長く鍼灸の仕事を続ける内に身体にとっていいものは何かと、関心が強くなって、日々愛飲してるビールにも及んでゆきました。つくる以上は完全無農薬の麦でないと意味がない。さあビール麦探しから始め、天城2条をやっと手に入れ、友人の畑でつくってもらう。3畝で約百kgの収量だ。そしてロースト用の大鍋は、出来たビールを飲ませる約束で、近所のそば屋さんから譲ってもらい、微妙な温度管理用コンピューターソフトは甥っ子に
←コンピューター連動の温度管理をする保温器
山梨県
月野広之さん
打栓してから、出来るまでが大変。大半は途中で飲んでしまう。
ビンづめの時、ブドウ糖を4～7g入れる。炭酸ガスのもとになる。
「ベルギーのトラピストビールの濃厚な味加減がビールの原点だと思う」
電動石ウス
ソバから麦まで用途はいっぱい。

（取材・絵　貝原 浩）

ビールをつくる
ムシロに麦を直接のせて発芽させようとしたら続けて失敗！そして工夫してできたのがコレ！
ムシロ
アミ
角材
①発芽させる
1寸5分の角材を組みその上に防虫アミをしき、1昼夜水でふやかした麦を5cmくらいの厚さにおく。
②ムシロをかけ、湿り気を保つよう、ジョーロで水をかけてやる。
7日間は1日2回、麦を全体によくかきまわして、湿度の均等を保つ。
2〜3日で根が出始め、7〜8日麦芽の生長をまつ
麦芽
③発芽したら広くひろげ1〜2日天日で乾かす。
④ローストする
ローストの加減でビールの味や色がきまるので、ここはていねいにローストしよう。
なべの中の麦の温度は80℃を保ちながら、まんべんなくかきまぜる。
⑤ふるいにかけて根をとりのぞく
⑥石ウスで荒びきする
⑦麦1に対して水く6の量を入れ、ひと晩65℃を保つ。
⑧糖化の済んだ麦を布に入れしぼる
頼み、徐々に打栓機、石ウスと揃えていった。何度かつくったビール味は仲々納得できる味にならない。『だからこそ挑戦しがいがあるし、工夫も生まれるでしょう」「そば屋さんの喜ぶ顔も、早くみたいしね」

よし待ちましょう!!
⑨麦の量に対して2%の量のホップを入れ、しぼり汁を強火で1時間半から2時間煮る。
その後、ホップのカスをこす。
⑩こした液をさまし糖度を測る。糖度が低いときは糖度が16°になるくらいにブドウ糖を加える。
⑪ビール用イーストを、液20ℓに対し、11.5g入れる
1〜2日でトロっとした泡がわく そのまゝ3〜4日おいて、発酵のすゝむのを楽しむ
⑫
HAND MADE BEER
おりをとりのぞいてさあびんづめだ
すぐにでも飲めるが、冷暗所において3〜4週間まではマロみコクの味わい深い自分ビールのできあがり

イネ科
麦

エンマー小麦（写真提供　森直樹）

麦には小麦、大麦、ライ麦、えん麦がある。人類が麦を食料とした歴史はきわめて古く、イスラエル北東部の二万三千年前の遺跡から、麦の澱粉が付着した石器や炉の跡が見つかっている。

野生の麦を最初に栽培するようになったのは、レヴァント地方（イスラエル～東南トルコ）で、ナトゥーフ期から新石器時代の初期（紀元前一二〇〇〇～一〇〇〇〇年ごろ）にかけてと考えられている。

栽培種の麦が出現するのは新石器時代中期（紀元前八六〇〇～七〇〇〇年ごろ）で、一粒系小麦、二粒系小麦、大麦、レンズマメ、エンドウマメ、ヒヨコマメ、ソラマメなどが栽培化された。最古の栽培種の麦は、北レヴァントの紀元前八五〇〇年ごろの遺跡（東南トルコ）から出土している。東南トルコでは、栽培種に近縁な一粒系小麦と二粒系小麦の野生種も見つかっている。

小麦の起源（田中、1975）

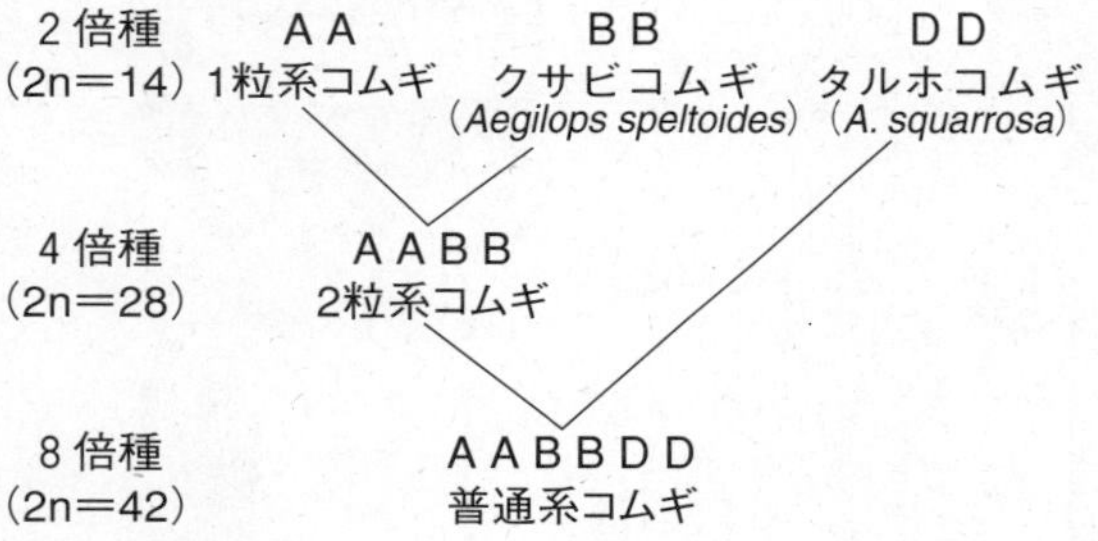

小麦　初期の栽培二粒系小麦はエンマー小麦と呼ばれ、その後数千年間、エンマー小麦が栽培された（現在、エンマー小麦は栽培されていないが、同じ二粒系小麦には、デュラム小麦などがある）。エンマー小麦は徐々に、西アジア全体に広がり、南コーカサスからカスピ海南西岸に自生していたタルホ小麦と交雑した。これが現在の普通系小麦の起源とされている（図）。

大麦　西アジア一帯に自生する野生二条大麦から成立した。欧米では二条種、アジアでは六条種（穂の一つの段に六粒着く）の栽培が多く、六条種は、二条大麦が東方に伝播する過程で成立したのではないかと考えられている。二条種はおもにビールなど醸造用と飼料用、六条種は食用と飼料用に栽培されている。また、皮麦と裸麦があり、皮麦のほうが耐寒性が強い。日本では六条皮麦が東日本、六条裸麦は西日本に作付けられている。

ライ麦　野生のライ麦は、地中海沿岸から小アジアにかけて自生が見られる。もとは麦畑の雑草であったものが、次第に栽培化されたのではないかと考えられている。やせ地など劣悪地でもよく育ち、耐寒性も強い。ロシアを始め寒冷地で栽培されている。

小麦のおもな品種と用途（農業技術大系　作物編）

品　種	主な用途	特　徴
チホクコムギ＊＊	麺、パン	高麺適性品質のパイオニア、穂発芽・赤かびが発生しやすい
ナンブコムギ	麺、パン	実需の圧倒的人気品種、パン可能、早生、難穂発芽、低収
ネバリゴシ＊	麺、パン	低アミロース、うどんの食感良、早生、多収
農林61号	麺、パン	本州で圧倒的作付け、収量・品質の安定、やや晩生
あやひかり＊	麺	高製粉性、早生、多収
イワイノダイチ＊＊	麺	秋播性、早播で作期前進、高製粉性
きたもえ	麺	麺色・製粉性良、耐小麦縞萎縮病、難穂発芽
きぬの波＊＊	麺	群馬県育成、麺色良、多収
さぬきの夢2000＊＊	麺	香川県育成、さぬきうどんの原料として期待大
チクゴイズミ＊	麺	低アミロース品種で乾麺の食感を改善したパイオニア
つるぴかり＊	麺	群馬県育成、早生、耐倒伏性
ホクシン＊＊	麺	高麺適性、早生、多収
キタノカオリ	パン	秋播性の本格パン用品種、期待が大きい
ニシノカオリ	パン	西日本初のパン用品種、高たんぱく、高製粉性、やや早生
はるひので	パン	ハルユタカより優れた製パン適性、多収、耐赤かび病
ハルユタカ	パン	ハルヒカリに代わる本格パン用品種、人気ブランド
春よ恋	パン	ホクレン育成、高製パン適性、やや倒伏しやすい
タクネコムギ	しょう油	高たんぱく、極早生

注　＊は低アミロース品種のため、麺の粘弾性が優れる
　　＊＊はやや低アミロース品種のため、麺の粘弾性がやや優れる

大麦の種類

大麦	二条種	皮麦	最初に栽培化された大麦の種類で、現在はおもにビール用、飼料用としてつくられる。ふつうはビール麦と呼ぶ
		裸麦	栽培はまれ
	六条種	皮麦	日本で大麦というときは六条皮麦のことをさす。裸麦より耐寒性が強い。麦ご飯や押し麦、麦茶などに利用される
		裸麦	裸麦というときは、六条裸麦をさす。押し麦、麦ご飯、麦味噌など

地中海周辺や西アジア、中央アジアの一部　は秋冬が温暖で雨が多く、夏は高温で乾燥する地中海性気候である。麦の種子は、秋に雨が降り始めると発芽し、徐々に生長しながら越冬する。四～五℃の低温に一か月ほどあうと、幼穂が分化する。春の長日高温下で出穂、開花し、高温乾燥する初夏のころに子実が登熟する。

実った種子は二～三か月間休眠しており、休眠は低温と水分によっても破れる（五℃の場合では六時間）。発芽の温度は〇～三〇℃で、最適は二五℃とされるが、通常は気温が一三℃くらいのころに種まきされる。

一般に、ライ麦、小麦、大麦、えん麦の順で耐寒性が強い。幼穂が分化するために、低温の要求度が高いものを秋まき性品種、低いものを春まき性品種として作付ける。一般地では秋まきだが、冬季が厳寒になる地方では春まきにする。

麦は、比較的乾燥を好む作物で、年間降水量五〇〇～一〇〇〇㎜が適地といわれる。しかし、じっさいには、一〇〇〇～一五〇〇㎜以上の広い範囲で栽培されている。土質は粘質土、壌土に適し、土壌の適正酸度はpH六・二～六・七とされる。

麦の栽培

畑は水はけのよい土が適する。大麦は小麦にくらべて、肥沃な中

性の土を好み、湿害に弱い。ライ麦、えん麦はやせた土でもよく育つ。堆肥と石灰を施して耕うんしておく。

種まきの時期は、暖地では気温が一一～一二℃（十一月上～下旬）、関東地方では一三～一四℃（十月下旬～十一月上旬）、北海道・東北地方では一四～一五℃（九月中旬～十月上旬）となるころがよい。越冬できない厳寒地では、春まき（五月上～中旬）にする。

ふつうは、うね間六〇cmで、すじまきにする。まき幅一〇～一二cm、深さ一〇cmのまき溝を掘り、元肥と間土を入れる。一〇a当たり五～六kgの種をまき、覆土して鎮圧する。なお、すじまきの他にも、ばらまき、株まき、ドリルまき（うね幅三〇cm、まき幅三cm）、広幅まき、全層まきなどいろいろな方法がある。

追肥は、窒素肥料を十二～二月上旬、出穂四〇日前に施用する。冬季に生長するため除草、中耕はあまり必要ないが、ふつうは一～二回中耕する。寒さが厳しく霜柱で凍上するところでは、麦踏みを行なう。

麦のすじまき

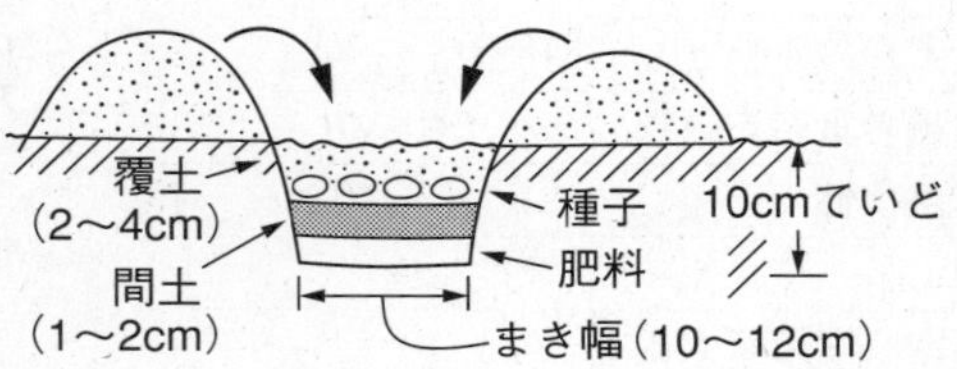

収穫は五月下旬～六月で、穂が黄色くなり、子実が硬くなるころが適期。

小麦二〇俵、大麦三二俵
木田式麦作り

渡辺正信

麦の多収穫の世界記録は、昭和二十年代に日本人の手によって達成された。一〇a当たり大麦で三二俵、小麦で二〇俵以上と、じつにすばらしい記録である。しかも水田裏作でこんなにとれた。このような麦の多収栽培法をあみだしたのは、福島県いわき市の木田好次さんである。

初めて木田さんの麦を見たときの強烈な印象を忘れられない。大麦の穂がビール麦くらいに長く、丸々とした粒が連なるので穂がよじれ、ノゲが横に広がって、これが大麦か？　別の品種ではと思った。田一面が穂で覆われ、ソフトボールを穂の上に乗せても落ちない。どの茎も太く、収穫間近というのに葉が青く、嵐がきても倒れない強剛な姿の麦であった。

穂数でなく穂重でとる

「木田式麦作り」は、穂数ではなく穂重でかせぐ方式である。一般に、麦は穂数がないと収量が上がらないといわれているが、一平方m当たり七〇〇本（反収一〇〇〇kg）が限度で、それ以上だと必ず倒伏し、かえって減収する。

木田式は穂を大きくし粒重を重くする技術である。収穫期の穂の大きさを比べると、慣行のものの倍近くある。しかも、粒が大きく張るので、縦に並ぶことができず、穂がわきにねじれてくる。大麦の穂の粒列は一般に八～一二段だが、木田さんのは一八～二二段にもなる。

厳選した種子を薄まきにする

ふつう、麦の播種量は、一〇a当たり一〇～一五kg、なかには二〇kg以上という人もいる。木田式では、一〇a当たり一・五～二kg。この驚くべき薄まきで、大麦三二俵、小麦二〇俵の超多収を実現していた。

超薄まきだから、発芽しなかったり、生育の悪い麦があったりすると即減収になる。だから木田さんは種選びに留意し、三～四回もとうみ選を行なったり、ガラス上で一粒選していたほどである。また、麦の種子は夏期の乾燥や貯蔵中の虫害などで発芽が悪くなりやすいので、鉢などに一〇〇粒播種して発芽歩合を試験されていた。

種子消毒をしたあと、風呂湯（大麦は四二℃、小麦は四六℃）に約一〇時間浸漬し（ふたは少しあけておく）、二～三日後に播種されていた。

四条広幅まきで、日当たりをよくする

大きな穂をつくるには、一粒の種の専有面積を広くして、日当たり、通風をよくしなければならない。普通は、うね幅六〇cm、まき幅一〇～一二cmだから、まき幅率は一七～二〇%である。まき幅率を高める方法として、全面全層まきとかドリルまきがあり、まき幅率八〇～一〇〇%にすることができるが、これでは土入れができない。

そこで木田式では、四条広幅まきにしている（図）。まき幅率は六〇%で、土入れも可能となる。

木田さんの４条広幅まき（木田式の人力点まき器を利用）

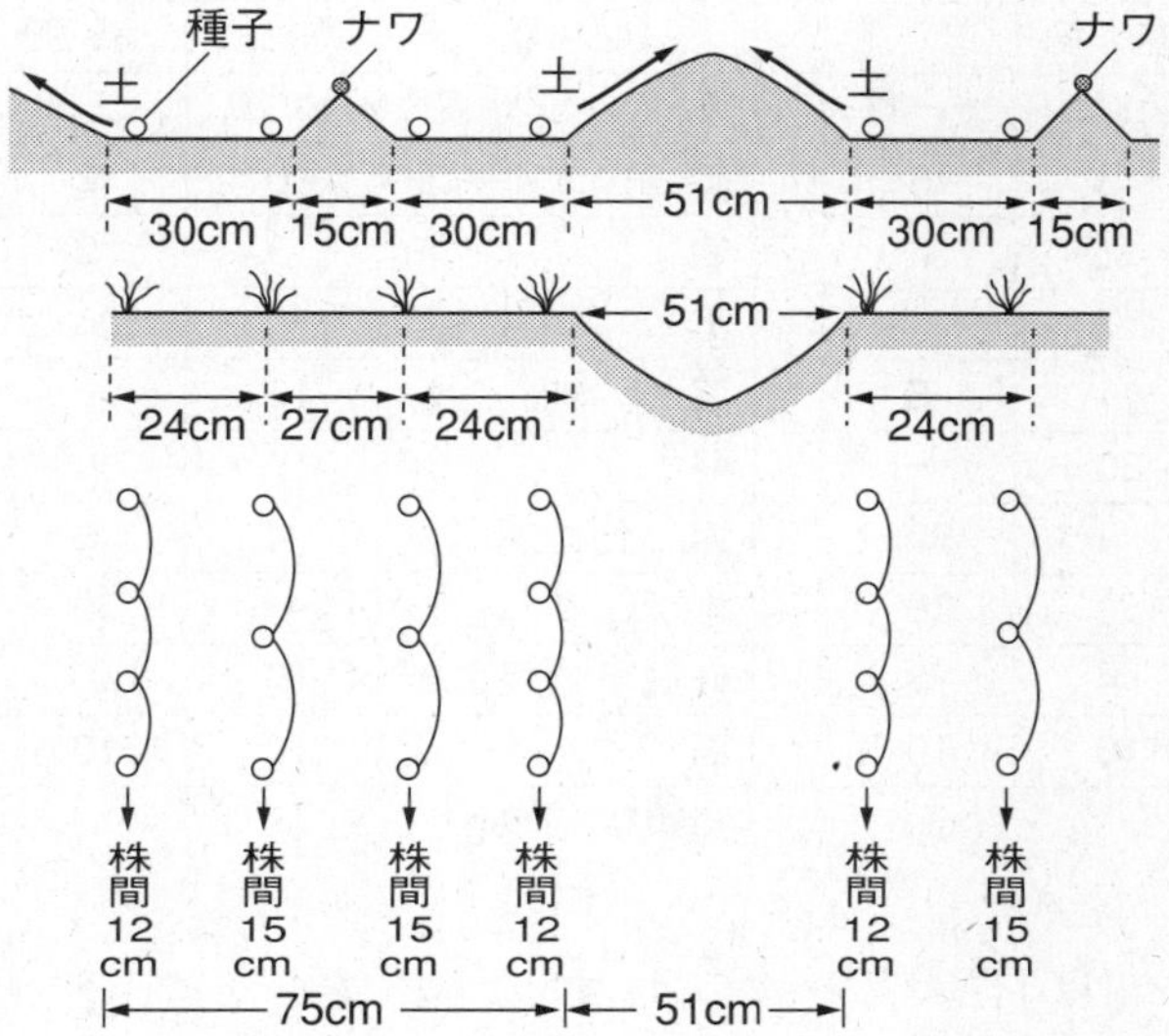

耕うんのやり方

麦は根の酸素要求量が強い作物である（とくに大麦、裸麦は強い）。だから湿害で土中酸素が少なくなると赤くなって枯れてくる。

木田さんは犂起こしをしていた。それも二段耕犂で深耕し、表土だけを砕土していたが、ゴロ土が多いので、まき溝のゴロ土をわきに除けて播種されていた。だから土中は酸素の入りやすい孔隙が多く、根の発育に好適であった。

現在はロータリー耕がふつうで、ロータリー耕だと細かく砕土されて播種作業は楽だが、土中酸素が少なくなり、麦踏みで土を固めるとさらに根の環境が悪くなって、湿害も生じやすい。ロータリー耕だけでの麦の多収は、よほど排水のよい砂壌土でないと望めない。だからプラウ耕で耕起する。砕土は表面だけを軽くロータリー耕すればよい。

輪作と堆肥で土づくり

木田さんの施肥例は次頁の表のようになる。これくらいの肥料で大麦三〇俵もとれるかと不審に思われるかもしれないが、稲→麦→稲→れんげ→稲→菜種またはじゃがいもの三年輪作で土つくりをし、収穫物のわらや茎葉はすべて土に返す。さらに山野草を刈って堆肥とし、実取り分を土に返しておられた。

山の木は無肥料でも盛んに生育を続け、大木となっている。一石の材木を分析すると窒素成分で八・六kgにもなるという。山の木には誰かが肥料をくれたわけではない。葉が同化作用を営み、根を深く張って潜在養分と自然供給によったものである。植物が健康で吸肥力が旺盛であれば、施肥料が少なくてもすばらしい結果が得られるのである。そのような健康な麦をつくったから、この表の施肥量で三〇俵もとれたのである。昔からのことわざに、「麦は手入れ七分で肥三分」とあるが、

要は麦の生理にあった条件整備と管理なのである。麦、とくに大麦、ビール麦は酸性に弱いので、木田さんは発芽初期に消石灰を上からふりかけておられた。また生育を観察して、二～三回石灰をふりかけることもされていた。

木田さんの施肥量（10a当たり）

大麦30俵どり　品種：関取3号

肥料名	基　肥	追　肥
堆　　　肥	700貫	—貫
硫　　　安	8	5
油　　　粕	3	3
過　　　石	7	—
溶　り　ん	—	6
鶏　　　糞	20	—
木灰タン炭	—	60
石　　　灰	—	30
塩化加里	4	2
硅酸肥効促進剤	10	10

※1貫は3.75kg

小麦20俵どり　品種：新2号

肥料名	基　肥	追　肥
堆　　　肥	400貫	—貫
硫　　　安	6	2
油　　　粕	3	2
下　　　肥	—	100
溶　り　ん	10	—
鶏　　　糞	15	—
塩化加里	4	2
木灰クン炭	—	50
硅酸肥効促進剤	10	10
石　　　灰	10	10

※1貫は3.75kg

土入れで、凍霜害と倒伏を防いだ

麦を早まきすると穂の形成期が早くなり、春先の低温で幼穂が凍霜害を受け枯死する。早生種や早まきしたものは、年によって大きな被害を受けることがある。逆に、おそまきするとこの被害は少ないが、発芽が遅れて分けつが少なくなり、収量が上がらない。そのために、地域ごとに播種適期がきめられている。

木田式は播種期を早めて発芽、生育をよくし、年内の分けつを多くする。そして、幼穂は土入れによって保護し、凍霜害を防いだ。

また、麦を多収しようとするとき、いちばん問題になるのが倒伏である。とくに、広幅まきは中のほうが倒伏しやすい欠点がある。木田式はそれを防ぐために、中の二条の株間を広くし、土入れによって倒伏を防いだ。

麦踏みするほど多収になる

いまの麦つくりは種をまいたら除草剤を散布し、冬期に一～二回麦踏みするのはまれで、管理らしい管理はほとんどしない。木田式では年内に中耕、土入れ、麦踏みを一～二回行ない、さらに春までに三～四回くり返している。また、点まきだから欠株になったところは補植している。「木田式は多労多肥の麦つくりだ」と、当時でも批判する人がいた。

しかし、当時は冬にわら加工したりして家にいたので、労力が活用された。多労といっても、一〇a当たり一五～一六人の労力だったから、当時としてはそれほど多くはなかった。反収が三倍も多かったのだから、非常に効率のいい麦つくりだった。

石灰硫黄合剤で病害虫防除

多収するには薬剤散布も欠かせない。麦にはうどんこ病、さび病、株腐病、赤かび病などが発生する。アブラムシやダニの被害も馬鹿にならない。病害虫が発生すると、倒伏しやすくなるので損失が大きい。石灰硫黄合剤を散布すれば、病害虫の発生も倒伏も少なくなる。

木田式のばあい、二～三回石灰硫黄合剤を散布した。一回の散布で一〇a当たり二〇～四〇kgの増収になったという。

一九八五年十一～十二月号　20年代超多収技術を現代に生かすには

アブラナ科 蕪(かぶ)

蕪はアブラナ科アブラナ属の一年草で、起源は地中海沿岸と考えられている。栽培の歴史は古く、かなり早い時代にヨーロッパ系とアジア系に分化し、さらにロシア、小アジア、中央アジア、インド、日本などで独自の品種が発達した。日本では、七世紀以前に栽培され（縄文時代という説もある）、洋種系と和種系およびそれらの中間系の品種が存在している。

在来種の多くは、晩夏～初秋に種まきして、晩秋～冬に収穫するのが基本の作型である。発芽直後から低温に感応し、五～七℃の低温に一か月くらい遭遇すると花芽ができる。翌春に抽台、開花する。

関東でひろく栽培されている小蕪は、洋種系品種が改良されたもので、比較的暑さに強く、収穫期間が短いので周年で栽培されている。

発芽と生育の適温は一五～二〇℃だが、もともと秋～春に生長する植物なので、低温には強く〇℃でも生育する。逆に高温条件下では、生育が劣り、根の肥大も悪くなる。土壌の最適pHは五・五～七・〇だが適応範囲は広い。

蕪の作型 (芦沢、1982)

作型	産地	播種期	収穫期	品種	備考
秋まき	寒冷涼地	8月	9月～11月	在来品種、カブナ、聖護院、小カブ	
	関東	8月～9月	10月～12月	小カブ	
	関西	8月～9月	10月～1月	聖護院、天王寺、在来品種、小カブ	
	九州	8月～10月	10月～2月	博多据、天王寺、在来品種、小カブ	
冬まき	関東近郊地	10月～1月	12月～4月	小カブ	トンネルマルチ
春まき	寒冷涼地	3月～4月	4月～5月	寄居、小カブ	トンネルマルチ
	関東	1月～3月	4月～6月	小カブ	
	関西	3月～4月	4月～5月	小カブ	
夏まき	寒冷涼地	5月～8月	6月～10月	小カブ	寒冷紗利用
	近郊地	5月～8月	6月～10月	小カブ	

小蕪の栽培

畑に堆肥を施して耕うんしておく。種まき一週間前に元肥を全面に散布して耕うんする。高さ一〇cm、幅一〇〇～一二〇cmのうねを立てる。

種まきは、条間一五cm、株間三～四cmで条まきする。あるいは、条間一五cm、株間一二cmで点まき（二～三粒）にする。あらかじめ

小蕪の種まき

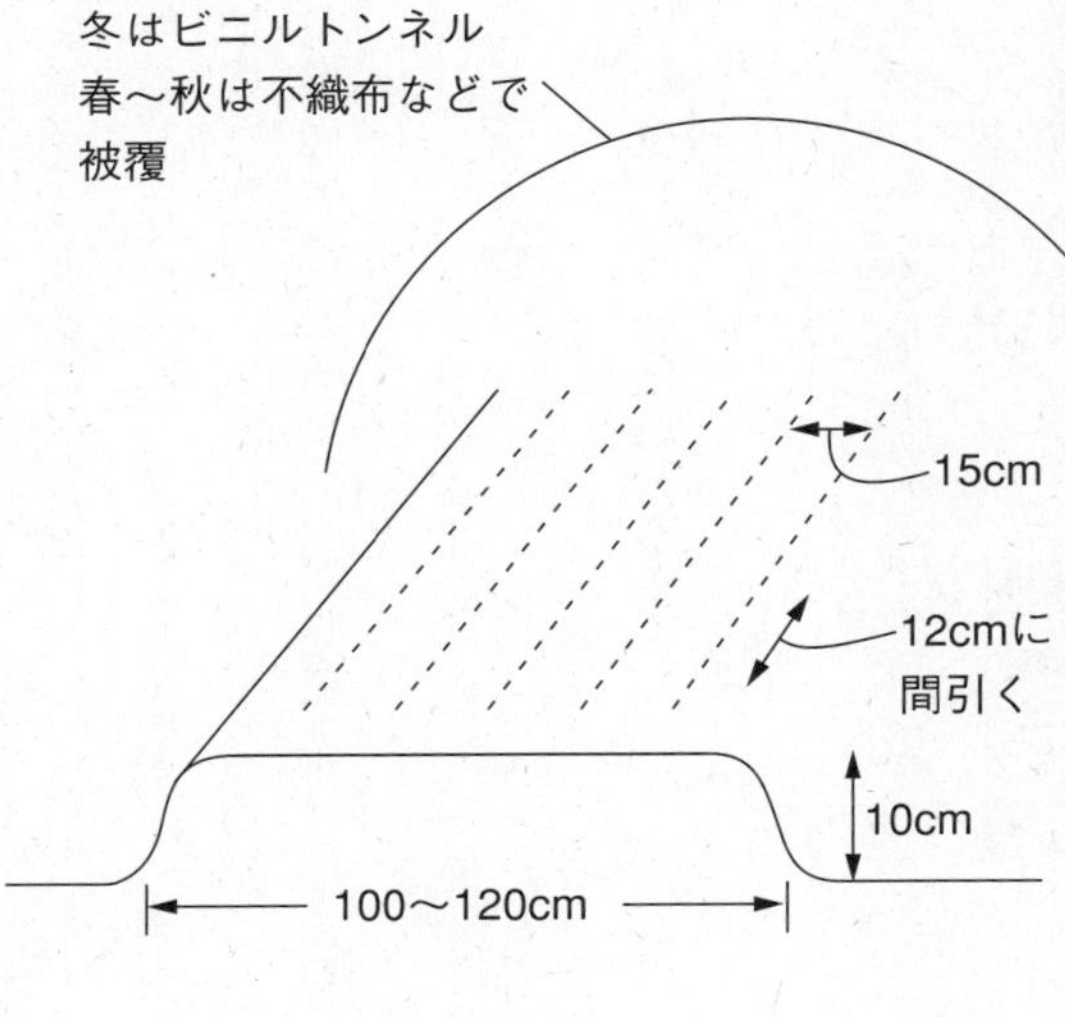

かん水して、適度な土壌水分にしておく。薄く覆土して軽く鎮圧する。

間引き　本葉二～三枚時に間引いて、株間一〇～一二cmにする。

収穫は、根の直径が五cmくらいのころ。暖かい時期はスが入りやすいので、早めがよい。

アブラナ科
小松菜

小松菜は葉や根の形状などから、蕪類由来の野菜とされている。江戸時代に小松川村（江戸川区）で育成された。

他のアブラナ科野菜に比べて、収穫までの期間が短かく、抽台が遅い。連作に強く、品種や栽培技術が発達しているので、現在では周年で栽培されている。

生育の適温は二〇～二五℃だが、適応力が高く五～三五℃でも生育する。耐寒性が強く、マイナス一〇℃でも枯死しない。三五℃以上では軟弱徒長して生育が悪くなる。種まきから収穫までの期間は、低温期で七〇日、高温期で二〇～三〇日である。低温期のほうが、葉が厚く、株重が増す。

粘土質土壌を除き、ほとんどの土壌に適応できる。最適pHは五・五～六・五とされる。

畑に堆肥、元肥を施用して耕うんしておく。幅一〇〇～一二〇cmのうねをつくる。うねの高さは、排水の悪い畑では高うねに、良い畑では平うねでもよい。

種まき　露地では三～十月、トンネルがけでは十一～二月ならいつでもまける。条間一五～二〇cmでまき溝をつくり、株間三～四cmくらいで条まきする。覆土して軽く鎮圧する。

小松菜の種まき

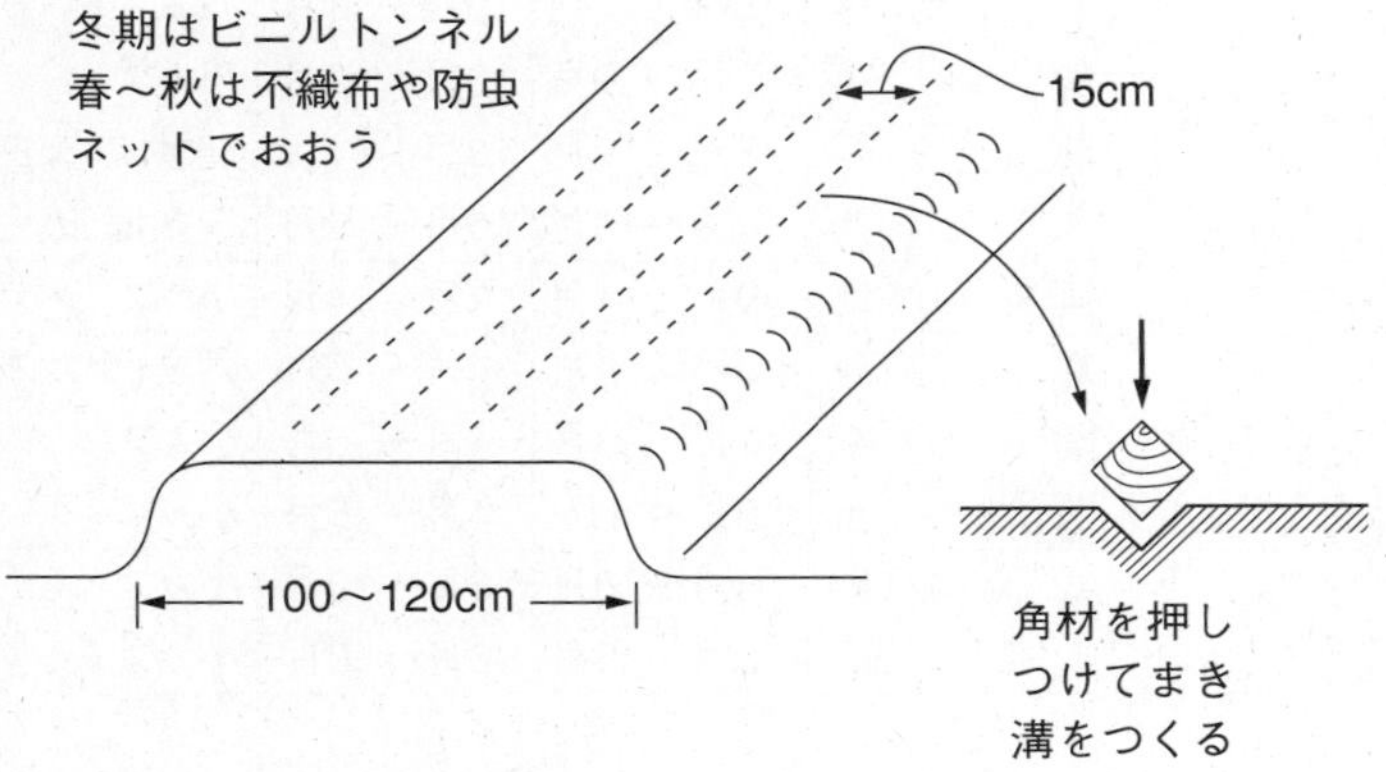

不織布などで覆っておく。

間引き　株が混んでいるところを間引く。生育期間が短いので、追肥はほとんど必要ない。

収穫　草丈二五cmくらいが収穫適期。

アブラナ科
水菜（みずな）

京菜には、水菜と壬生菜《みぶな》がある。水菜は葉に切れ込みがあり、壬生菜は丸葉である。水菜、壬生菜の起源はよくわかっていないが、古い蕪類に由来するといわれている。水菜はもともと「水入り菜」と呼ばれ、生育の初期には、水分の多い土壌条件を好む。

生育の適温は一五～二五℃で、二

水菜の作型

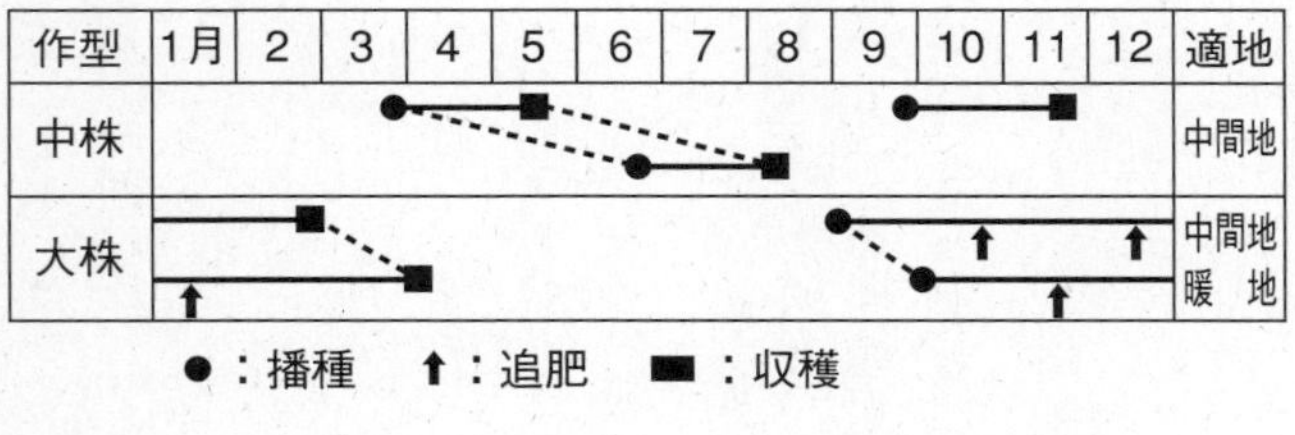

五℃以上では葉が伸長して品質が劣る。また、高温期に湿度が高いと軟腐病が出やすくなる。

収穫時期によって、若どり（一株一〇～二〇g）、中株（二〇〇～三〇〇g）、大株（一～一・五kg）がある。

畑に堆肥と元肥を施して耕うんしておく。幅一〇〇～一二〇cmのうねを立てる。

種まきは、中株では条間一五cm、株間三～四cmで条まきする。大株では条間、株間三五cmに点まきし、一か所に二～三粒ずつまく。できるだけ薄く覆土して、不織布をかける。

間引き　本葉五～六枚までに二～三回間引き、中株では株間一〇cm、大株では一本立ちにする。

かん水・追肥　生育初期は十分にかん水するが、草丈二五cmになったら少なめにする。大株では生育の途中で、中耕、追肥を二回ほど行なう。

野沢菜
アブラナ科

一八世紀に長野県野沢温泉村の健命寺の僧が、京都から持ち帰った天王寺蕪が起源と伝えられる。繊維質が多く、野沢菜漬けに利用される。

冷涼な気象条件を好み、耐寒性が強い。雪が降る地方でも越冬できる。逆に三〇℃以上の高温では、病気がでやすく品質も劣る。発芽の適温は一八～二五℃、生育の適温は一八～二三℃とされる。

土壌の適応性は広く、最適の土壌pHは六・二～六・八。

畑に堆肥を施し耕うんしておく。全面に施肥して土と混和し、六〇cm幅のうねを立てる。

種まきは、一二cm四方の点まきにし、一か所に二～三粒ずつまく。

間引きして一本立ちにする。間引き菜もおいしい。

種まき二〇日後くらいに中耕して除草してやる。乾燥すると茎葉が硬くなりやすいので、適度にかん水する。

収穫は草

水菜の種まき

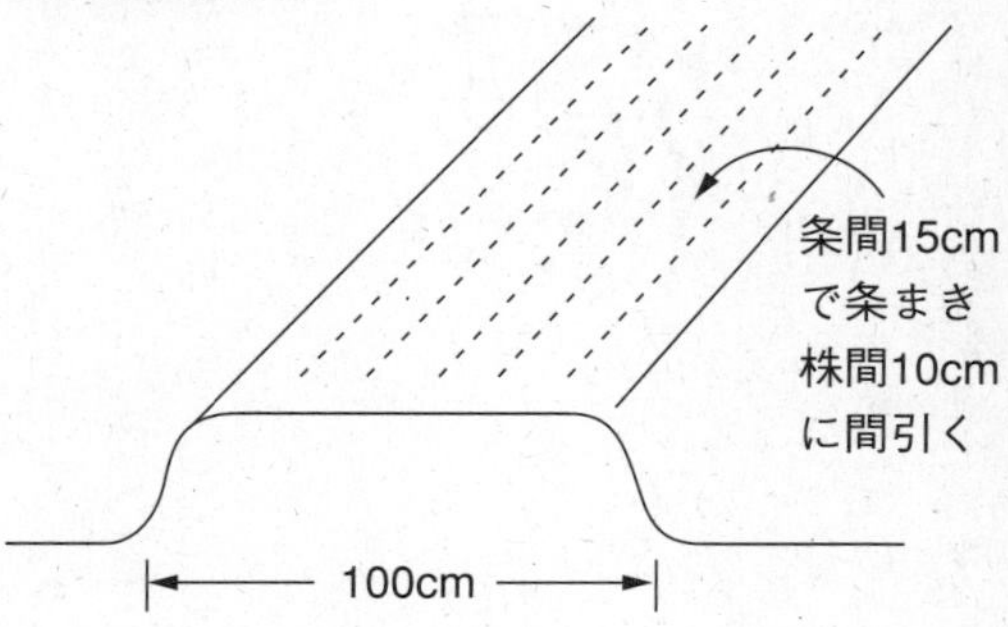

中株のうね

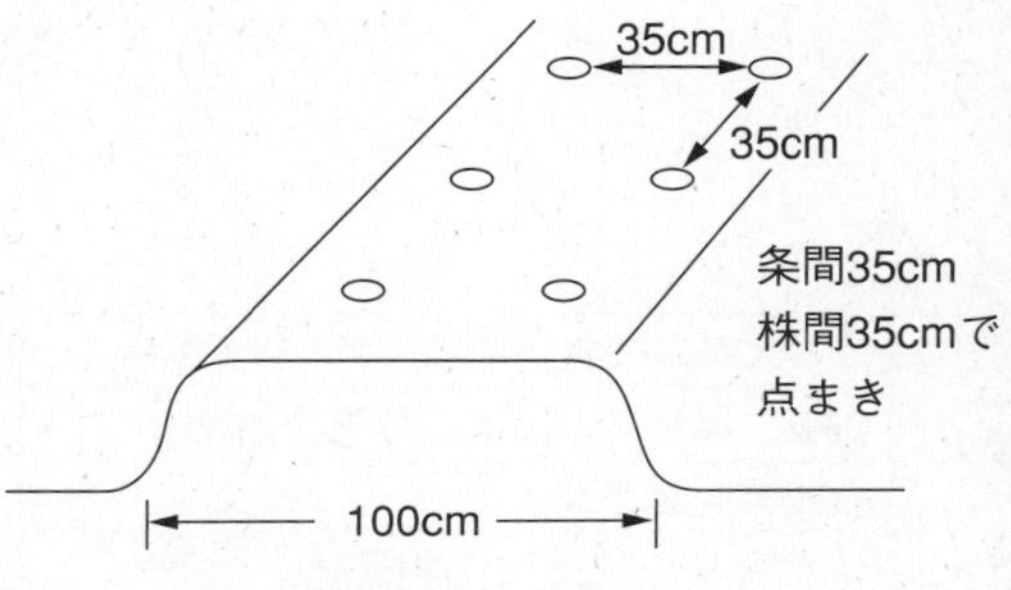

大株のうね

野沢菜の種まき

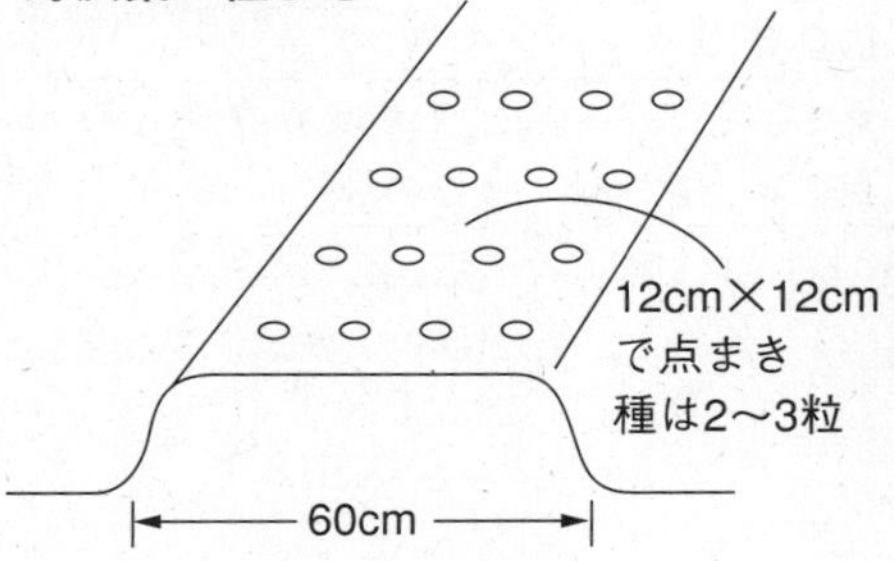

野沢菜の作型

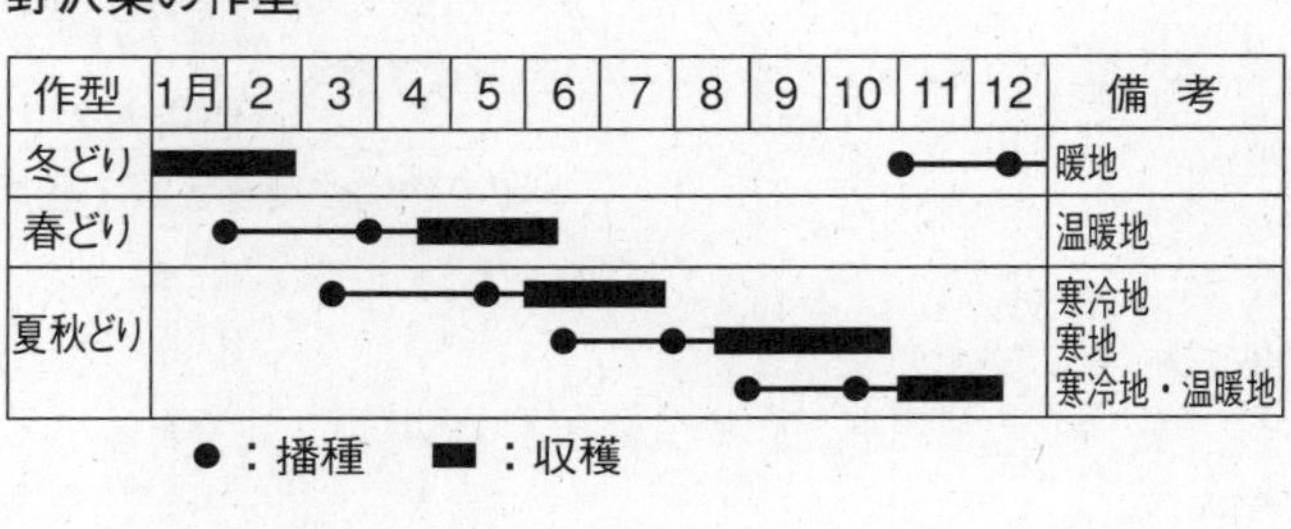

丈が五〇～六〇cmになったころ。秋に収穫する作型では霜に二～三回あててから収穫すると美味。

アブラナ科

菜花（なばな）

菜花とは、在来菜種および西洋菜種の、つぼみ、花茎、若葉のことだが、同じアブラナ属の、茎立菜類、菜心類などのつぼみも菜花として扱われている。

菜種の起源は地中海周辺で、まず冷涼なトルコ高原に定着し、麦の栽培が広がると同時に伝播したと考えられている。いっぽう、西洋菜種は在来菜種とは成立が異なり、ヨーロッパでアブラナとキャベツ類が交雑してできたものである。

アブラナ科の植物は、冬に温暖で雨が多く、夏は乾燥する地中海気候に適応している。春咲きの二年草で、秋に発芽して、冬の低温に遭遇すると花芽分化して春に抽台し、開花する。在来菜種、西洋菜種の発芽と生育の適温は二〇℃前後で、低温にはよく耐えるが、二五℃以上の高温では生育が劣る。平均気温一五℃以下の涼しい日が一か月以上（五℃以下では二週間）続くと、花芽が分化して、とう立ちする。

ふつうの作型では、夏～秋に種まきし、冬～春にかけて収穫する。中国野菜の菜心類の場合は、低温にあたらなくてもとう立ちして、開花するので、早く種まきができる。

畑に、堆肥と苦土石灰を投入して耕うんしておく。種まき一週間前に元肥を施して土壌と混和する。二条まきでは、うね幅八〇～一〇〇cmのうねを立てる。一条まきにするときはうね幅四五cmくらい。排水の悪い畑では高うねにする。

種まき　株間、条間二〇～四〇cmの点まき

漬け菜の分類（飛騨，2001から編）

品種群	野菜種別	代表品種名、[　]内は育成品種名
在来菜種類	アブラナ	畑菜、菜種菜、油菜、新晩生油菜
	ミズカケナ	水掛菜、湧水菜
	和種ナバナ＊（在来ナタネ系）	伏見寒咲き花菜、［早陽1号、春華CR、花飾り、花娘CR］
茎立菜類	クキタチナ＊	茎立菜、若菜、苔菜、折り菜
小松菜類	コマツナ	小松菜、信夫冬菜、女池菜、大崎菜
京菜類	ミズナ	水菜、京菜
	ミブナ	壬生菜
体菜類	タイサイ	雪白体菜、二貫目体菜
	ユキナ	雪菜、仙台雪菜
	パクチョイ	白軸パクチョイ
	チンゲンサイ	青軸パクチョイ
菜心類	サイシン＊	菜心　［オータムポエム（菜心×紅菜苔）］
	コウサイタイ＊	紅菜苔
ターサイ類	ターサイ	ターサイ、ちぢみ雪菜
長崎白菜類		長崎白菜、藤島春菜
白菜類	サントウサイ	丸葉山東、半結球山東
	シロナ	大阪白菜、若菜
	マナ	真菜
	ヒロシマナ	広島菜
西洋菜種類	洋種ナバナ＊（西洋ナタネ系）	かき菜、かぶれ菜、三重長島在来［瀬戸の春、宮内菜、はるの輝］

＊印の作物が菜花として利用される　CR：根こぶ病抵抗性

（農業技術大系野菜編　石田正彦）

にする。一か所に三~五粒ずつまく。条まきにするときは、二~三cm間隔に種をまく。種まき後、薄く覆土し軽く鎮圧する。

間引きは、本葉二~三枚のころに二本立ちにし、本葉四~五枚のころ一本立ちにする。このとき株間を中耕して土寄せしておく。

追肥は、種まき後一か月後に一回目を行ない、収穫終了までに数回施す。

収穫 花茎が伸びて花蕾が見え始めたら収穫できる。また、十一月ごろ、抽台前の茎葉を収穫することもできる。

菜花の種まき

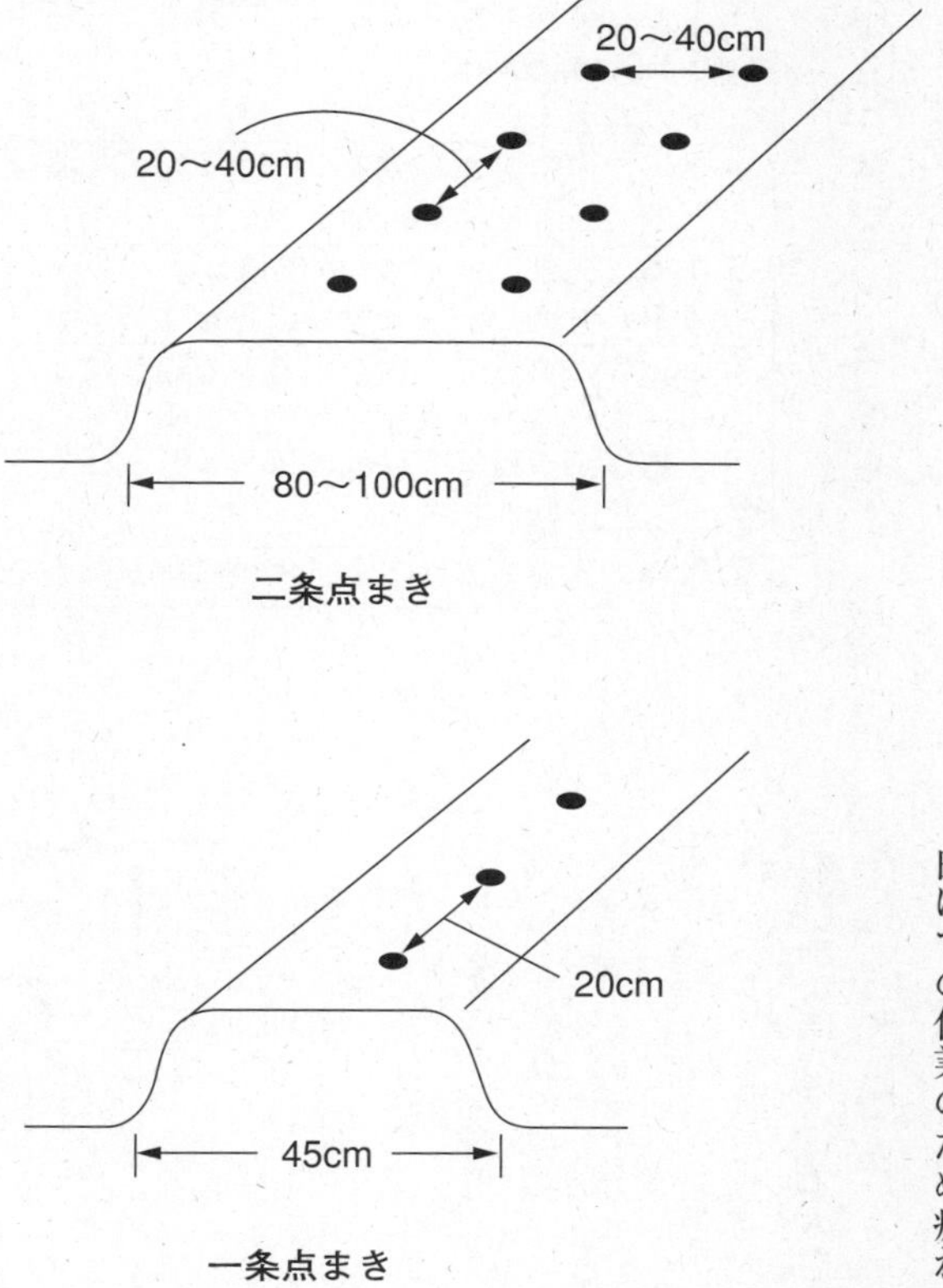

菜花の種まきにペットボトル利用播種器

野村忍

千葉県安房地域は、房総半島の南端部に位置し、菜花の栽培が多いところです。

従来の種まきでは、すじまきがおもな方法でしたが、すじまきは播種量が多いことから密植栽培になりやすく、病害なども発生し収量・品質にも影響していました。また、腰を曲げての作業のため疲れます。播種後一か月以内に行なう間引き作業も、発芽本数が多いため、手間がかかります。

そこで、一〇年ほど前、安房郡富山町の長谷川喜久雄氏によって考案された、ペットボトル利用の播種器を紹介します。

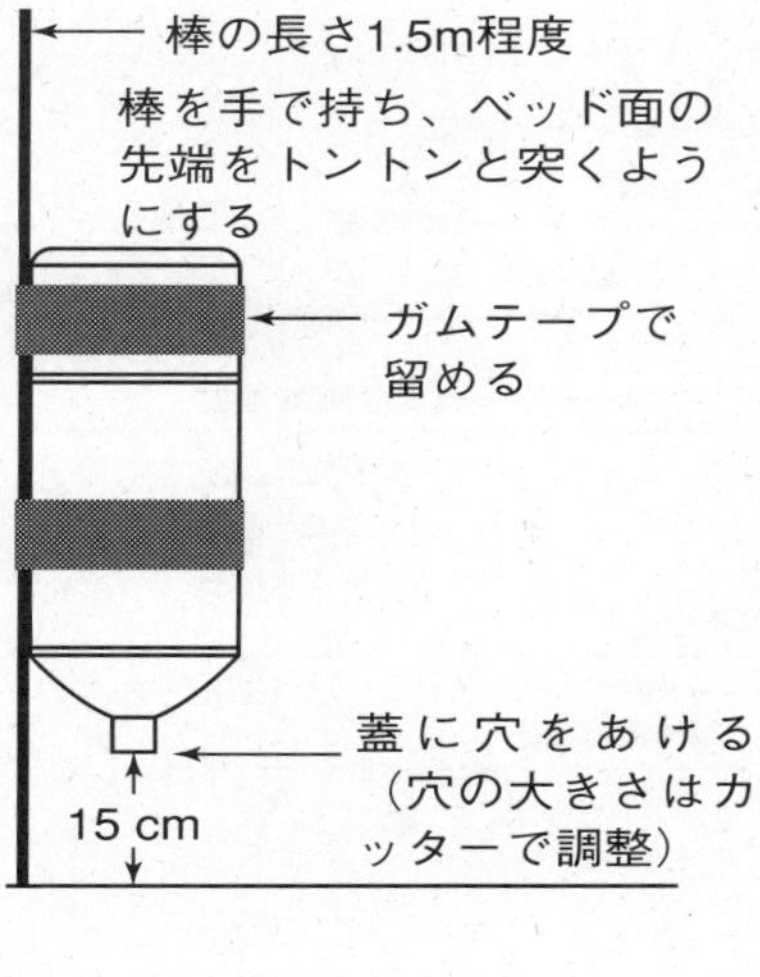

これは以下のような利点があります。

①播種量が従来のすじまきに比べ、三割ほどの二dl以下になる。

②歩く程度の速さで播種ができるため、播種作業時間はこれまでの二割程度の三〇分ほどですむ。

③間引き作業時間が短縮され、病気の発生も少なくなる。

ペットボトル利用の播種器はどんな土質の畑でも使用できます。とくに、粘土質が強くベッド面が凸凹した土壌だと覆土作業がいらず、手押し播種機が使いにくい土壌でもあるので、より効果的です。大きなペットボトルのほうが、種子が中で上下し種子が出やすくなります。また、適度な重さになるので振りやすいです。ふたの位置を棒の先端から一五

cmにすると、種が適当な範囲に広がって落ち、かつふたに土が付きません。

なお、この播種器は一条まきですが、適当な条間になるように二つの播種器を組み合わせると二条まきにすることもできます。ペットボトル以外も取り付けられます。菜花だけでなく、アブラナ科野菜などの丸い種子なら使えます。

（千葉県安房農業改良普及センター）

二〇〇二年十二月号　菜花の播種にペットボトル利用播種器

準備	2ℓのペットボトル（透明） カッターナイフまたは三寸釘 1.5m程度の棒 ガムテープ
つくり方	ふたの内側からカッターか三寸釘で直径2～3mmの穴をあける
	棒の先端から15cmの位置に、ペットボトルをガムテープで棒に固定する
	実際に振って、何粒出るかを確認する。一振りで3～5粒出るように調整する
使い方	棒を手で持ち、地面をトントンと突くようにする
	棒の先端で穴ができ、播種間隔がわかる

アブラナ科
白菜

地中海および西アジアを起源とするアブラナは東方に伝播し、中国北部で蕪類が、南部では体菜類が発達した。この二つが華中で交雑して非結球の白菜が生まれ、その後華北で結球白菜が発達したといわれている。中国には大きくわけて直筒型（河北省）、卵円型（山東省）、平頭型（河南省）の三つのタイプの白菜がある。日本の白菜は卵円型で、山東省から伝来した。

冬野菜で、夏～初秋に発芽して、秋に生長する。播種後三五日ごろから、葉が立ち上がって結球し始める。白菜が結球するのは、植物ホルモン（オーキシン）の働きによるもので、株のエネルギーがピークに達し、日照や養分が十分あるときである。

白菜の発芽の適温は、一八～二二℃とされている。種まき直後から低温に感応し、平均気温一五℃以下では花芽ができやすい。花芽分化が始まると、葉数の増加が停止してしまう。また、平均気温二二～二三℃以上では、軟腐病が発生しやすい。すなわち、生育初期の温度は、暑すぎず、寒すぎずという条件であることが必要である。

秋まき栽培で、種まきが遅れると、十分な葉数を確保する前に、低温→花芽分化→生長停止となってしまい、葉数不足で結球しないことがある。また、春まきの場合でも、温度が低すぎると苗が小さいうちに花芽分化して

白菜の作型

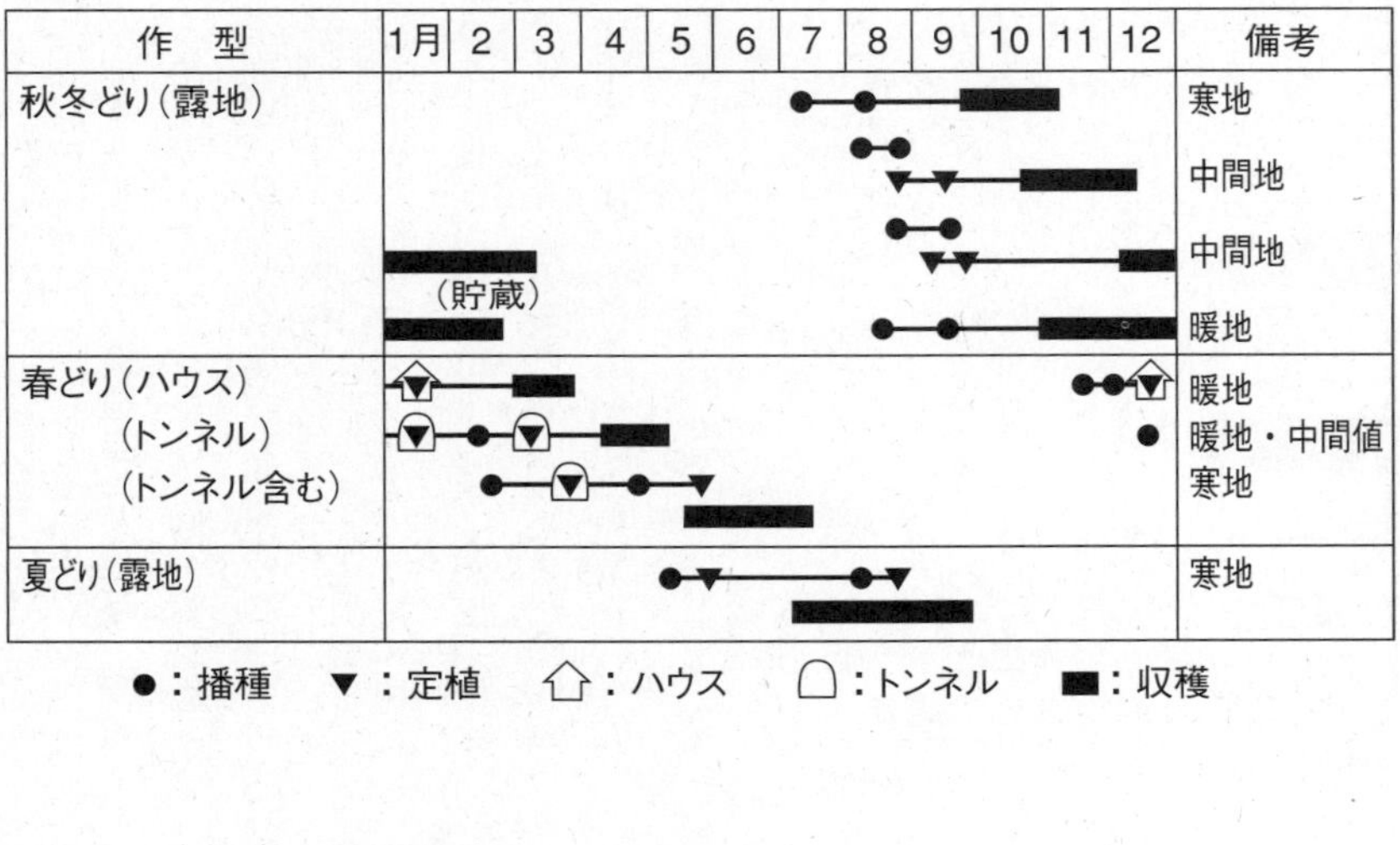

しまうので、暖かくなるまではトンネルなどで保温する。

最盛期には生育のスピードが速いので、排水がよく耕土の深い肥沃土壌が望ましい。土の適応性は広いが、pH六前後の弱酸性を好む。

秋冬どり栽培

畑は、あらかじめ堆肥と元肥の半量を全面散布施し、耕うんしておく。種まき前に幅二五cm、深さ一五cmの溝を掘って、消石灰を施し土と混ぜる。一条植えでは、その上に堆肥と元肥の残り半分を施して、うね幅三〇cm高さ一五cmくらいでうね立てする。

種まきは、早すぎると害虫や病気が多く、遅すぎると結球しにくくなるので、時期に注意する。彼岸花の咲き始めるころが目安。うね間四五～六〇cm、株間四五cmくらいで点まきする。一穴に三～五粒くらい。

間引きは、本葉二枚ころから二～三回行ない、本葉五～六枚のころに一本にする。間引きのときに、軽く中耕して土寄せしておく。

育苗して移植する場合は、ポリポット（四～九cm）、セルトレイ、ペーパーポット（五〇～一二八穴）のものを使う。培土を詰めて、深さ五～一〇㎜に一～二粒ずつ種まきし、覆土する。本葉二枚ころに間引きして一本にする。本葉四～五枚のころ畑に定植する。白菜は活着しにくいので、根を傷めないように丁寧に行なう。

追肥は種まき一〇日後、二〇日後、三〇日後をめどに三回行なう。追肥のときも、除草をかねて中耕し土寄せする。

白菜のつぼみも美味しい

福岡県桂川町　古野隆雄

三月、ふんわりとした春風が吹くと、畑の野菜たちがいっせいに、とう立ちを始めます。白菜、チンゲンサイ、小松菜、ルッコラ……みんな背伸びを始めるのです。

結球した白菜の最上部が、むっくりと盛り上がります。次にそこがぱかっと割れて、黄色のつぼみをつけた白菜の塔が伸び上がってきます。この頂花が完全に開かないうちに、上から五～六cmくらいのところで脇芽を残して収穫。すると、一週間後くらいに脇芽（側芽）のつぼみも順次収穫できます。

私は、おもに「クリーム白菜」を作っています。寒い冬を越したこの白菜の塔、つまりつぼみと茎は、太くて軟らかくてほんのり甘く、風味があり、いやな苦味がまったくありません。とう立ち専用の菜花などまったく問題にならないおいしさなのです。卵とじにすると最高です。ゆでて胡麻あえ、マヨネーズやドレッシングをかけてもおいしい。

私は完全無農薬有機野菜を三〇年近くつくっていますが、白菜は、秋冬野菜の中で、最も難しい野菜だと思います。結球した白菜は一球三〇〇円で売っています。いっぽう春の白菜の「つぼみ」は、一袋二〇〇～

白菜の種まき

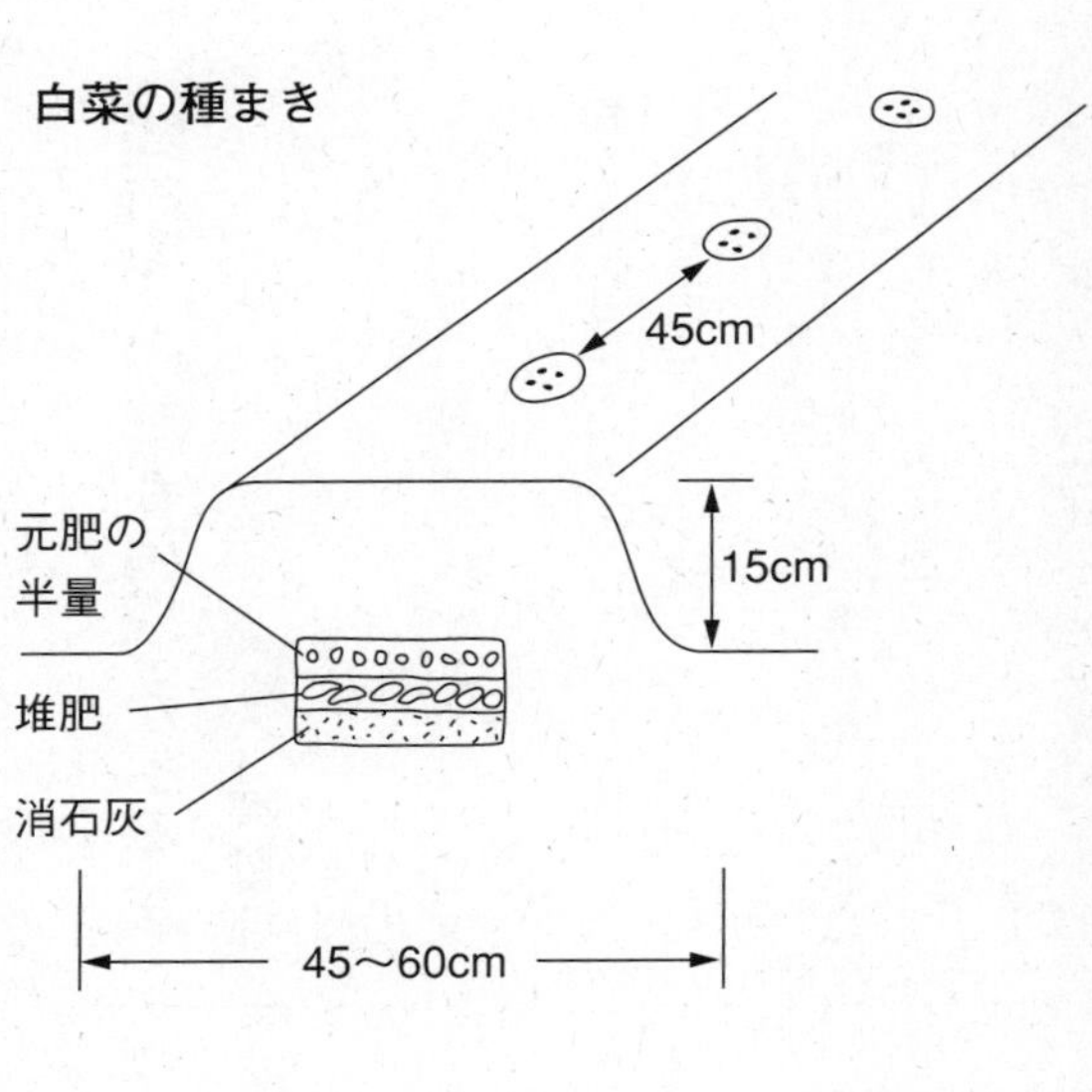

三〇〇gを二〇〇円で売っています。脇芽も収穫すれば、一球で三〇〇円以上。つまり、立派に結球した白菜よりとう立ちしたもののほうが高く売れるわけです。

十一～二月は、結球した白菜を消費者に届けます。葉重型のクリーム白菜は、軟らかく甘くて大人気です。次に、うまく結球しなかった開いた白菜を売ります。開いた白菜は、太陽の光も十分に浴びて育っているためか、意外に甘くておいしいのです。宅配の消費者に「あの新しい種類の野菜をまた持ってきてください。甘くておいしいですね」と言われます。そして三月には、とう立ちした白菜のつぼみを売るのです。そうして残った白菜の葉っぱは、すべて緑餌としてにわとりや合鴨に与えます。

とりわけ二、三月は私の有機農業の端境期なので、白菜のつぼみは主力野菜です。これが届くとたいていのお客さんは「もう菜の花の季節になったんですね。少し前まで結球した白菜を食べていたのにね」と言われます。白菜の菜の花は、春の野菜の「走り」として特別の意味があるのです。

昨年の秋は、晴天続きで気温が高かったせいか、シンクイムシ、ハスモンヨトウ、ヨトウガ、ダイコンサルハムシ等のあらゆる害虫が大発生しました。九月初めに一回目に定植した白菜は、完璧に害虫に食害されました。九月末に、二回目に定植した白菜は比較的、虫害も少なく、現在立派に結球しています。十月中旬に、合鴨水稲同時作の田んぼの稲の収穫後に定植した白菜も順調に結球しています。

菜の花で心の力み抜けていく　合掌

（福岡県嘉穂郡桂川町）

二〇〇六年三月号　ハクサイで売り残しても、つぼみが売れる

ハクサイはずーっと売れるから
わが家では大事な野菜だね
11〜2月はハクサイを玉で売る。
結球しなかった開いたハクサイも
そのまま少し売る
3月、売り切らなかったハクサイ、結球しなかったハクサイ、ダイコンサルハムシにやられたハクサイなどは、トウを立たせてつぼみを摘んで売る！

間引き白菜を根づかせる法

福留均

今年の夏は晴天続きで、秋まき野菜の種まきにも苦労されたことでしょう。種をまきそこねた人のために、間引き白菜を上手に根づかせる方法を紹介します。

まず、ポリポットと寒冷紗、それに近所からもらった間引き白菜を用意します。ポットに土を入れ、水をたっぷり浸します。次に棒で穴をあけて、間引き白菜をさし込んで寒冷紗をかけます。四日ほど、日陰におけばよいそうです。四日目くらいには、きれいに根づいているそうです。それを植えるわけです。

この方法を教えてくれた方は、白菜の種をまきそこねてしまい、そのとき間引き白菜の利用を思いたち、実施した母ちゃんです。冬には、おいしい白菜をたくさん食べられたそうです。なお、間引き白菜を畑に直接植えても根づかなかったそうです。

一九八五年十二月号　あっちの話こっちの話

おもなアブラナ科Brassicaceae（Cruciferae）の野菜

※ n は染色体数

属	和 名	学 名	n
アブラナ属	クロガラシ	*Brassica nigra*	8
	野生カンラン	*Brassica oleracea*	9
	ケール	*Brassica oleracea* var. *acephala*	9
	ブロッコリー	*Brassica oleracea* var. *italica*	9
	カリフラワー	*Brassica oleracea* var. *botrytis*	9
	キャベツ	*Brassica oleracea* var. *capitata*	9
	メキャベツ	*Brassica oleracea* var. *gemmifera*	9
	コールラビ	*Brassica oleracea* var. *gongylodes*	9
	アブラナ	*Brassica rapa*（*campestris*）var. *oleifera*	10
	カブ	*Brassica rapa*	10
	コマツナ	*Brassica rapa* var. *perviridis*	10
	ノザワナ	*Brassica rapa* var. *hakabura*	10
	ミズナ	*Brassica rapa* var. *nipposinica*	10
	タイサイ（チンゲンサイなど）	*Brassica rapa* var. *chinensis*	10
	ハクサイ	*Brassica rapa* var. *glabra*	10
	キサラギナ（ターサイ）	*Brassica rapa* var. *narinosa*	10
	アビシニアガラシ	*Brassica carinata*	17
	カラシナ	*Brassica juncea*	18
	タカナ	*Brassica juncea* var. *integlifolia*	18
	ザーサイ	*Brassica juncea* var. *tumida*	18
	セリホン	*Brassica juncea* var. *multiceps*	18
	セイヨウアブラナ	*Brassica napus*	19
	スウェーデンカブ	*Brassica napus* var. *napobrassica*	19
ダイコン属	ダイコン	*Raphanus sativus* var. *hortensis*	9
	ハツカダイコン	*Raphanus sativus* var. *sativus*	9
エルカ属	ルッコラ（キバナスズシロ）	*Eruca vesicaria* Subsp	11
ワサビ属	ワサビ	*Eutrema japonicum*	14
オランダガラシ属	クレソン（ウォータークレス）	*Nasturtium officinale*	16
コショウソウ属	コショウソウ（ガーデンクレス）	*Lepidium sativum*	16
セイヨウワサビ属	セイヨウワサビ(わさび大根)	*Armoracia rusticana*	16

アブラナ属の3基本種の分布、栽培植物としての移動と複二倍種の推定成立地帯

（水島・角田、1969）

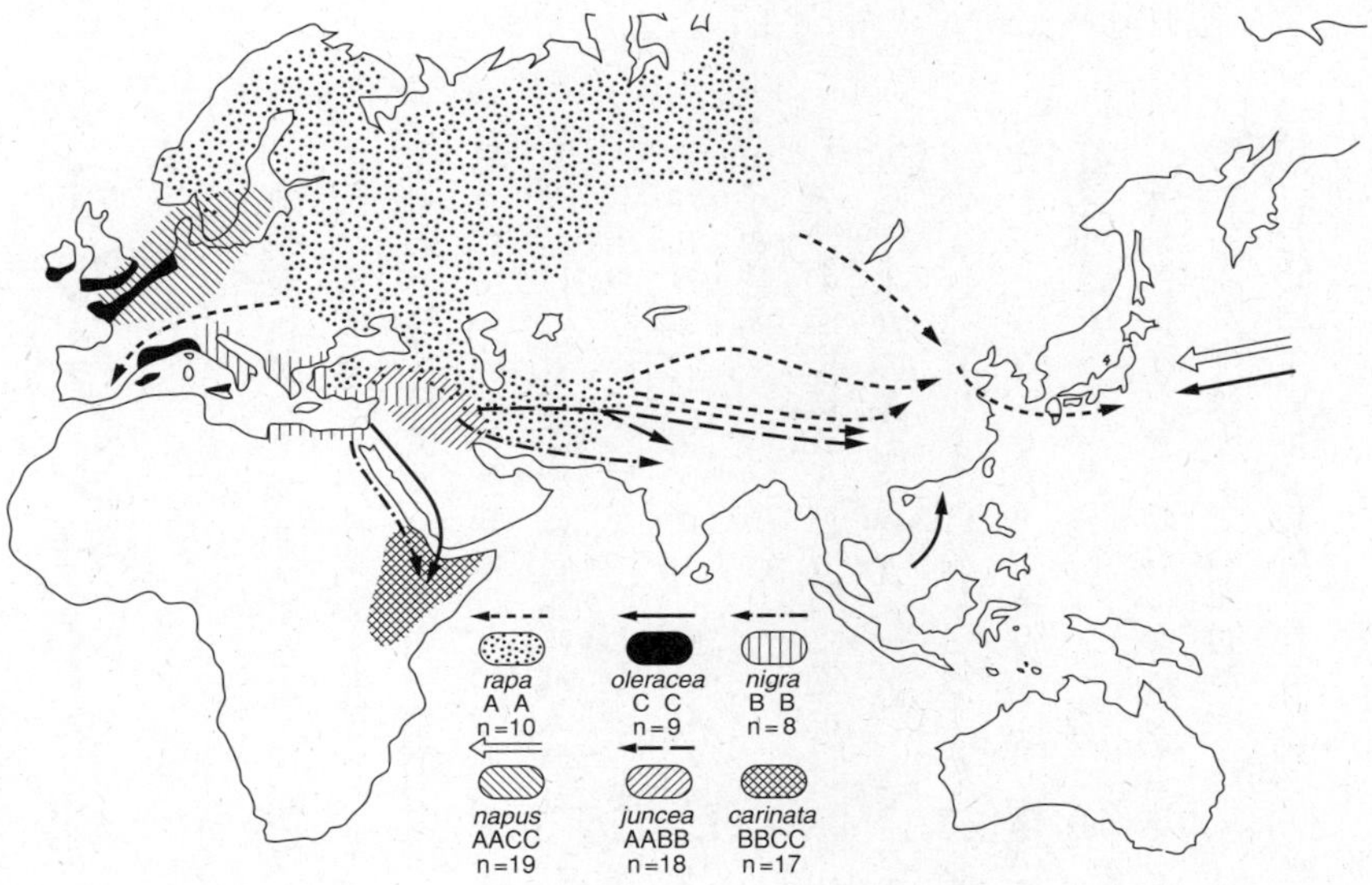

アブラナ科

山東菜（さんとうさい）

完全に結球しない白菜を、山東菜と呼んでいる。不結球の白菜は、結球白菜の原始型と考えられており、外葉は立ち上がるが中心部は結球せず、ラッパ状になる。明治時代に中国より導入された。

若い状態で収穫するので、栽培の期間が短く、ほぼ周年で栽培することができる。秋まきでは約一〇〇日、春～夏まきでは三〇～四〇日で収穫できる。関東では「べかな」と呼ばれ、夏場の葉もの野菜として栽培されてきた。

発芽の温度は四～三五℃で、適温は二〇～三〇℃とされる。生育の適温は二〇℃前後で、五℃以下では生育しない。耐寒性は強く、零下でも枯死しない。五℃以下の低温に一か月以上あうと花芽分化して、とう立ちする。

土壌の適応性は広いが、初期から順調に生長するには、保水力があり排水がよい畑が好ましい。

畑に堆肥と苦土石灰をまいて耕うんしておく。元肥を施して、幅四〇～六〇cmのうねを立てる。

種まき　条間一二～一五cm、株間四～五cmですじまきにする。薄く覆土して鎮圧しておく。種まき後防虫ネットをかけておく。

間引き　株間一〇～二〇cmにする。

収穫　草丈二五cmくらいになったら収穫できる。

山東菜の種まき

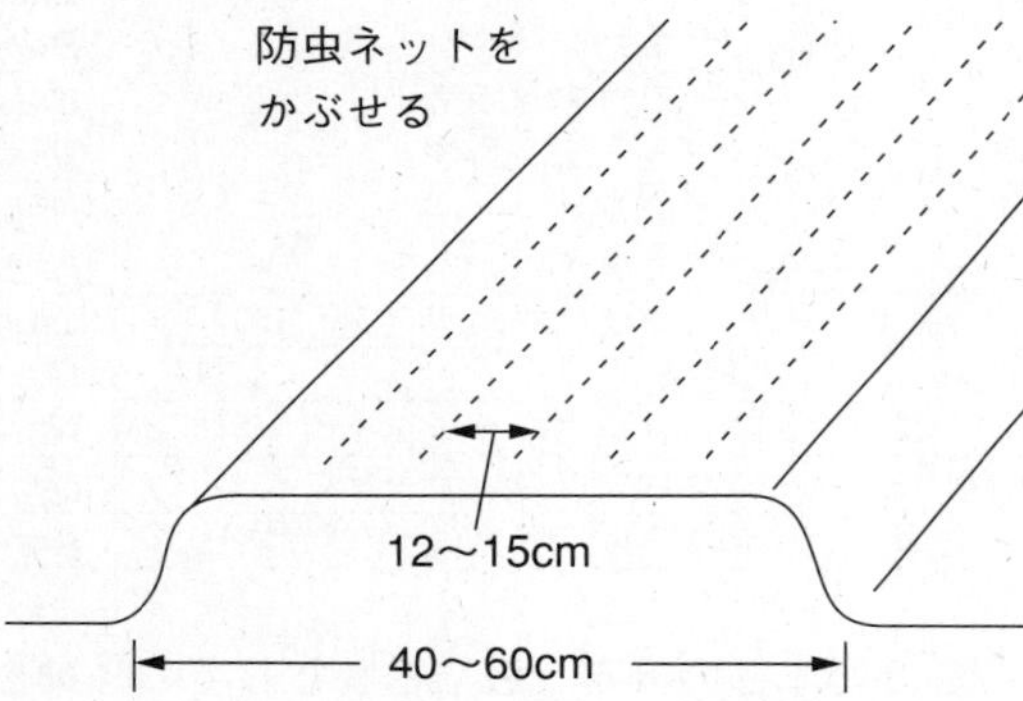

アブラナ科

チンゲンサイ（青梗菜）

地中海起源のアブラナ属が東方に伝播し、中国南部で数多くの体菜類《たいさい》が発達したとされている。揚子江流域など華中、華南で多く栽培されている。体菜類のひとつであるチンゲンサイは一九七〇代に日本に導入され、ひろく栽培されるようになった。なお、葉柄が緑色のものをチンゲンサイ、白いものをパクチョイと呼ぶ。

発芽の温度は五～三五℃で適温は二〇～二五℃、生育の適温は一五～二〇℃とされる。一〇～一二℃以下の低温に遭遇すると花芽分化してとう立ちする。土壌はあまり選ばず、好適pHは五・五～六・五。

元来は秋から翌年の春にかけて生長する作物であるが、収穫までの期間が一～二か月と短いために、周年で栽培されている。

畑に、種まき一か月前に堆肥と苦土石灰を施し耕うんしておく。種まき一週間前に元肥を施用して土と混ぜ、幅一〇〇cmくらいのう

西アジア—地中海起源の作物

山東菜、チンゲンサイ、ターサイ

チンゲンサイの作型（農業技術大系　野菜編）

播種から収穫までの日数	1月	2	3	4	5	6	7	8	9	10	11	12	発芽までの日数	備　考
	トンネル栽培		春まき			夏まき			秋まき					
60〜65（トンネル）		○	□										6	○生育後半抽台しやすい。早めに収穫
50〜55			○	□									9	○露地栽培は抽台早く不安定
40〜45				○	□								4	○栽培しやすい
35〜40					○	□							3	○虫害が多い
〃						○	□						3	○湿害を受けやすい
〃							○	□					4	高温・乾燥で生育不良
〃								○	□				4	
40〜45									○	□			3	もっとも栽培しやすい
60〜70										○		□	5	

チンゲンサイの種まき

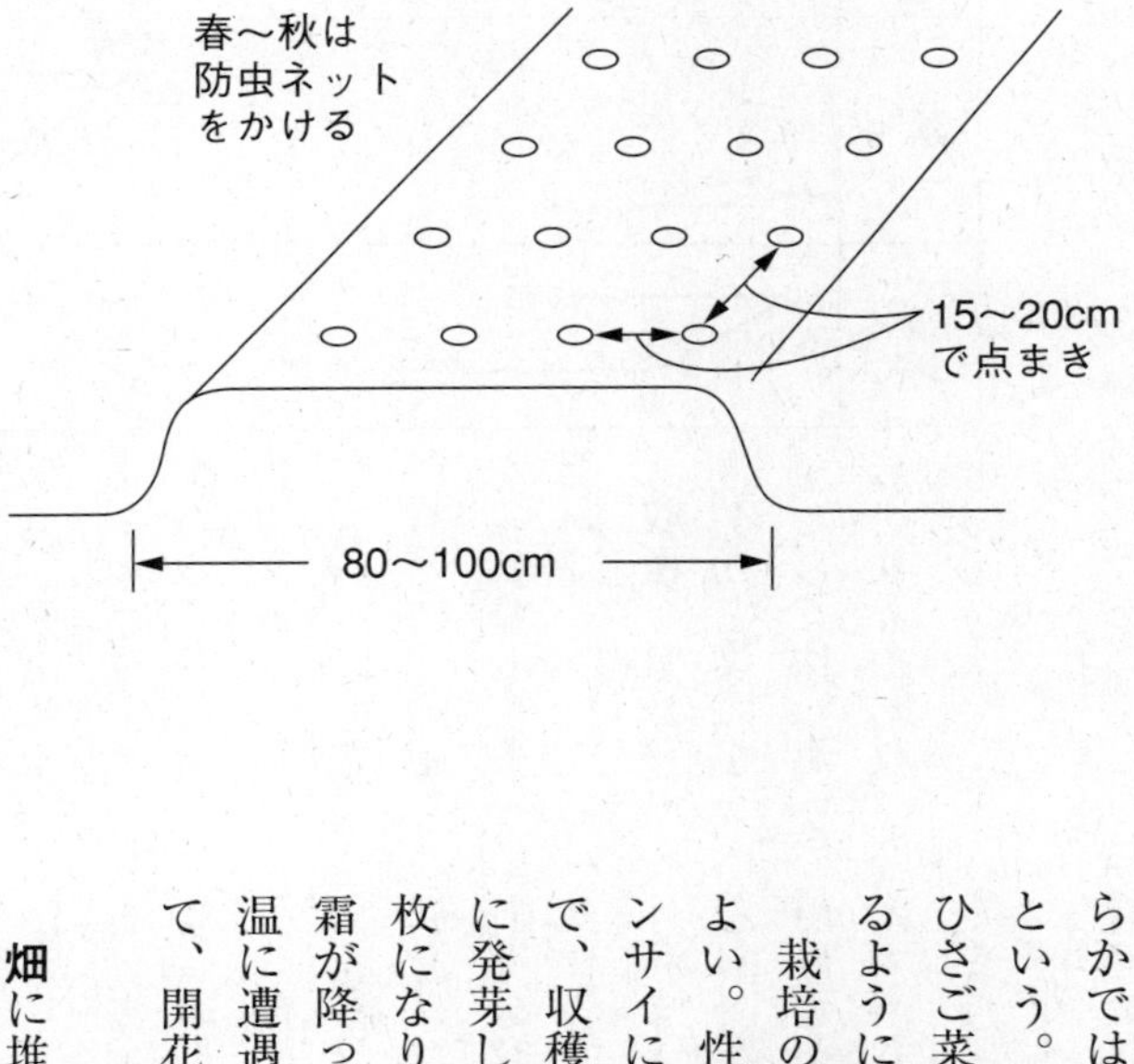

ねを立てる。

種まきは、株間、条間一五〜二〇cmの点まきにする。一か所に二〜三粒ずつ。

間引きは、二〜三回行なって本葉四枚のころまでに一本立ちにする。

収穫は一株一五〇g前後のころが適期。

アブラナ科
ターサイ（塌菜）

アブラナ属の中国野菜で、「塌」は地を這うという意味である。ターサイの起源はあきらかではないが、中国では華中で栽培が多いという。日本には戦前に導入されて如月菜《きさらぎな》、ひさご菜などと名づけられたが、広く普及するようになったのは一九七〇年代である。

栽培の適期は冬で、そのころ味がもっともよい。性質はチンゲンサイに似るが、チンゲンサイに比べて葉の数が多く、生長が遅いので、収穫までの日数がかかる。ふつう、九月に発芽して、十一〜十二月に葉数五〇〜七〇枚になり、葉が地面を這うような形状になる。霜が降っても枯れることはなく越冬する。低温に遭遇すると花芽分化し、春にとう立ちして、開花する。

畑に堆肥と元肥を施し耕うんしておく。幅八〇〜一〇〇cmのうねを立てる。

種まきは、株間、条間を二〇〜三〇cmの点まきにする。一穴に二〜三粒まいて軽く覆土し、鎮圧する。

ターサイの種まき

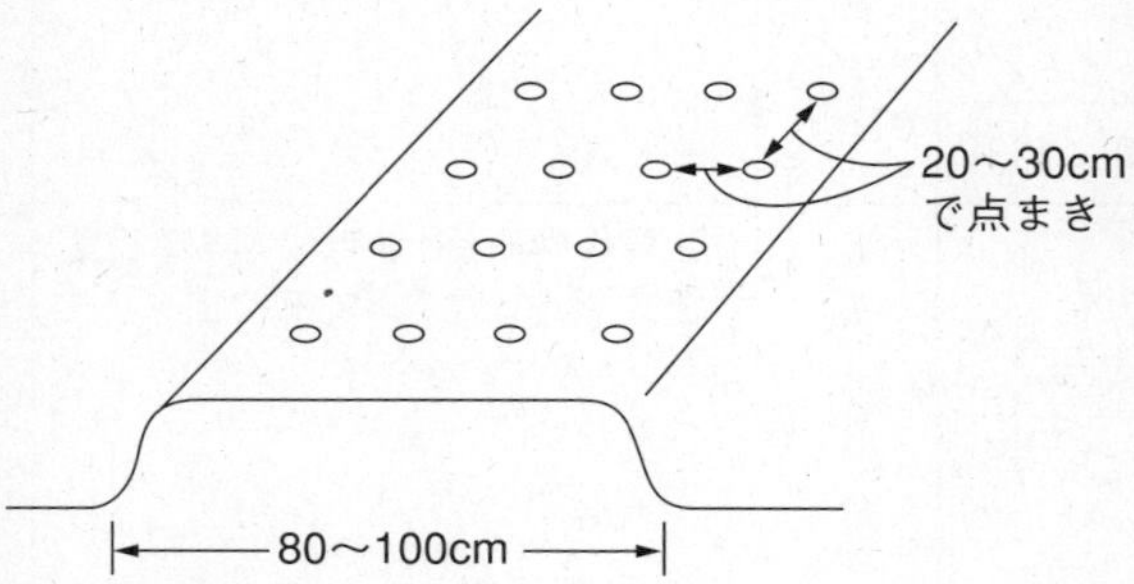

長崎県の岩崎政利さんが自家採種しているターサイ
（撮影　赤松富仁）

ターサイの作型

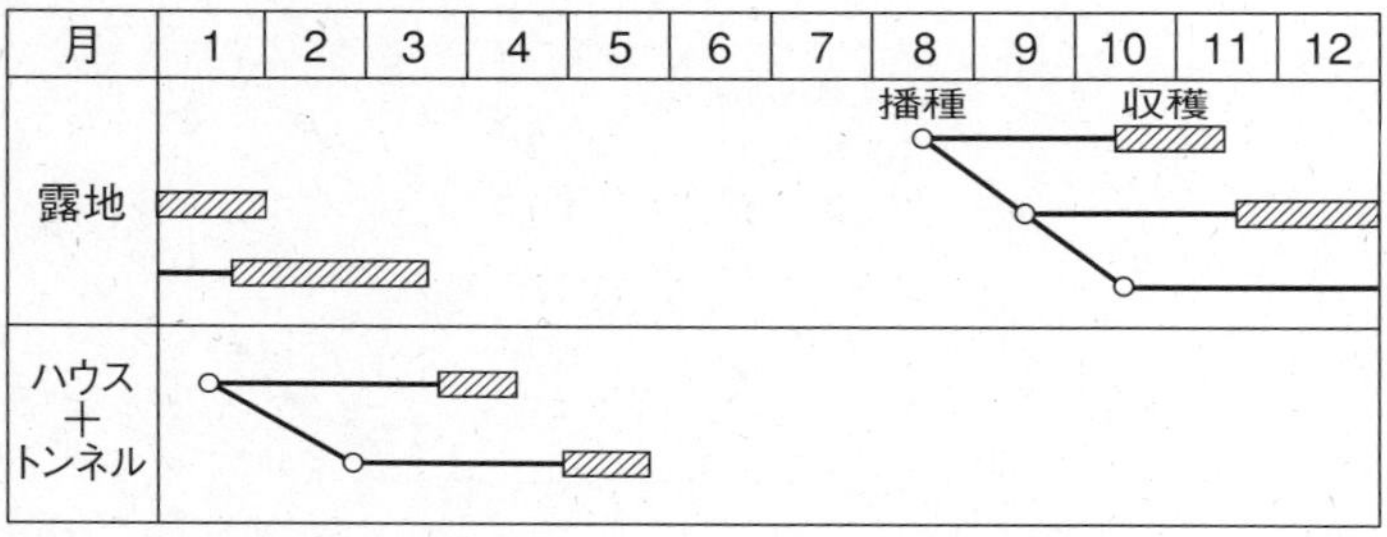

間引きを二〜三回行ない、本葉五〜七枚のころに一本立ちにする。ターサイの根は活着しやすいので、苗を移植することもできる。間引きのあとに、追肥を一回施してもよい。

収穫　葉数三〇〜五〇枚になったら、株元から切りとって収穫する。

アブラナ科

からし菜・高菜

からし菜の仲間は、アジアでは野菜用の品種が発達し、日本の山形青菜《せいさい》や高菜《たかな》、中国では雪裡紅《せりほん》や搾菜《ざーさい》などがある。インド、ヨーロッパでは芥子（マスタード）や油脂用の品種が発達した。

からし菜は、アブラナとクロガラシの交雑によりできた植物で、両方の野生種が存在するイラク南部からアラビア半島にかけてが、原産地と考えられている。

蕪類や白菜類はおもに低温に遭遇することで花芽分化・抽台するが、からし菜の仲間は低温にはあまり反応せず、長日条件によって花芽分化する。このような抽台生理はクロガラシの性質を受け継いでいるといわれる。

秋まきが基本の作型で、生育初期に収穫する間引き菜や若どりは、浅漬けなどで食す。山形青菜漬けは、十一〜十二月に収穫したもので、九州の高菜漬けは翌春にとう立ちした花茎を収穫する。

春まきの場合は、長日条件下なのですぐに花芽でき、花芽ができると株が大きくそだたない。まき遅れしないようにし（三月下旬まで）、二〇cmくらいで収穫する。

畑に堆肥と石灰を入れて耕うんしておく。元肥を施して六〇cmくらいのうねを立てる。乾燥しているときは、かん水して湿らせておく。

種まきは条間一五cm、株間二〜三cmで条ま

各地のからし菜の利用法と作型

利用法	品種	作型	地域
若どり	かつお菜、ちりめん高菜、三池高菜	9月上～中旬に種をまき、1か月後に定植。10月下旬～翌年4月下旬まで、7日ごとに1～2葉ずつ収穫する。	九州、関東など
若どり	山潮菜	種まきは7月下旬～3月中旬。本葉5～6枚から葉を随時収穫できる。浅漬けにすると風味がよい。7～8月まきと2～3月まきは抽台が早いので、5～6葉（草丈30cm）で株元から刈り取る。	九州
漬け物	柳河高菜、おたふく高菜、三池高菜	種まきは9～10月で、12月ころ定植する。4月上旬、抽台がはじまったころ株元から収穫する。	九州
漬け物	山形青菜	9月上旬に種まき。積雪前の11月中旬に収穫する。	山形
花茎を利用	在来からし菜、黄からし菜、五月菜	秋に種まきして、抽台前は青菜としても利用し、早春のころ花茎を収穫して浅漬けにする。	関東以北

からし菜の種まき

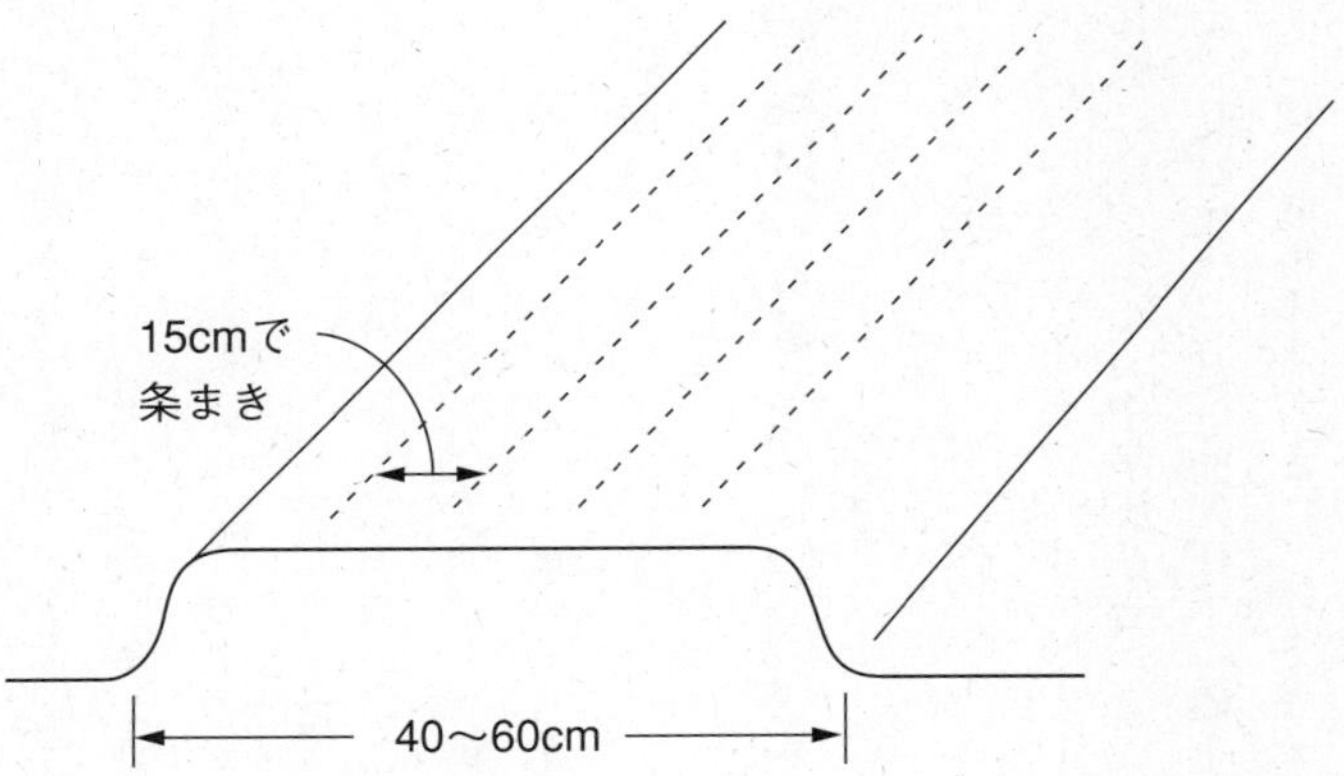

きする。薄く覆土して鎮圧する。

間引きを、二～三回行ない、株間一五～二〇cmくらいにする。若どりするときは、株間を五～一〇cmくらいにする。

追肥は若どりでは必要ないが、秋冬収穫や春に収穫する場合は適宜行なう。

セリホンはわが家の畑になじんだ「伝統野菜」

千葉県多古町　宮内福江

六〇年にわたって自家採種

私たちは、百姓歴五〇年になる夫婦です。昔から「百姓百品」といわれるように、じゃがいも・聖護院大根・黒豆の枝豆・ターサイ・モロヘイヤ・ヤーコン・セリホンなどいろいろな野菜を、自家採種しながら露地栽培しています。

父がとくに念を入れて栽培していたのが、雪裡紅（セリホン）と地這いキュウリの四葉（スーヨウ）です。その種を父がどこから入手したのかわかりませんが、周囲ではつくられていない野菜でした。

父のセリホンが部会に広まった

セリホンは中国のからし菜で、葉に少しギザギザの刻みがあり、株間を広げて栽培すると、一kgもの大株に育つほど生育が旺盛です。暖冬の年や春先には草丈が六〇cmにもなりま

雪裡紅（セリホン）

すが、大きくなっても柔らかで、漬物にするとピリッと辛く、かつ甘みがあります。

私たちが、多古町旬の味産直センターの組合員になって二〇年。セリホンは、消費者へ直接宅配する野菜ボックスに入るほか、生協へも出荷しています。しだいに人気が高まって、わが家だけでは対応できなくなり、セリホン部会をつくりました。

セリホンの種は市販もされています。部会ができた初年、ほかの人たちは買った種を使いました。ところが生協への初出荷を前に、それぞれのセリホンを持ち寄ったところ、買った種のセリホンは茎も太く丈も大きくて、からし菜を巨大にしたような姿。わが家のセリホンとは、姿も味も似ても似つかないものだったのです。

それで翌年からは、わが家の種でいこうということになりました。父が栽培し、種を採り続けたセリホンが、部会全体のセリホンになったのです。

種の収穫はいちばん楽しい農作業

「農作業のなかでいちばん楽しいときはどんなときですか？」毎年、東京の品川区から農業体験にやってくる中学生から、こんな質問をよく受けます。私は即座に、「種をまくときと、種を収穫するとき」と答えます。

セリホン以外にも、とうがん、ごま、かき菜、かつお菜、黒豆、落花生、里芋も自家採種を続けてきました。ツタンカーメンの遺跡から発掘されたという「王家の豆」も、栽培と同時に種採りを始め、一五年ほどになります。最近は、ルッコラや、江戸川区の農家との縁で亀戸大根の種採りも始めています。

セリホンの花は、淡い黄色の小さい菜の花です。やがて小さい緑色の莢がギッシリ着き、熟すにしたがって黄金色に変わった莢が重くしだれて見事です。

セリホンのおひたしは、黄緑色が鮮やか

セリホンの採種にあたって心がけていることは、

①交雑の心配のあるアブラナ科の野菜とは距離を置く。他家の畑にも注意。

②病虫害のついていない形のよいものを選抜。

③肥料をやりすぎない。

④梅雨時にかかるので雨に注意。種が実ったら、お天気のいい日を見て急いで収穫（実ってから雨にあうと発芽してしまう）。

からし菜の根腐れが治まる、笹エキス

細川恭子

沖縄県恩納村のGさんに、野菜の根腐れを防ぐ、笹エキスのつくりかたを教えてもらいました。笹の葉を鍋に入れ、ひたひたになるぐらい水を入れて火にかけます。一〇分ほど沸騰させて、水に色が出るまで煮出すだけ。冷めたら薄めて土にかけると、からし菜に出ている根腐れが見事に治まるのだそうです。

ただ、あまりにも殺菌効果が強いので、薄める加減が難しいそうです。初めて使ったときは濃度が濃すぎたようで、からし菜自体の元気がなくなってしまって失敗。それ以降は五〇〇倍くらいに薄めたらうまくいくようになったとのこと。笹はどんな種類でもよく、沖縄では月桃の葉を使ってもできるとか。根腐れでお困りの方、ぜひ一度試してみてください。

二〇〇一年五月号　あっちの話こっちの話

⑤鳥害対策のため寒冷紗などで覆う。放っておくと一日で食べられてしまうときもある。

また、大根類の場合は、いったん抜いて、大きさの揃った気に入った大根を選んでから植え直して、花を咲かせます。移植のショックが、子孫を残そうとする本能を刺激するのでしょうか。そのまま植えっぱなしにするより種もよく実ります。

種を採り続けることで畑に合った野菜に変わる

こうして自家採種を続けた野菜は、風雨や病虫害に強く、土づくりをしっかりした土壌なら、種をまくだけでも収穫できるように育つたくましさがあります。種を採り続け、つくり続けることで、その土地に合った野菜に変化していくのでしょうか。わが家のセリホンもそうですが、こぼれ種でも自生できるほど生命力が高まってくるようです。

種は命の源です。子供のように愛おしい。先人の知恵を次の世代に引き継げるよう、おいしい地野菜をつくり続けたいと思います。

（千葉県香取郡多古町）

二〇〇六年二月号　セリホンはわが家の畑に馴染んだ「伝統野菜」

アブラナ科

ブロッコリー

ブロッコリーの原産地は地中海東部と考えられている。数千年前に野生のカンラン（甘藍）から栽培化されたケールがその起源といわれている。一五世紀のイタリアで改良が進み、一九世紀に現在のような品種が発達した。

花蕾を収穫するので、花芽分化が栽培の条件となる。生育の途中で低温に遭遇すると花芽ができるが、品種によって条件が異なる。早生種は二二℃以下、中生種では一七℃以下、晩生種は二～三℃とされている。また、低温に対する反応は、苗が大きくなるほど敏感になる。他のキャベツ類と異なりブロッコリーは日長にも敏感で、長日条件下であれば比較的高温（二〇℃以下）でも花芽ができる。

ブロッコリーの作型

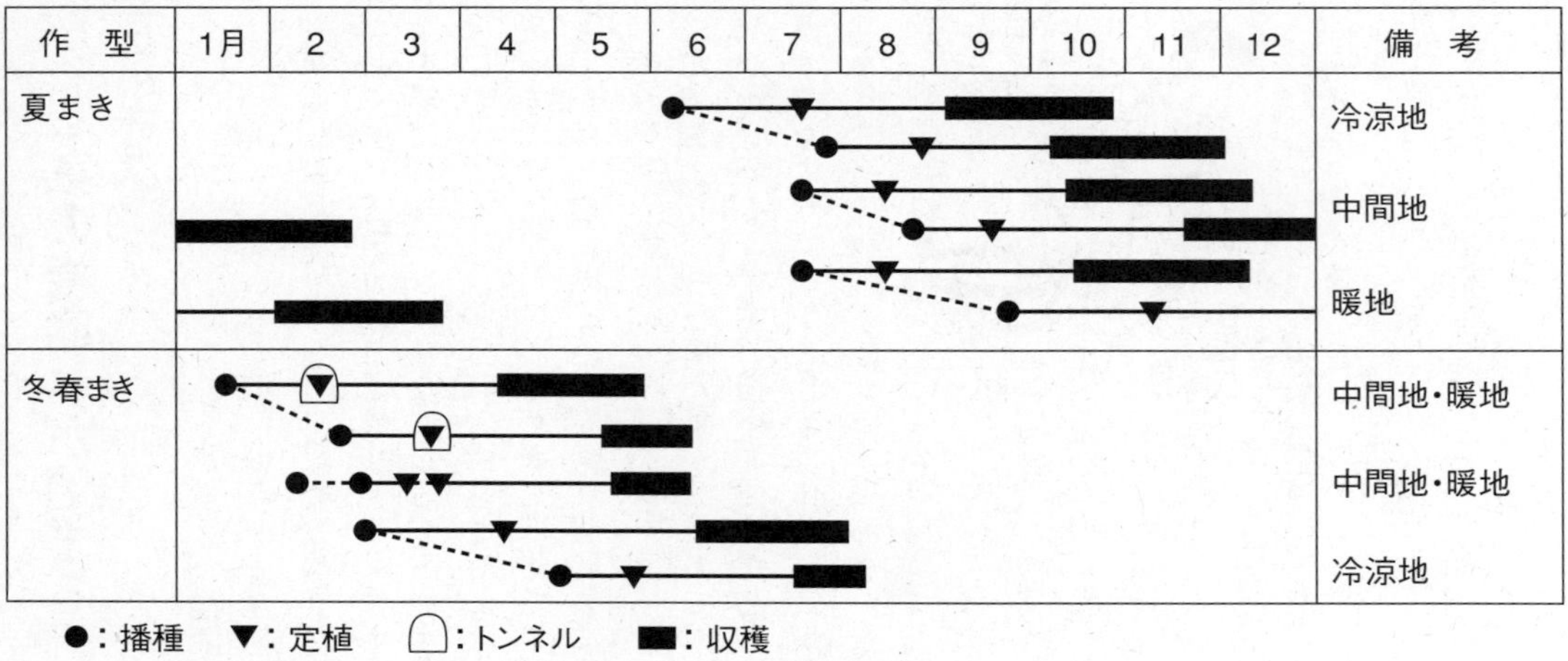

ブロッコリーの作期と品種

種まき	収　穫	品　種
6～7月まき	9月下旬～10月	極早生
7月まき	11～12月	早生～中早生
8月まき	12月～3月	中晩生
2月まき	5～6月上旬	早生～中早生
4月まき（寒冷地）	7～8月	極早生

このように品種によって開花生理が異なる理由は、以下のように考えられている。最初、温暖な地中海沿岸でケールからブロッコリーの早生種が成立した。その後、ヨーロッパ北西部に伝播して、その地方の二年生の野生カンランと交雑し、耐寒性が強く、花芽分化に低温要求のより強い中・晩生種が成立したのであろう。

発芽適温は二五℃前後だが、範囲は広い。生育の適温は約一五～二〇℃で、五℃以下、二五℃以上では生育が劣る。土壌はあまり選ばず最適pHは五・五～六・五。保水力に富み排水のよい土壌が適する。

夏まき秋冬どりが基本の作型だが、高冷地や寒冷地では、春に種まきして生育の初期だけ保温する作型がある。品種によって開花生理に差があるので、作期にあった品種の選択が大切である。たとえば早生種を気温の低い時期に種まきすると、すぐに抽台して株が大きく育たない。

カリフラワーは中心の花蕾だけが大きくなって側枝が生長しないが、ブロッコリーの場合は、中心の花蕾を収穫した後も、株を抜かずにおいておけば、腋芽が育って再び収穫することができる。

畑に堆肥、苦土石灰を施して耕うんしてお

ブロッコリーの種まき

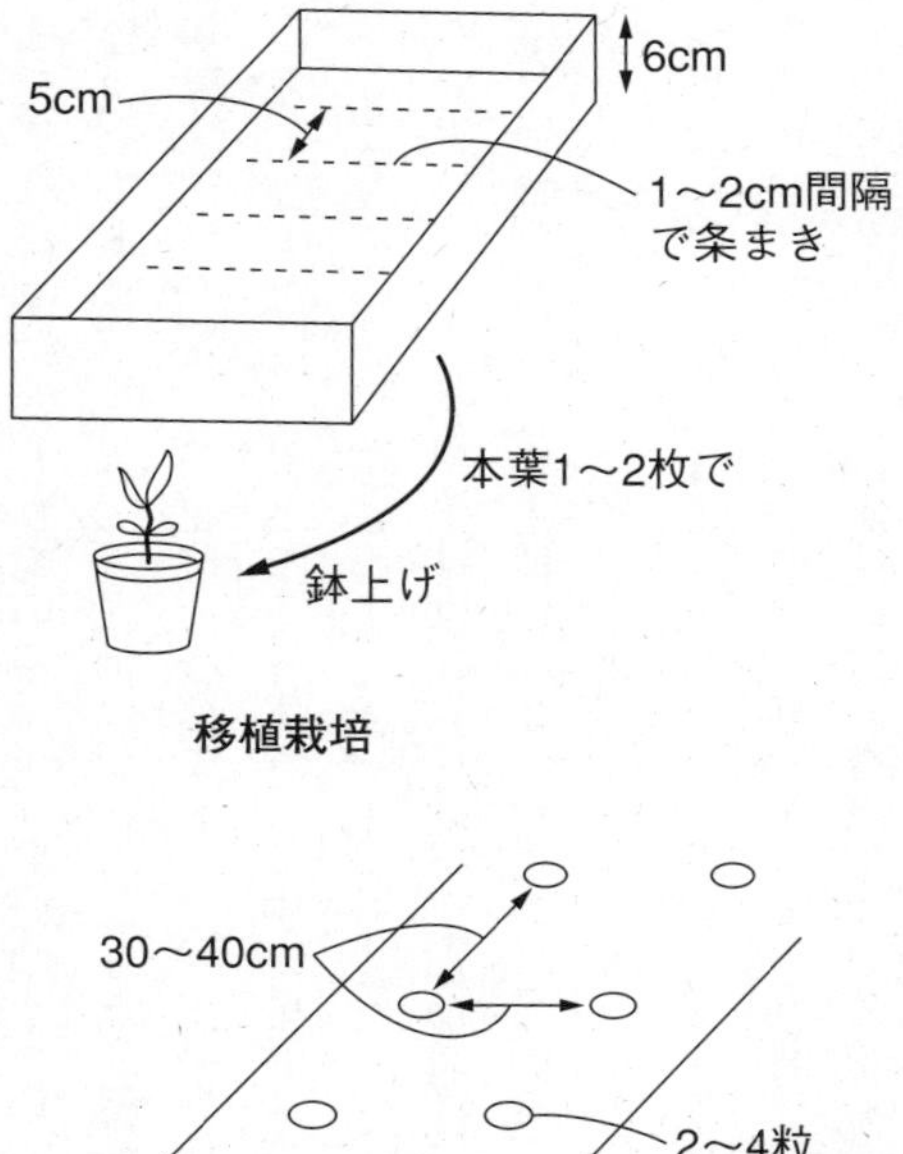

移植栽培

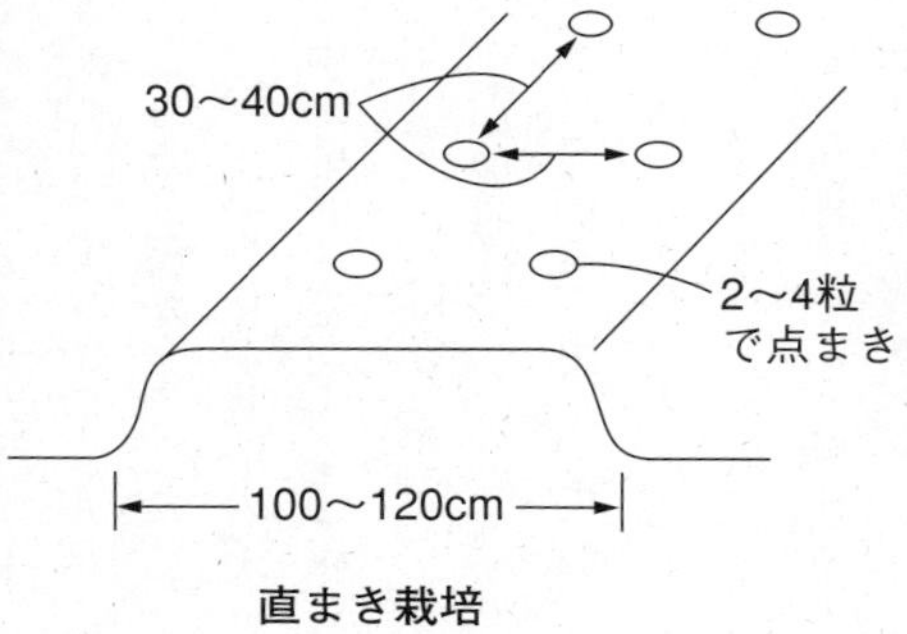

直まき栽培

く。元肥をまいて混和し、幅一〇〇～一二〇cmのうねを立てる（二条植えの場合）。

直まきするときは、株間、条間三〇～四〇cmで点まきにし、一か所に二～四粒ずつ播種する。

育苗して移植するときは、育苗箱、地床、セルトレイなどに種まきする。条間五cmで、一～二cm間隔に条まきし、本葉一～二枚で九cmポットに鉢上げする。定植は、栽培期間が短い早生種ほど若苗で定植する。極早生種は種まき後三〇日の若苗、早生種は本葉六～七枚、中・晩生種は本葉七～八枚。

土寄せ　活着後、風で株がゆさぶられないよう土寄せする。さらに二〇日後くらいに二回目の土寄せを行ない、追肥もする。

収穫　頂花だけでなく、側枝が多くでる品種もある。その場合は頂花蕾を収穫したあとも、順次側枝を収穫できる。長期に収穫するときは追肥する。

ブロッコリー
二本植えで四〇％増収

三重県松阪市　青木恒男

一〇年ほど前まで両親がブロッコリーを作付けていたのですが、当時は一・五mうねに二条植えでした。その時感じていた問題点は、条間の中耕除草・培土作業に機械が使えずに重労働だったことと、葉が通路に繁茂し、収穫作業の邪魔になったことでした。

同時に、ブロッコリーやカリフラワーはふつう頂花蕾を収穫して終わりますが、その後も適度に追肥しておけば、結構大きな側枝が収穫できます。

その姿を見ながら、いろいろと考えて辿り着いたのが二本植えです。やり方は図の通りです。

「二本植え」のメリットとしては、まず、単位面積当たりの収量が上がります。従来の一うね二条植えでは四〇〇〇本（一〇a当たり）ほどですが、二本植えでは六〇〇〇本です。

また、この植え方だと条間がないので、中耕除草や土寄せなどの手作業

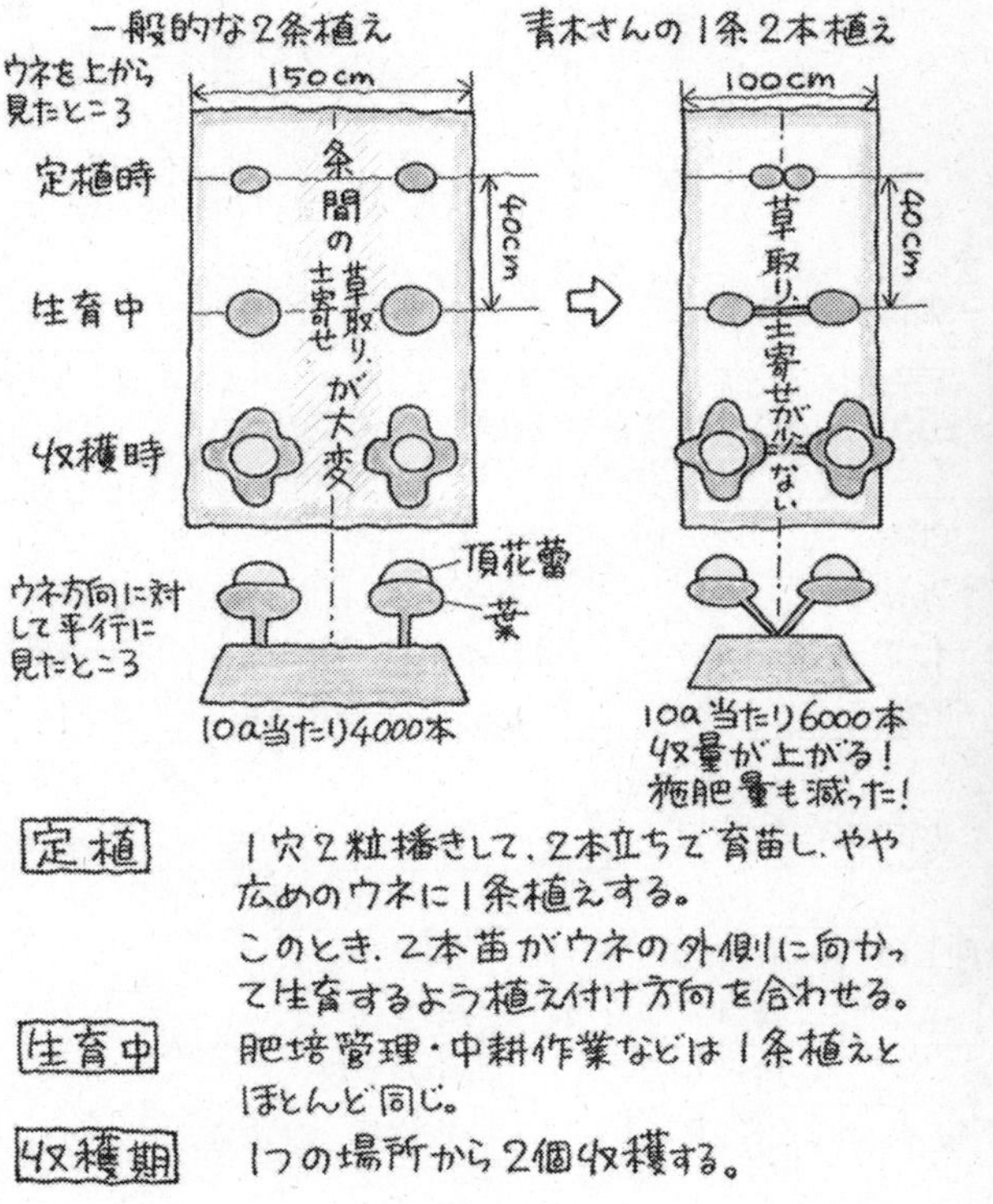
一般的な2条植え
青木さんの1条2本植え
ウネを上から見たところ
150cm
100cm
定植時
生育中
収穫時
40cm
40cm
条間の草取り、土寄せが大変
草取り、土寄せが少ない
頂花蕾
葉
ウネ方向に対して平行に見たところ
10a当たり4000本
10a当たり6000本
収量が上がる！
施肥量も減った！
定植
1穴2粒播きして、2本立ちで育苗し、やや広めのウネに1条植えする。
このとき、2本苗がウネの外側に向かって生育するよう植え付け方向を合わせる。
生育中
肥培管理・中耕作業などは1条植えとほとんど同じ。
収穫期
1つの場所から2個収穫する。

定植直前のブロッコリー苗。128穴のセルトレイに2粒まきした。通常は夏まきだが、今年は春まきにも挑戦。3月中旬定植で、収穫は5月中旬

スティックセニョール

ブロッコリーと、中国系キャベツの芥《かい》藍《らん》を掛け合わせた新しい野菜（サカタのタネ）。スティックブロッコリー、ブロッコリーニなどとも呼ばれている。暑さに強く、側枝が多くでる性質を持っている。

この性質を利用して、ブロッコリーの冬春まきの作型で栽培し、夏の高温期に長くのびた柔らかい茎を収穫する。逆に秋～冬に収穫する作型では、茎が硬くなってしまう。

栽培管理はブロッコリーと同様だが、次々とでる側枝を切り取るので、長く収穫することができる。害虫の多い温暖期に生育するので、防虫ネットなどで覆う。

（写真提供　サカタのタネ）

が減り、管理がしやすくなりました。

生育中は、二本の苗が競合しながら生育するためか、肥料の利用効率がよく、施肥量も少なくなりました。畑は水田裏作なので、あとの稲のことを考えると残効を極力減らしたいのですが、その点も好都合です。

そして、育苗トレイやスペース、管理の手間など、育苗コストも半減しました。

（三重県松阪市久保町）

二〇〇六年五月号　目からウロコの二本植えでラクラク四〇％増収

アブラナ科

カリフラワー

カリフラワーは、ブロッコリーの変種で、側枝が生長せず、頂花蕾だけが白く大きくなる種類が選抜されたと考えられている。ブロッコリーがヨーロッパに広がった一七世紀には、両者の区別はなかった。

花芽分化は、晩生種ほど低温要求が強く、ある程度大きく育った株が感応する（表）。発芽の適温は一五～二〇℃、生育の適温は二〇℃前後とされる。土壌はあまり選ばず、最適pHは五・五～六・五。

畑に堆肥、石灰を施して耕うんしておく。元肥を施して、うね幅一〇〇cmくらいでうね立てする（二条植え）。

育苗は、ブロッコリーと同様。

定植する苗は、早生種で本葉六～七枚、中

カリフラワーの開花の条件

早晩性	花芽分化感応温度（℃）	花芽分化感応分化葉数（枚）	花芽分化感応展開葉数（枚）	花芽分化時の茎の太さ（mm）	花蕾の発育適温（℃）
極早生種	23以下	12～15	5以上	5	18～20
早生種	20以下	22	7～8	5～6	17～18
中生種	17以下	27	11～12	7～8	15～18
晩生種	15以下	42	15	10以上	15～18

（東京都農試）

カリフラワーの作型と品種

種まき	収　穫	品　種
6月下旬～7月上旬	9月下旬～10月	極早生種
7月中旬	11月	早生種
7月下旬	11～12月	中早生種
8月中旬～下旬	2～3月	中生種、晩生種

早生種本葉七～八枚、極早生種は播種後一か月くらいの若苗である。条間、株間三〇～三五㎝で定植する。

追肥の際に、株元に土寄せする。

収穫の適期は、花蕾が純白で、表面に隙間なくち密なとき。

カリフラワーの夏どりの作型

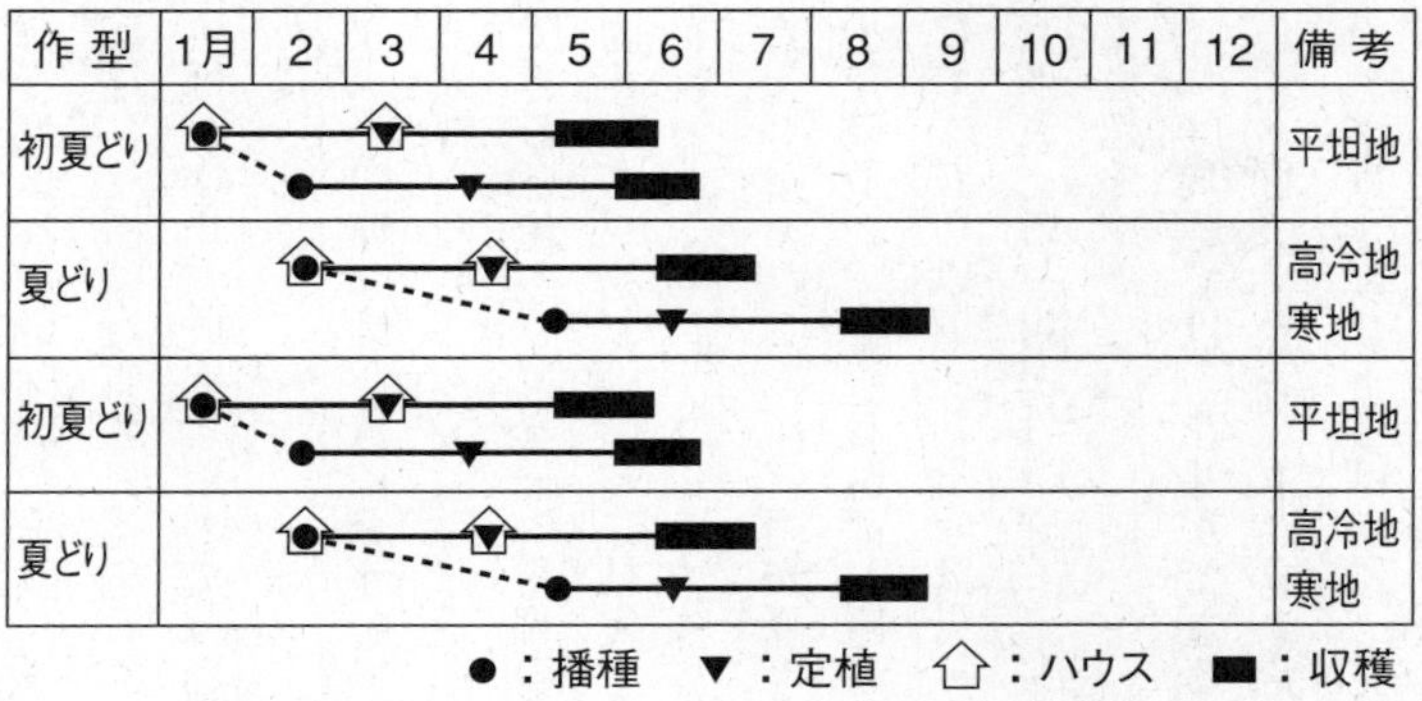

アブラナ科

キャベツ

キャベツの野生種はギリシャ、トルコ、イタリアなどの地中海沿岸で数種類、ドーバー海峡の両岸で一種類が見つかっている。海岸近くの断崖や、岬の先端などに自生している。

この野生カンラン（甘藍）から、最初に栽培化されたのはケールで、古代ギリシャではケールの葉を薬用や食用として利用していた。やがて、ケールの中から花蕾を食用にするブロッコリーが選抜、改良された。また、ケールの茎が肥大して蕪のようになるコールラビも生まれた。さらに、内側に葉が巻く性質の、結球キャベツや芽キャベツが生まれた。結球すると内部の葉が柔らかく、日もちもよくなる。

結球キャベツの起源については、

キャベツの作型と品種

作型		種まき	収穫	ポイント	品種の例
春まき	早春まき	2～3月	6～7月	生育初期は気温が低いので、トンネル内などで育苗する。後半は栽培しやすい気温になる	アーリーボール、グリーンボール、金系201号、YR青春、YR青春2号、中早生2号
	春まき	3～5月	7～8月	生育前半は適温なので栽培しやすいが、後半は温度が高く、裂球や病気がでやすくなる	アーリーボール、北ひかり、金系201号、藍春ゴールド、YRSE、YR青春、夏山YR52号、YRあおば、秋早生、涼嶺41号
夏まき	初夏まき	6～7月上旬	9～10月上旬	定植期～生育期が高温、乾燥ぎみなので、暑さや病気に強い品種がよい	YRあおば、涼嶺41号、雷電、麗峰1号、金系201号、北ひかり、藍春ゴールド、四季穫
	夏まき	7月上旬～8月中旬	10中旬～11月	種まき時期が高温なので、寒冷紗などで遮光して育苗する。生育の後半は適温期なので栽培しやすい	YR青春、秋早生、春系302号、金系201号、秋まさり、YRしぶき、松波、YR泰山、YR錦秋
	晩夏まき	8月中旬～9月上旬	12～2月	種まき時はまだ気温が高いが、定植後からは適温期にあたる。収穫は冬季となる	YR春系305号、金春、さちかぜ2号、みやび、うずしお、如春
秋まき		9～11月	3～5月	病気や害虫は少ないが、花芽分化しやすいので、抽台しにくい品種を選ぶ。抽台しにくい品種でも、種をまくのが早すぎて大苗を定植すると花芽ができやすくなる	金系201号、中早生2号、石井中早生

地中海で生まれた原始的なキャベツがイギリスに伝播し、冷涼な気候に適応したイギリスの野生種と交雑し成立したのではないかと考えられている。

キャベツの仲間は、秋に発芽してある程度大きく成育したところで低温に遭遇すると花芽ができる。越冬して春先の長日高温下で抽台、開花して、初夏のころに結実する。こぼれた種子は夏季に休眠しているが深くはなく、涼しくなったころに、雨が降って水分があると発芽する。発芽と生育の適温は一五～二〇℃で、五℃以下、あるいは三〇℃以上では生育が衰える。耐寒性は強く、マイナス一五℃でも越冬する。

キャベツ栽培では、花芽ができると、結球しなくなったり、球の中に花ができたりする。そこで、ブロッコリーとは逆に、花芽のできにくい作期や品種を選択する。

花芽のできる条件は品種によってかなり差がある。一般には低温ほど短期間で花芽分化し、苗齢のすすんだ苗ほど感度が高い。大部分の品種では、茎径六㎜以上の苗で、九℃以下に一定期間おかれることで花芽ができる。葉深早生など一部の品種では茎径八㎜以上の苗で、一七℃以下で二週間。

外葉が一七～二〇枚のころに株のエネルギーが最大値に達し、光の影響によって葉の内側と外側にホルモン（オーキシン）の形成差ができ、結球し始める。

土質はあまり選ばず、中性から微酸性（pH五・五～六・五）がよいとされるが、原産地の土壌には石灰分が多いので、石灰の多い土壌を好むといわれる。

作型、品種が発達しており、周年で栽培することも可能である。ただし、本来の生育期ではない春～秋の暖かい時期は、害虫が集中しやすいので、防虫ネットなどで覆う。

キャベツの栽培

種まき　生育の適期では直まきも可能だが、ふつうは育苗して移植する。育苗法には、地床に種まきして、そのまま育苗して掘り上げて定植する方法、発芽した幼苗をポットに鉢上げして育苗する方法、セルトレイに種まきした苗を定植する方法などがある。

ポットで育苗する場合は、培土の厚さが六㎝くらいの播種床を用意する。条間五㎝株間一～二㎝で条まきする。本葉一～二枚になったら、一〇㎝くらいのポットに鉢上げする。温度が一五～二〇℃になるように、寒い時期はビニルトンネル内で保温し、暑い時期は寒冷紗をかけて遮光する。できるだけかん水をひかえて、苗が軟弱にならないようにする。キャベツは初期の生育が旺盛なので、他の作物と比較して窒素分の多い培土のほうが生育がよい。本葉七～八枚のころ定植する。

地床で育苗するときは、条間一五㎝で株間三㎝程度に条まきする。薄く覆土して鎮圧し、不織布などをべたがけしておく。発芽したら

キャベツの育苗法
低温時はビニルトンネル、高温時は寒冷紗、害虫の多い時期は防虫ネットなどで覆って育苗する

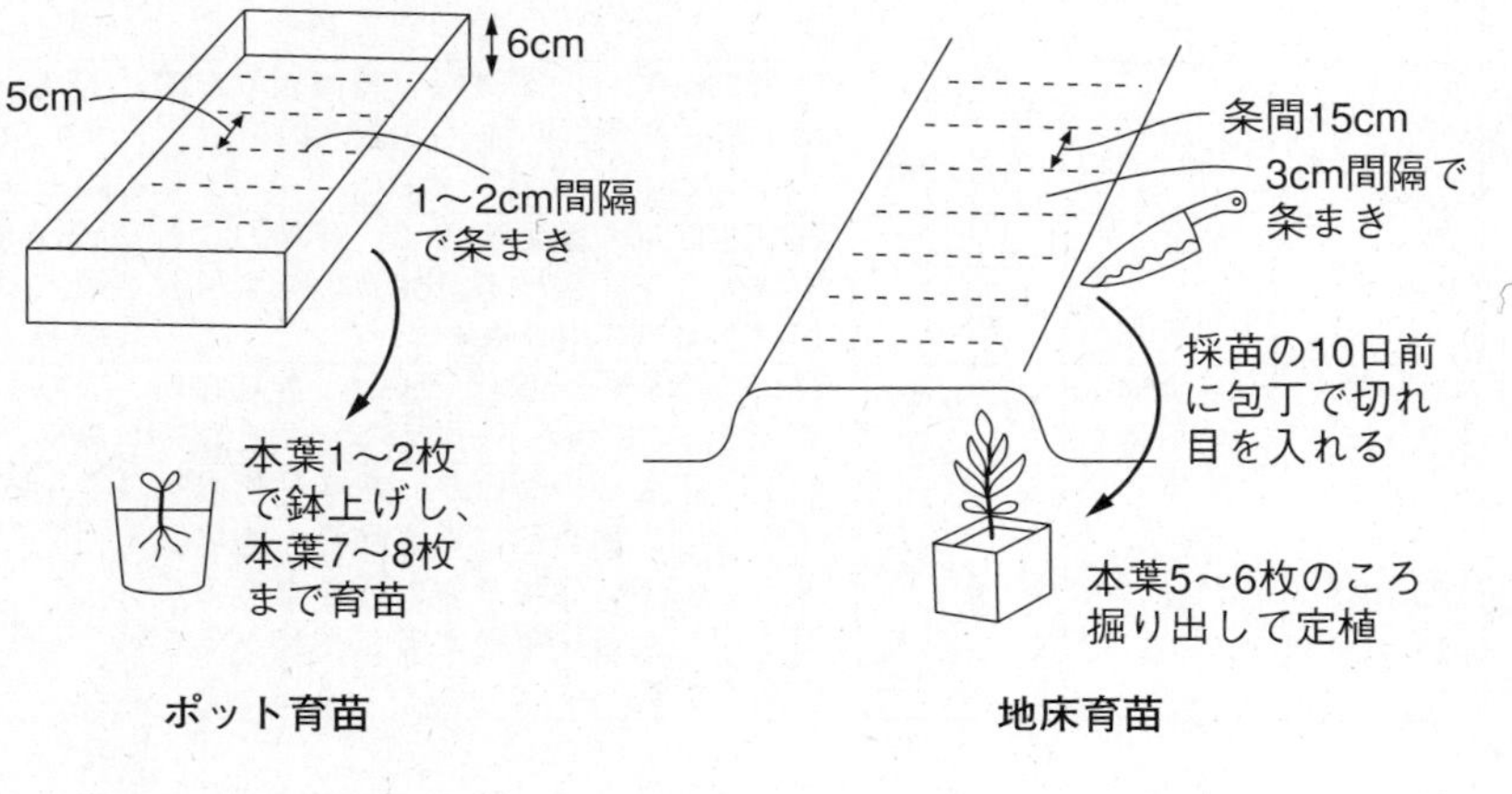

べたがけをはずし、トンネル被覆にする。間引きして、本葉五～六枚まで地床で育苗する。採苗の一〇日前に、包丁などで切れ目を入れ、掘り上げて畑に定植する。

畑に堆肥と石灰を施して耕うんしておく。定植前に元肥を施してうねを立てる。一条植えのときは、うね幅四五～六〇cm、株間三〇～四五cm、高さ〇～二〇cmにする。二条植えはうね幅一二〇cm、条間四五～六〇cm、株間三〇～四五cm、高さ〇～二五cm。うねの高さは排水が悪い畑ほど高くする。

定植後、ただちにかん水し、その後一週間くらい適度にかん水して活着させる。活着後は根が深く張るようにかん水を控える。

追肥は、一回目が定植後一〇～二〇日後、二回目はさらに二〇～三〇日後に行なう。追肥のときに、除草をかねて中耕する。

練り床育苗で丈夫なキャベツ苗つくり

茨城県総和町　松沼憲治さん

茨城県総和町の松沼憲治さんの床土は、手作りの特製培土。何年も寝かせた木の葉、稲わら、もみがらなどに赤土を混ぜたもので、この土に水を加えて、ヘラを使って練る。よく練ると土が団子（ブロック）になりやすくなる。

練った土を三六穴の育苗トレイにすり込むように入れる。種を入れるための窪みをつけて、乾かしておく。翌日に一粒ずつ種をまいて、軽く覆土する。覆土も自家製の特製土を使う。

育苗のポイントは、床土が乾いてトレイの縁が白くなるまで、かん水を我慢すること。キャベツの苗はしおれてくるが、一度しおれると、強い苗になるという。しおれにも、水分によるものと、温度によるものがあるので、温度によるしおれの時は、多少水をかけることもある。

こうして作った苗は、定植するとき、畑にポンポンと投げても大丈夫だという。しっかりと根を張っているから土が崩れない。定植後は、べたがけ資材をかけるが、苗がぺたっと押しつぶれるまで、しっかりと被覆しても、数日すると、この苗が、被覆資材を持ち上げてくる。植え止まりはなく、初期の生育が早く、巨大なキャベツになるそうだ。（編集部）

二〇〇五年九月号　練り床育苗で、投げても大丈夫なキャベツ苗つくり

種をまく窪みをつける

床土を練って、36穴のトレイに詰める

キャベツの自家栽培土育苗

播種時に濃い液肥を一回だけ

愛知県の伊藤さんはキャベツを四町歩つくっているのだが、かねがね育苗培土の値段が高いことが気に入らなかった。そこで、もっと安くしようと自家製の育苗培土をつくってみた。材料は水稲用育苗培土（赤土）、もみがらくん炭、ピートモスを、それぞれ三分の一で混ぜた。市販の育苗培土に比べ、経費は三割以下ですんだ。ただ、自家製培土は肥料が入っていないので、追肥が必要。ふつうは一〇〇〇倍（窒素成分）くらいで、一日おきくらいに液肥をかけなければいけない。

そんなとき、現代農業の記事に、「液肥は三〇〇～四〇〇倍の濃いものをときどきかけるのがよくて、しかも、初回は播種時にかけたらいい」と書いてあった。さっそく、播種と同時に、二〇〇倍の濃い液肥をかけてみた。肥料はなるべく安いものをと考えて、速効性の硝酸態窒素（硝酸石灰）と緩効性のアンモニア態窒素（硫安）を半分ずつ混ぜたもの。そうしたら、なんと根傷みせずに、育苗一か月間、追肥なしで苗が育ってしまったという。そして、畑での生育も悪くはなかった。

（編集部）

二〇〇六年三月号「播種時に濃い液肥を一回だけ」キャベツの自家栽培土育苗

おいしいキャベツをつくる施肥法

愛知県豊橋市　水口文夫

昔の野菜は本当に腐らなかった

野菜の味が悪い、日もちが悪い、腐りやすいなどといわれて久しいが、それは、化学肥料のせいではないか、過剰施肥のせいではないか…と、よくいわれる。しかし、どうも、すっきりしない。

私は、小学生の頃リヤカーに野菜をいっぱい積んで、六㎞くらい離れた市場に朝四時頃から運ぶ母を、しばしば手助けした。当時、白菜やトマト、きゅうりなど年間一五品目以上作っていたが、その頃のきゅうりは内部がスカスカにならなかった。今のきゅうりは三日くらいでスカスカになって、食べられなくなる。キャベツも白菜も、収穫して一か月以上放置したものでも、かつてはおいしく食べられた。今は五日くらいで品質低下が激しい。

収穫時期に窒素が切れるのが作物本来の姿

数年前から、野菜の日もちや風味をよくするために、有機質肥料だけで連続栽培したり、施肥量を減らしてやせ作りをしてみたり、施肥時期の大幅変更、施肥作業順序の変更など、いろいろなことを行なってきた。

その結果、収穫時に窒素がよく効いて、〝青々〟というより〝黒々〟しているものは、収穫後の水分の抜けるのが早く、日もちが悪いことを痛切に感じた。

また、ただ施肥量を減らしてやせ作りすればよいものでもない。やせ作りしたものは風味があるが、収量が低下してしまう。キャベツは、外葉をつくる時期には窒素を十分に効かせる。それでも病気は出ない。結球期になれば、だんだん肥効が薄くなり、収穫時は窒素の肥効は見られない。こうしてできたキャベツは、日もちがたいへんよく、キャベツ特有の風味が出る。

昔から、米づくりは、「三黄《さんおう》」といわれ、「苗代末期・幼穂形成期・収穫期は黄色くなる時期である。それを人が妨げてはならない」とされてきた。稲の生理に合った栽培を行なうことで、病害虫の害も少なく、おいしい米を多く収穫することができた。キャベツも、そして他の野菜にも、この原理は共通する。

元肥や追肥を土と混合しない

また同じ施肥量でも、作業の順序や施し方で肥効がよかったり悪かったりする。

元肥のやり方でも、肥料を全面散布してトラクタですきおこしを行ない、土と混合してからうね立てしたものと、耕起整地してから肥料を全面散布し、土と混合せずに内盛り方式でうね立てするのでは、肥効はまるで違う（図）。

追肥の場合も、一般的にうね間に施肥してから、中耕・培土しているが、中耕を最初に行なってから、施肥して培土する、というように、作業順序を変えてみると生育も変わる。

植え穴・株間施肥なら窒素四割減で病障害なし

施肥量を極限まで少なくするため、植える当日に植え穴を掘り、BB肥料をひと握り（約四〇g・窒素一二、リン酸一五、カリ一二％）を五つの植え穴に施用して、土と混合してから植え付けた。追肥は、化成肥料（窒素一二、リン酸五、カリ一％）ひと握りを、五株の株間に施用。

うね幅六五cm、株間三〇cm、一〇a当たり五一〇〇株植えなので、この施肥だと元肥にBB肥料四〇・八kg、追肥に化成肥料四〇・八kg施用したことになる。一〇a当たりの窒素施肥成分量は、左の表のように九・八kgということになる。ちなみに、わが家の慣行が二四kg、一般が三九・六kgである。

このように、比べものにならないくらいの少ない施肥量でも、収量差はほとんど見られない。病害や生理障害（石灰欠乏、苦土欠乏）は、植え穴株間施肥区はほとんど発生していないのに、窒素成分三九・六kg施用区は多発した。

植え穴施用の利点をなるべく生かして、大面積でやるには……

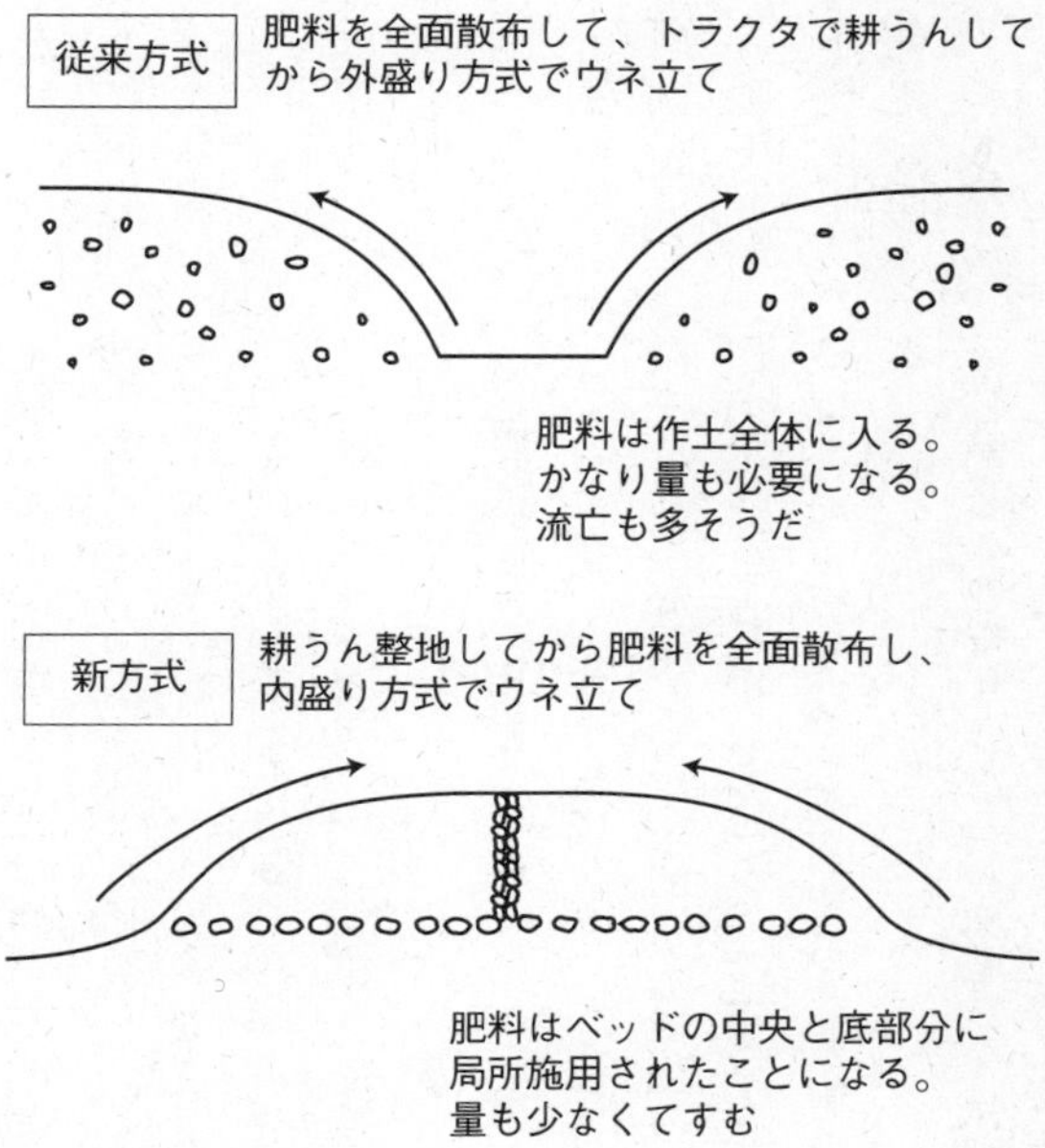
従来方式
肥料を全面散布して、トラクタで耕うんしてから外盛り方式でウネ立て
肥料は作土全体に入る。かなり量も必要になる。流亡も多そうだ
新方式
耕うん整地してから肥料を全面散布し、内盛り方式でウネ立て
肥料はベッドの中央と底部分に局所施用されたことになる。量も少なくてすむ

※ちなみに、作土全体に肥料を混ぜる方式と、植え穴施用とで根張りを比べてみると、明らかに植え穴施用のほうが根が深く張った。作物は、生育初期に根のそばに肥料があるほうが根張りに勢いが出るようだ。水を吸う力が強く、乾燥がきても、Ca欠乏などが非常に出にくい

キャベツの施肥成分量（10a当たり）

区　分		チッソ(kg)	リン酸(kg)	カリ(kg)
植え穴・株間施肥方式	元　肥	4.9	6.1	4.9
	追　肥	4.9	2.0	4.1
	計	9.8	8.1	9.0
わが家の慣行	元　肥	12	15	12
	追　肥	12	5	10
	計	24	20	22
一般	元　肥	14	25.2	14
	追　肥	25.6	3.2	24
	計	39.6	28.4	38

こんなことがあるのだろうか……。植え穴・株間極少施肥で収量が低下しないなんて、常識では考えられない。そう思って同一畑で四年連続やってみたが、結果は変わらなかった。

　ちなみに、三九・六kg窒素成分を施用したところは、元肥を植え付け一〇日前に全面散布して土中にすき込み、外盛り方式のうね立てをした。一般的に行なわれている方法にできるだけ近づけたつもりである。追肥は、うね間に施用してから、中耕培土という順序で行ない、追肥時期も回数も一般に準じた。

　いっぽう植え穴・株間施肥区は、外葉を作る時期に最高に窒素を効かせるため、早生の追肥は活着後に、中生は植え付け二〇日後、晩生は三五日くらいで施用した。

　追肥が効いて外葉が十分大きくなった。その後、結球が始まって、肥効が徐々に薄くなってくると、球はメキメキ大きくなり、重量感を増してきた。ただし、追肥時期が遅れ、肥効が低下し始めてからやった場合はほとんど効果がなく、著しく収量を低下させてしまうこともわかった。

大きな畑でのやり方

　しかし、そうはいっても、植え穴株間施肥は、小さな試験区や家庭菜園ならばやれるが、実際に大きな畑でやるには面倒である。そこで、少々ムダが生じるが、わが家でやれる方法を考えた。

　元肥は、耕起整地してから、植え付け一～三日前にライムソワーで全面散布、内盛り方式でうね立てする。

　追肥は従来、施肥→中耕→培土で溝底施用していたが、中耕を先に行ない、追肥は施肥機でうね肩施用して培土する方式に改めた。作土全体に肥料が散らばるのではなく、根のそばになるべく局所施用するやり方といえる。

　しかしこのやり方だと、施肥量を元肥ＢＢ肥料二〇kg、追肥の化成肥料二〇kg（窒素成分あわせて四・八kg）をさらにプラスしないと同じ結果が出ない。

　作物は、食べる時には窒素が少なくなるものである。その作物の本来の姿を無視しては、日もちのよい、おいしい野菜をつくることは不可能である、との感を、昨今、強く持っている。

（愛知県豊橋市草間町）

二〇〇二年十月号　そもそも作物は、収穫時にはチッソが切れるものである

キャベツの裂球は球を揺らして防ぐ

鷹巣辰也

　初夏の頃、そろそろ収穫しようと思っていたキャベツが、ある朝、無残にも裂けてしまっていた……なんてことはありませんか？　静岡県浜北市の井口作太郎さんに、裂球を簡単に防ぐ方法を教わりました。やり方は、畑のキャベツが一つ二つ裂球し始めたころ、手でキャベツを左右に揺すって歩くだけ。すると土の中の細い根がプチプチ切れ、水や養分を吸う量が減るせいか、キャベツの太りが遅くなるのだそうです。揺すらずにそのまま畑に置いておくと一週間でほとんど裂けてしまっていたのに、揺するだけで裂球は激減。白菜も同じようにするといいそうです。

二〇〇四年四月号　あっちの話こっちの話

アブラナ科
芽キャベツ

芽キャベツは、茎が長く伸び、わき芽が結球する性質のキャベツから生まれたと考えられている。古くからベルギーのブリュッセル周辺で栽培され、一九世紀にヨーロッパに広がった。

生育はキャベツとほぼ同じだが、やや冷涼な気候を好み、二三℃以上では結球しにくくなり、病気も発生しやすくなる。生育適温は一八～二二℃とされている。よい結球ができるには、二〇～四〇枚以上の展開葉が必要で、結球期の気温が一三℃以下でなければならない（適温は五～一〇℃）。土壌は選ばないが、酸性土壌を好まない。pH六～七を目安に石灰を施す。

作型は、暖地や一般地では夏まき秋冬どりで、種まきは六～七月で、収穫は十一～三月である。高冷地や寒冷地では育苗時に保温する春まき秋どりが行なわれる。種まきは三～五月、収穫は八～十二月となる。

育苗はキャベツと同様だが、キャベツより暑さに弱いので、二三℃以上にならないようにする。

定植は、本葉六～七枚の苗を、うね間九〇～一〇〇cm、株間四五～五〇cmで植え付ける。うね間と株間を広くとって、株元まで充分に日光が当たることが大切。冷涼地の春まきでは、一〇℃以上の気温になったら定植できる。

追肥は収穫始期までに三～四回行ない、同時に中耕、土寄せをする。茎は直立して五〇～九〇cmまで伸びる。

収穫は、茎の下のほうから順次かきとる。

アブラナ科
コールラビ

コールラビは地中海沿岸が原産で、茎が肥大する性質のケールから改良されたと考えられている。いつごろ成立したかは定かではないが、一六世紀には、家畜の飼料としてヨーロッパに広がった。中国でも一八世紀ごろから栽培され、東南アジアにも広がっている。形や味は蕪に似ており、甘味がある。サラダ、炒め物、スープ、塩漬け、ぬか漬けなどで食す。

生育の適温は二〇℃前後であるが、耐寒性、耐暑性はキャベツよりはるかに強い。キャベツはある程度大きな苗でないと、低温にあっても抽台しないが、コールラビは種まき直後でも、一四℃以下の低温で花芽分化する（八～一二℃がもっとも感応しやすい）。そこで、気温が低い時期に種まきするときは、保温して育苗し、早期の抽台を防ぐ。

栽培期間が比較的短いので（四五～六〇日）、早期抽台を防げれば、周年で栽培可能である。

コールラビ（写真提供　芦澤正和）

種まき　ふつうは、畑に直まきする。幅一〇〇〜一二〇cmのうねを立て、条間、株間を一五〜二〇cmで点まきする。一か所に二〜三粒ずつまき、二〜三回間引いて一本立ちにする。

育苗　低温期に種まきするときはトンネル内で育苗し、高温期に種まきするときは、寒冷紗をかけて育苗する。やりかたはキャベツと同様で、本葉四〜五枚のころ定植する。

追肥は窒素と石灰肥料を一〜二回施す。

収穫は、球茎がまだ若く、軟らかい頃が適期。遅れると球は大きくなるが硬くなる。

コールラビの作型

作型	種まき	ポイント
春まき	2〜5月	気温の低い時期に種まきするときは、保温して育苗する。14℃以上確保できるところに定植する。
夏まき	6〜8月	夏の暑い時期に生育するので、暖地での栽培は困難。高冷地や寒地で栽培が多い。
秋まき	8月下〜9月中旬	もっとも栽培しやすい時期。

コールラビの種まき

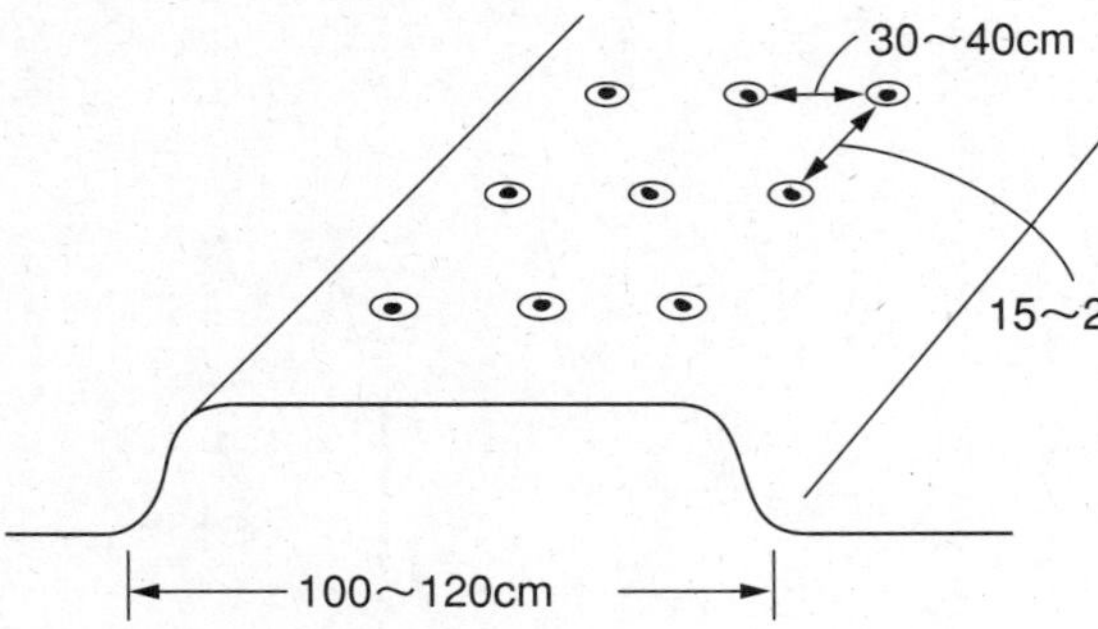

アブラナ科
ケール

原産地はイタリア、ギリシャ、トルコにかけての地中海沿岸とされている。栽培の歴史は古く、キャベツ、ブロッコリーなどはケールから分化したものである。古代ギリシャでは、すでに数種類の品種が記録されている。

日本には一三世紀ごろ伝来したといわれるが（羽衣甘藍）、あまり普及していない。サラダ、油炒め、肉料理などで食す。栄養価が高いので、野菜ジュースや青汁など健康飲料としても利用される。

品種は多く、草丈三〇cmから四〇cmにもなる種類もある。また、葉の形状も縮葉や滑らかなものがある。滑葉で葉の厚い種類はコラードと呼ばれる。

収穫は、株元から若どりするか、次々とでる若い葉をかきとる。キャベツ類のなかではもっとも健強で栽培しやすい。

畑に、一〇〇〜一二〇cmのうねを立てる（一条植えの場合）。

ケールの作型

品　種	種まき	収　穫	地域とポイント
縮葉ケール	6〜7月	10月下〜2月	一般地では春〜秋まで種まきできるが、秋冬どりの作型が多い
	3月中〜5月	8月中〜12月	高冷地、寒地。低温期に種まきするときは、保温して育苗する
コラード	3月	6月下〜8月	一般地
	7〜8月	10〜1月	
	4〜7月	7〜11月	高冷地。30〜45日育苗した苗を畑に定植

直まきするときは、条間五〇～六〇cm、株間三〇～四〇cmで点まきする。一か所に二～三粒まいて、二～三回間引いて一本立てにする。

育苗　低温期や高温期に種まきするときは育苗する。ビニルトンネル内で保温したり、寒冷紗で遮光して育てる。育苗方法はキャベツと同様で、本葉五～六枚のころに定植する。**追肥**は、窒素とカリを、一～二回施す。

収穫　十分に生長した葉を順次かきとる。葉があまり小さいうちからとると、収量が少なくなる。

プチベールはケールと芽キャベツを掛け合わせた野菜（増田採種場）。次から次に出る芽を摘んで食べる

大根
アブラナ科

大根は、白菜やキャベツなどアブラナ属と異なり、ダイコン属に属する。野生種は見つかっておらず、栽培大根の起源についてはよくわかっていない。近縁種が地中海沿岸や黒海周辺にみられることから、この地方が原産であろうと考えられている。野菜の中でもかなり古い時代から栽培されており、もっとも古い栽培記録は古代エジプトにある（BC二七〇〇年）。中国でもBC四〇〇年には栽培されていた。

秋に発芽し春に開花する一～二年草で、冷涼な気候を好む。種子は浅く休眠しており、気温が下がると休眠が破れ、適度な水分があると発芽する。発芽適温は一五～三〇℃（発芽温度は四～三五℃）である。

種子が吸水を始めるころから低温に感応して、花芽分化する（種まき後一～四日で、七℃前後がもっとも分化しやすい）。花芽ができると、株が大きくならずに抽台してしまうので、作型、品種、温度管理に注意する。一三℃以上ならほとんど花芽分化しないので、種まき時の地温は最低一〇℃以上にし、日中は二〇℃以上確保することが大切である。

生育の適温は二〇℃前後で、五℃以下、三〇℃以上では生育が劣る。大根の根は二mに達するほど深く、広く伸びる。高温（とくに夜温）になるとスが入りやすいので、根の肥大には、平均気温二〇℃前後が適すとされる。適正な土壌pHは五・五～六・八だが、酸性土壌に強く、pH四・五でも生育する。

大根の栽培

畑は作土が深く、排水のよいところを選ぶ。根が肥やけすると品質が劣るので、堆肥は早めにするか（半年前）、前作のときに施す。また未熟堆肥の施用もさける。種まき前に、元肥を施してうねを立てる。二条植えでは、うね幅一〇〇～一三〇cmにする。

種まきは条間四五cm、株間二〇～三〇cmの

大根の作型

作型	種まき	収　穫	ポイント	地　域
秋まき	8～9月	10～12月	大根の基本的な作型。生育に適する気温で、病害虫も多くなく、栽培が容易。種まきが早すぎると病害虫が発生しやすく（とくに暖地）、遅すぎると寒害にあいやすい（とくに寒地）	一般地、寒冷地
	9月下～10月上	1～3月		暖地
春まき	温暖地3～5月、寒冷地5～6月	6～8月	種まき後に低温にあうと、とう立ちしやすい。ふつうは、早春の地温を高めるため、透明なポリマルチをしく	一般地、寒冷地
夏まき	6月下～8月中	9～10月	高温期なので病害虫が多く、栽培は難しい	寒地、高冷地

点まきにする。発芽のときは光を嫌うので、深さ一・五㎝くらいで、一か所に二～三粒まく。覆土してよく鎮圧する。種まき直後から低温に感応するので、低温期に種まきするときは、ビニルマルチ、べたがけ、トンネルなどを利用して保温する。

大根の種まき

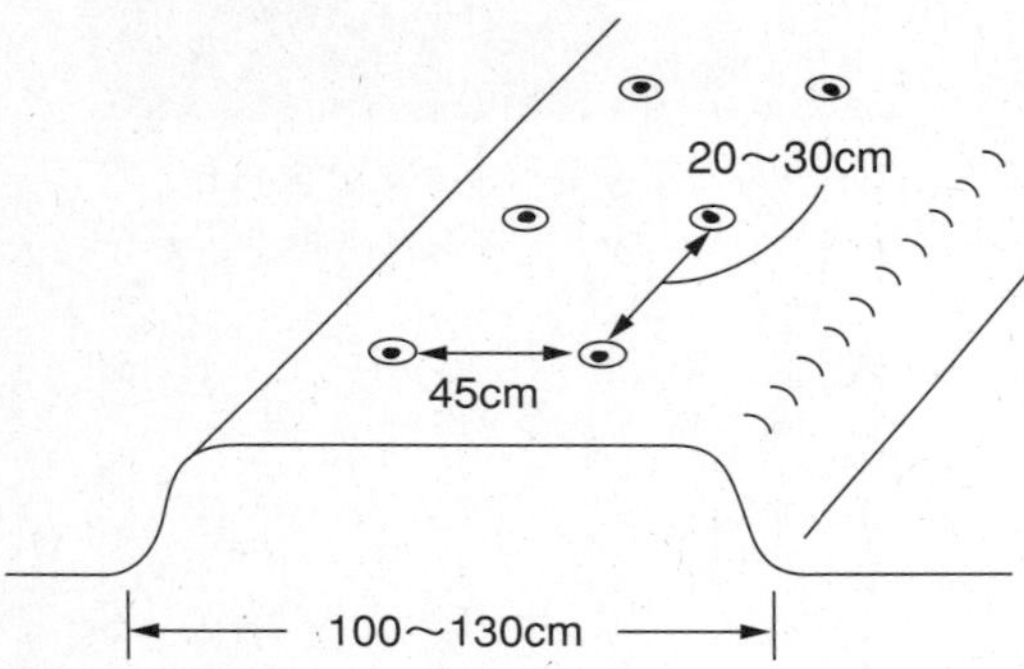

間引きは、本葉二～三枚のときに二本にし、本葉六～七枚のころに一本立てにする。

追肥は、一回目が間引き終了時、二回目はその三～五週間後が目安。

収穫の適期は品種によって異なるが、遅れるとスが入りやすくなるので、早めがよい。

大根の品種

栽培の歴史が長いため、ヨーロッパ、インド、中国、日本などで、その地方の気候に適応して多くの品種が分化している。大きくは欧州系とアジア系に分けられ、アジア系はさらに、低温乾燥に適応した華北群と、温暖多湿を好む華南群に分けられる。日本の大根の多くは華南群に属するといわれるが、華北群との交雑種など、独自の在来種が各地に発展している。

四十日群　大阪近郊の夏大根で、南方大根が土着したものとされる。肉質は軟らかく、水分が多くてス入りが早い。かいわれや間引き菜に用いられる。

亀戸群　東京都亀戸の産で、肉質は緻密で食味がよい。抽台が比較的おそく、冬まきして、春先から初夏にかけて収穫できる。おもに浅漬で食す。

みの早生群　練馬系と亀戸との交雑したものといわれ、近年は極晩抽系が育成されている。暑さに強く、春～夏まきできる。

練馬群　華南系の形質をとどめているところから、方領系に由来するとされる。品種分化が著しく、かなり複雑な交雑をへて進化したものと思われる。「大蔵」「三浦」「理想」など。

方領群　愛知県甚目寺町方領の産で、起源の古い品種である。華南大根の葉質を伝え、肉質は柔らかく、味が淡白で煮食に適する。

守口　古い品種で、岐阜県市島の砂壌土地帯に限られている。直径三㎝、根長は一mをこえる。肉質が緻密で、粕漬や切り干に用いられている。

白上り群　近畿地方の浅い粘質土で成立した中生、中型の品種群である。華北大根の血がうかがわれる。

宮重群　愛知県春日井市の産で、徳川中期にはすでに名産として知られていた。青首で華北大根の性質を伝えている。方領に華北大根の混血があったからであろう。現在もっとも普及している系統で、一〇〇種類以上の品種がある。

阿波晩生群　関西以西の比較的耕土の浅い地方に、宮重群と練馬群との交雑により白首の抽根性(根が地上部に出ること)品種が成立している。漬物用。

聖護院群　京都府左京区聖護院の産で、甘味に富み、煮くずれせず煮食に適す。千枚漬にも用いられる。

ミニ大根のなかで辛味ダイコンとして扱われている品種

色	品種名	種苗会社	形	収穫日数
白系	たんしん	ナント種苗㈱	円筒	40～50
	清太郎ミニ	㈱武蔵野種苗園	円筒	45～55
	ちび助	福種㈱	総太	40～50
	超極早生ミニ	福種㈱	円筒	30
	味源	丸種㈱	円筒	45～50
	ミニコン22	協和種苗㈱	総太	55～
	おこのみ	㈱サカタのタネ	円筒	60
	おたふく	福種㈱	砲弾型	45～50
緑系	ビタミン大根	㈱トーホク	総太	
	江都青長	㈱サカタのタネ	総太	早生
赤系（外皮）（中も淡紅）	黄河紅丸《こうがべにまる》	㈱サカタのタネ	丸	早生
	春京赤長水	㈱サカタのタネ	総太	30
	むらさき総太り	福種㈱	砲弾型	45
	くれない総太り	福種㈱	砲弾型	45
	紅甘味	㈱みかど育種農場	総太	60
赤系（中心）	天安紅心《てんあんこうしん》	㈱サカタのタネ	丸	早生
	紅心大根	タキイ種苗㈱	丸	70
	北京紅芯	㈱トーホク	丸	早生

小大根の品種

白系	だるま	中原採種場㈱	尻太	50～55
	京丸	トキタ種苗㈱	丸	40～50
	雪美人	㈱サカタのタネ	円筒	45
	辛丸	㈱サカタのタネ	丸	65
黒系（外皮）	くろ丸君	福種㈱	丸	
	くろ長君	福種㈱	総太	

東北地大根　秋田県を中心に、たくあん用に供されている地大根に、「仁井田」「四ッ小屋」「川尻」などがある。先細りになり、肉質はかたくしまる。練馬系の土着種と思われる。また、福島県の「赤筋」、宮城県の「赤頭」、栃木県の「唐風呂」は紫大根の血をひくものと思われる。晩生で肉質はしまり、貯蔵に耐え、漬物、生食に兼用される。

信州地大根　長野を中心に、北陸へかけて多くの地大根がある。肉質は緻密で澱粉質のものが多く、貯蔵性に富む。華北大根が華南大根と交雑し、寒冷な気象条件への適応性と貯蔵性の選抜によって、華北大根の血を濃厚に残して土着したものと思われる。

南九州地大根　鹿児島を中心に沖縄から九州、南四国へかけて、晩生大型の地大根が分布している。わが国独持の品種成立とみられている。肉質は緻密で、ス入りはおそい。宮崎県の「蓑原」、鹿児島県の「牧ケ原」は、春先に掘りとって漬物にしたり、かしき（緑肥）に利用されたりしてきた。

春福群　愛知県清洲の産。耐寒性が強く、晩抽性で、秋まきして二～三月に収穫される。肉質は緻密で甘味に富み、煮食に用いられる。

二年子群　神奈川の波多野大根から分化したものといわれている。極晩抽性で、皮が厚くて肉質がかたく、野臭が強いなど、他国にも例のない品種群。

北支大根群　華北大根群は小型で収量があがりにくい。そのため、原型のまま順化したものは少なく、鼠大根など二、三の地方種に限られる。しかし近年は華北大根への関心が高まっている。

華北小大根群　華北小大根は早生、小型の大根で、肉質は緻密。晩抽性で春まき栽培に用いられる。韓国の「アルタリ大根」は肉質が堅緻。キムチで賞味されているが、和風の漬物にもよく、おろしはきめが細かく、辛味が強くて美味。

（参考　農業技術大系　野菜編　藤枝國光）

味にこだわった大根の品種

埼玉県所沢市　中健二さん

埼玉県所沢市の中健二さんは、一町八反の畑で、味にこだわって約三六品目（一〇

○品種くらい）の野菜をつくり、半分は地元スーパーと直売所へ、もう半分は約六〇軒のフランス料理店へ契約宅配している。中さんお気に入りの大根を見せてもらった。

大根の畑には、どれもスーパーでは見かけないものばかり。形もいろいろ。はっきり言って見てくれは悪い。でもその味は、フランス料理店のシェフたちが納得するまで、選び抜かれたものだ。

おこのみ（サカタ）「形も悪いし、長くも短くもないし、なんだか半端なものだなあ」と思ったが、おでんにして食べてみたら普通の青首大根にはない美味さがあった。フランス料理店のシェフからは「この大根はこくがある」と言われる人気もの。

打木源助（タキイ）・聖護院（タキイ）どちらも煮ると、柔らかくなり味がいい。

赤大根の紅心（福種）・緑大根の青長（福種）彩りがいいので、サラダにしたらいいと思ってつくりはじめた。甘くてとても美味しい。

黒大根のくろ長くん（福種）珍しいからつくってみたもの。干すと甘くなる

おふくろ（タキイ）味もいいが遅くまで出荷できるのが魅力の品種。関西からきた青首系大根は、土の上に出よう出ようとするけれど、関東の三浦系大根は下に潜ろうとする。おふくろも三浦系なので、土のなかに首までしっかり潜るから、霜が降りても傷まずに、三月初めまで出荷できる。

おふくろ（タキイ）

黒大根は干すと甘くなる

黒大根は、肉質も硬いので、そのままでは使ってもらえない。中さんは昔、たくあん用の練馬大根をつくっていたが、これが非常に硬くて、何日も干してから柔らかくして漬けていた。そこで黒大根を、一週間くらい畑に掘りっぱなしで日にあてて干してみた。そうすると、とても柔らかくて、甘くなっていた。

フランス料理店では、この甘さを活かして、黒大根だけでデザートをつくる店もあるという。干した黒大根の肉を細かく削いで、少し砂糖を入れて煮ると綺麗なべっこう飴のようになる。

大根の花も美味しい

二年前、収穫できなかった大根の花が綺麗に咲いていたので、お店にでも飾ってもらおうと花も持って行った。シェフがさっそく料理をして、出してくれたものに中さんはビックリ。「今日は大根のお花見です」。お皿の真ん中の料理の周りには、大根の花びらが一枚一枚、綺麗に敷き詰められていた。観賞用にと思っていたものが、食材に変身。さっそく口に入れてみると、花もちゃんといい味を持っている。やっぱり大根の味がして美味しいし、美しい。

中さんは、花採り用に大根を少し残して咲かせてみた。すると品種によって色が違う。そしてこれがまた綺麗。普通は白だけど、黒大根はたしかピンクで、紅心や青長は紫。なかには縁だけ鮮やかなピンクで中が白いものもある。葉のギザギザが多い品種ほど花の色は濃いそうだ。

中さんは、大根以外の野菜も花を咲かせて、食材として届けるようになった。ルッコラの花は、やはりゴマのような味がするのだという。

種は莢《さや》がうまい

花だけでは終わらない。大根には花が咲けば種もつく。これも食べられるかなと思って、まだ若いうちの莢をかじってみたら、スナックエンドウを生で食べるような食感で、ピリッと辛くて、甘味もあって、これがまた美味しかった。正確に言うと、種には味がなく莢に味があるという。そして形もチョロギーみたいな愛らしさがある。品種によって大きさが少し違い、おふくろのように大きなものは種も大きく、紅心のように小さなものは種も小さいそうだ。

これもレストランに出してみたら、シェフからは大うけだった。生でサラダにしてもいいし、炒めて食べても美味しい。だから今は種も食材として届けている。初めて入れたお店からは「変なものが入っていたけど？」と電話がくるそうだが「大根の種ですよ」と食べ方を教えてあげると喜ばれる。

中健二さん。右から「おふくろ」「辛味」「青長」「黒大根」「打木源助」「おこのみ」

かいわれや間引き菜は刻んでかける

中さんはまた、大根のかいわれや間引き菜も出す。シェフからは「こんなに小さくても大根の辛味が出るんだね」と驚かれたそうだ。サラダに使われたり、温かい料理の上に細かく刻んでパラパラのせると、濃い緑の色が綺麗で、大根のピリッとした辛味が料理のアクセントにもなる。おたふくなどの肉質が緻密な品種は、緑が濃くて葉が小さく、葉の先のギザギザも多い。逆に肉質の柔らかいおこのみや打木源助などは緑が薄くて葉も少し大きめという。

（編集部）

二〇〇六年二月号　十数種のダイコンの一生届けます

アブラナ科
ラディッシュ

欧州系の大根で、日本への伝来は新しく、明治期に導入された。夏～秋まきで二〇～二五日前後、春まきで三五～四五日ほどで収穫でき、二十日大根とも呼ばれる。土壌適応性は高く、プランターで簡単に栽培できる。好適な土壌pHを五・五～六・五とされる。

畑に堆肥を施すときは、前作に施すか完熟したものを使用する。また、前作の肥料分が多く残っているときは無肥料でもよい。

種まきは、条間一三～一五cmで条まき、または点まきにする。条まきにするときは株間一cmくらい、点まきは株間三～五cmで一粒まき。一cmくらい覆土して鎮圧する。

間引き　条まきしたときは、本葉一葉期に株間五cmに間引きする。追肥はしなくてもよい。

ラディシュ種まき

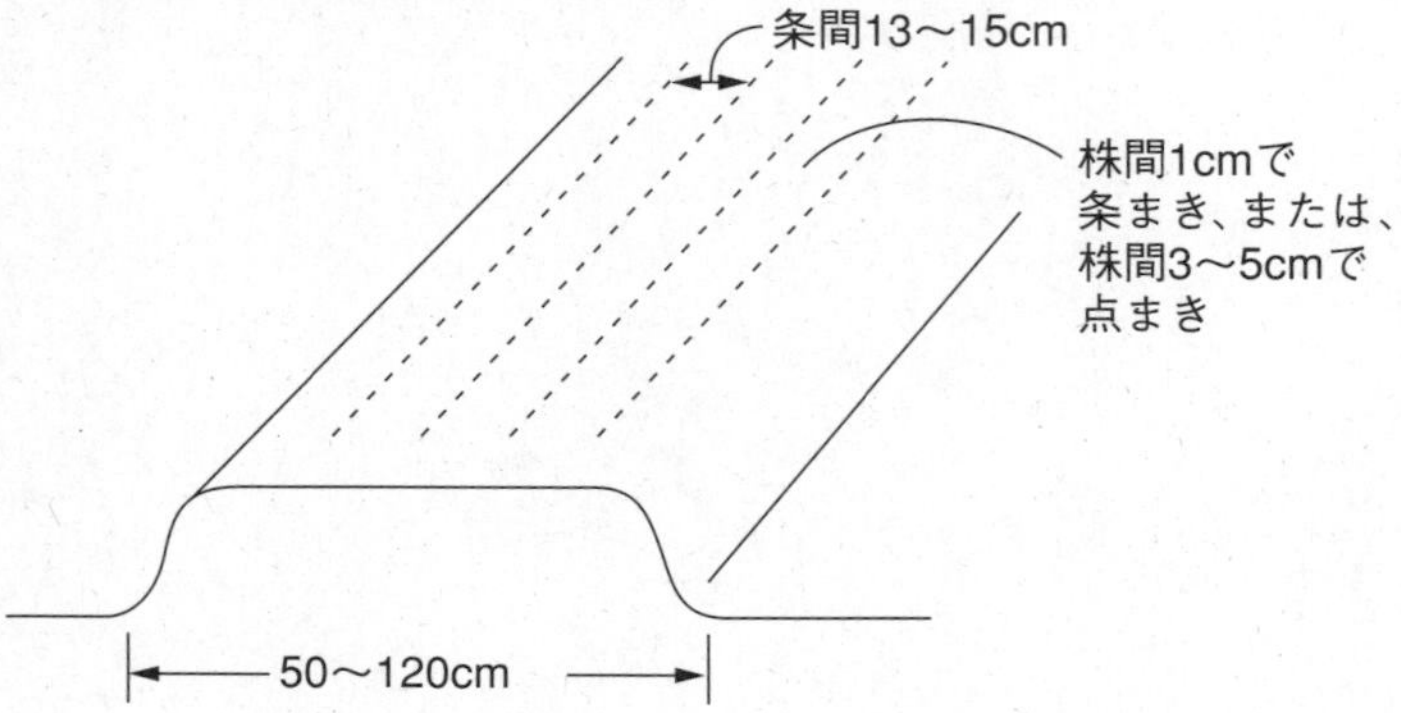

収穫は本葉五～六枚で、根径一・五～二cmのころ。とり遅れるとスが入りやすくなる。

アブラナ科
ルッコラ

アブラナ科エルカ属（キバナスズシロ属）

の一～二年草で、原産地は地中海沿岸とされる。栽培の歴史は古く、古代ローマで栽培されていた。ただし、広く普及するようになったのは近年である。

栽培地としてはイタリア北西部が有名で、イタリア語でルケッタ、ルーコラと呼ばれる。英名はロケット、和名はキバナスズシロ。ごまのような香りと、かすかな辛み、苦みがある。おもにサラダで食し、イタリアでは、ピザの上にのせられる。炒め物やおひたしでも食べられ、大根などと同じで加熱すると辛みが消える。

自然の状態では、秋に発芽してロゼット状で越冬する。低温にあうと花芽分化して春にとう立ち、開花する。とう立ちすると、葉が硬く、苦味も強くなるので、ふつうは、種まき一～二か月後くらいの若いものを収穫する。

もし、つぼみが出てきてしまったら、つぼみを摘むと、収穫期間を長くすることができる。

発芽の適温は一五～二〇℃で、涼しい気候を好む。栽培の期間が短いので、三月～十月まで種まきすることができるが、夏の高温期には生育が悪くなるので、寒冷紗などで遮光する。生育の適温は一五～二五℃である。強い日光はあまり必要でなく、明るい日陰で栽培したほうが、葉がやわらか

ルッコラの花　アブラナ科特有の十字花。花も食べられる（写真提供　藤目幸擴）

ルッコラ（写真提供　藤目幸擴）

くなる。

土質は選ばず、肥沃で保水力があり、排水の良い畑が望ましい。かなりやせた土地でも生育できる。

畑に、種まき一か月くらい前までに堆肥と石灰を入れて耕うんしておく。

種まきは、条間一五cm、株間二cmくらいで条まきにする。軽く覆土、鎮圧し、かん水しておく。暖かい時期は虫がつきやすいので、防虫ネットなどで覆う。

間引き　本葉三枚のころに間引いて、株間五～一〇cmにする。

収穫は、草丈二〇cmぐらいで若どりするのが基本である。ただし、株を残して若葉だけ摘み取ると長く収穫できる。また、低温期に種まきしてとう立ちしてしまっても、つぼみや花も食べられる。

自家採種　秋まきして、生育のよい株を残しておけば採種できる。ほっておけば、自然に種がこぼれて、そのまま栽培することも可能である。

アブラナ科

クレソン（ウォータークレス）

アブラナ科オランダガラシ属の多年草で、ヨーロッパ各地や西アジアに野生の状態で分布している。アブラナ科の中でも、河川や湿地に適応したもので、現在では世界中で自生がみられる。ヨーロッパではかなり古い時代から、野生のものを利用してきたが、一四世紀ごろに栽培されるようになった。

日本には明治時代に導入され、現在では全国の流れのある川や沼地に自生している。オランダカラシ、オランダミズガラシ、水芥子、台湾ぜり、川菜、川高菜などの呼び名がある。アブラナ科特有の香り、辛みがあり、ステーキに添えたり、サラダ、炒め物、おひたし、ごま和え、てんぷら、漬物、みそ汁などで食す。

冷涼な気候を好み、発芽の適温は二三～三〇℃で、三五℃以上では発芽しない。春～初夏に開花して種ができるが、栄養繁殖でも増えることができる。耐寒性が強く、極寒地以外では冬でも地上部が枯れない。多年生なので、いったん植えつければ、数年間、周年で収穫できる。

栽培地の条件は、きれいな流水のあるところである。水田で栽培するときも、水をつねに動かせることが条件となる。水温は一四～一五℃がもっともよく、二〇℃以上、八℃以下では生育が劣る。生育中の水深は一〇cmていどにする。石灰分に富む水質が望ましく、アルカリ性土壌を好むので、化成肥料よりは有機質肥料を利用したほうがよい。

親株を自生の植物から得られるときは、栄養繁殖で増やす。親株のランナー（ほふく枝）を一〇cmほど切り取り、定植する。水田に植えるときは、水を浅くしておき、活着したら（一週間ほど）、徐々に水深を上げる。定植の時期は、生育の適温となる春か秋がよい。

種で増やすときは、種子を購入して育苗する。川砂と土をまぜた播種床を用意し、条間五cmくらいで条まきにする。薄く覆土して、たっぷりかん水し、新聞紙をかける（乾燥防止）。発芽して四～五cmになったら一〇cm間隔に移植して、草丈一〇cmのころに定植する。

収穫は、茎の先を一五～二五cm刈り取る。長く栽培すると、根元にヘドロがたまるので、二～三年おきにヘドロを除去して株を更新する。

アブラナ科

ガーデンクレス（胡椒草）

アブラナ科コショウソウ属の一年草で、地中海沿岸の原産とされる。ヨーロッパでは栽培の歴史はかなり古く、日本にも一八世紀ころ紹介されたようである。ただし日本ではほとんど普及していない。ふつうは、かいわれ大根のように、若どりしてサラダで食す。

発芽の適温は一五〜二〇℃。生長のサイクルがきわめて速く、種まき後二〜三週間で抽台し、四〜六週間で開花する。二〜三か月で種が成熟し、枯死してしまう。花芽分化しやすく、春まきでも秋まきでも開花するという。

土で栽培するときは、平箱に土と少量の肥料を入れて、播種床をつくる。一cm間隔くらい散まきし、軽く覆土する。窓ぎわに置いて、表面が湿る程度にときどきかん水する。草丈五cmくらいで間引いて、一五cmくらいで収穫する。株元を少し残して刈り取ると、再びわき芽がでて続けて収穫できる。

スプラウトにするときは、大きめのタッパーなどにキッチンペーパーを重ねて敷く。水を浸したところに、種を厚めに散まきする。乾かないようにときどき水やりして、室内に置いておく。一〜二週間で収穫できる。種は開花、結実させて自家採種するとよい。

ガーデンクレスのスプラウト

キク科

レタス

レタスの野生種はヨーロッパに広く分布し、アメリカ北部にも自生がみられる。栽培化の歴史はかなり古く、ローマ時代にはすでに主要な野菜のひとつであった。原産地は地中海地域、西アジア、中央アジアなどといわれている。栽培の歴史が長いため、結球する玉レタス、リーフレタス、茎レタスなどタイプの違う品種が発達している。各地の気候に適応して、温度や日長に対する反応も少しずつ変化している。

キク科アキノノゲシ属の一〜二年草で、冷涼な気候を好む。一般地では、秋に種まきして、若い株の状態で冬を越し、初夏に抽台、開花する。発芽の適温は一五〜二〇℃で、二五℃以上あるいは四℃以下では発芽しない。生育初期の適温は、二〇〜二五℃、結球期の適温は一五〜二〇℃とされる。耐寒性は強いが五℃以下では生育が止まる。また、二五℃以上の高温と長日の条件下で花芽分化し、抽台する。抽台すると株が大きくならない。

土質は選ばないが、土壌水分の多く含まれ

玉レタスの作型

	種まき	定植	収穫	ポイント	栽培地
春どり	9月下～3月中	11月中～4月中	3～5月	低温期に種まき、育苗するときは、トンネル内などで保温する。結球期は春先なので露地でも適温になる	暖地、温暖地
夏秋どり	3月中～8月中	4月中～9月上	6～10月	夏場の暑い時期は、地温の上昇を防ぐために、シルバーマルチなどをしく方法がある	高冷地、寒冷地
秋どり	8月上～9月上	8月下～10月上	10～12月	種まき、育苗期が高温なので、寒冷紗などで遮光する。種まきが早すぎると、高温のため抽台しやすい。結球期に気温が低すぎるときはトンネルをかける	平坦地、暖地、温暖地
冬どり	9月中下	10月中～11月上	1～2月	低温年には生育不足で不結球や小玉になりやすいので、12月以降はトンネル被覆を行なう	暖地、温暖地

る有機質の多い土壌が望ましい。最適な土壌pHは六・六～七・二だが、適応力が高くpH五・五～八の範囲でもよく生育する。

レタスの栽培

種まき　かつては、畑に直まきして、間引きする方法であったが、現在はどの作型でも育苗するのがふつうになっている。育苗する場合、ポリポット、連結ポット、ペーパーポット、セル成型苗などを利用する方法がある。

ポリポットの場合は、直径三cmのポットに培土をつめて鎮圧し、かん水する。中央にくぼみをつけて種まきする。種子は好光性なので、覆土はごく薄くする。表面が乾かないようにときどきかん水する。春まきでは、三〇～三五日、夏まきでは一五～二〇日間育苗する。

畑に堆肥、苦土石灰を施して、耕うんしておく。定植前に元肥を全面にいれて混和する。幅七五～一三〇cmのうねを立てる。

定植は、本葉三～四枚の若苗を、条間、株間三五cmくらいで植える。乾燥に弱いので、生育初期～中期は十分にかん水して、土が乾かないようにする。うねの乾燥を防ぐために、ビニルマルチや落ち葉、堆肥などを敷くとよい。

害虫や病気には比較的強い。気温が五℃以下になると生育が停止するので、平均気温が一〇℃以下になるときはトンネルをかける。

レタスの定植

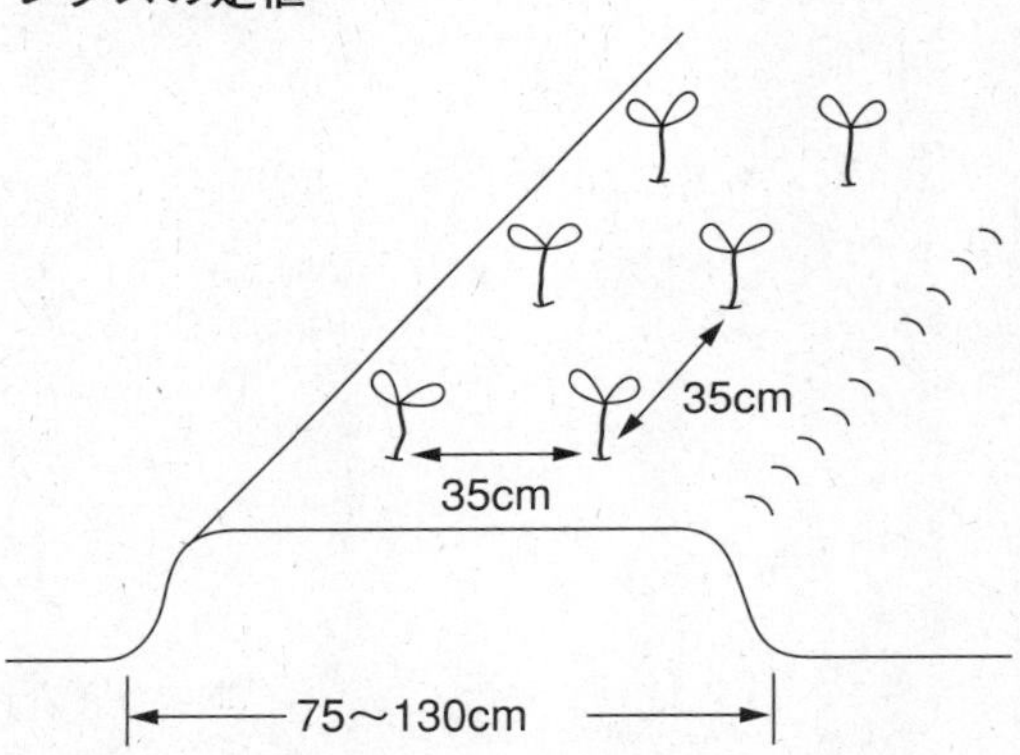

レタスの品種

玉レタス　玉チシャ（head lettuce）は、結球型のクリスプヘッド（パリパリした玉の意）と、バターヘッド（滑らかな玉の意）の二つがある。日本では前者を単にレタス、後者をサラダ菜と呼んでいる。クリスプヘッドは二〇世紀のアメリカで品種が発展し、カリフォルニア州のインペリアルバレーや

かきチシャ（写真提供　芹澤啓明）

サリナス地方が有名である。中・晩生で比較的日持ちがよい。日本では長野や茨城で生産が多い。

サラダ菜は、葉が厚く滑らかで、半結球の状態で外葉も収穫する。ヨーロッパで生産が多い。早生で輸送性があまりよくないので、日本では都市近郊で生産されている。

葉レタス　葉チシャ、チリメンチシャ、リーフレタス、ルーズリーフレタス、サニーレタス、グリーンリーフなど呼ばれる。もっとも初期に栽培化されたタイプと考えられている。葉は薄く、ひだやしわが多い。赤色系と緑色系とがある。一般に抽台しやすいとされているが、高温期をのぞけば栽培は容易である。

コスレタス（写真提供　芹澤啓明）

葉レタスのもうひとつのタイプに、中国の南部で古来から栽培されてきた「かきチシャ」がある。葉は切葉で、緑色種と褐色種とがあり、茎は立性である。外側の葉をかきながら順次収穫していく。生育が早く、栽培時期の幅が広い。耐病性、耐暑性に優れるが、葉が硬く苦味が強いので、炒め物などで食す。日本にも古い時代に伝来したがあまり普及していない。近年は、焼き肉を包んで食べる、チマ・サンチュ、黒サンチュの人気が高まっている。

茎レタス　茎を食用にするレタスで、チシャトウ、ステムレタス、アスパラガスレタスと呼ばれる。茎は長さ三〇cm、直径四cmほどになる。日本では茎を乾燥させ、加工用にし

塩水でキャベツやレタスがキュッと締まる

小河健太郎

山口県徳地町の石野幸子さんはキュッと丸まったおいしいキャベツやレタスをつくるのが上手！　その秘訣は漬け物の下漬けに使った塩水を畑の土に散布することだそうです。薄める必要はありません。残った塩水を直接葉にかからないように株間やうね間にまいてやると、それだけで葉が締まり、硬く結球していくのだそうです。

「昔の人はみな、土づくりに人の尿なんかを使って、上手に野菜をつくっていたんだよね」と石野さん。

その知恵から、野菜の生長には塩分が大切なのではないかと思って始めたそうです。ぜひみなさんもお試しを。

二〇〇三年三月号　あっちの話こっちの話

たものを「山くらげ」と称し、人気がある。茎の部分の皮をむいて、きんぴら、炒め物、ゆでてサラダなどで食す。葉は焼肉をくるんでもよい。

立レタス　葉は長いさじ型、立性で、長形の半結球状になる。竹の子型の白菜の形状に似る。アフリカ北部、およびヨーロッパ南部で発達した品種で、コスレタス（エーゲ海のコス島）、あるいはロメインレタスと呼ばれる。葉が扁平で肉厚なので、サラダやサンドイッチ、ハンバーガーにはさんで食す。

キク科

茎レタス（山くらげ）

河田隆弘

中国から渡来したレタス

茎レタスはぐんと伸びた太い茎にレタスの葉がついて、不思議な姿をしています。中国では、市場などで山積みにして売られ、家庭料理にも使われるポピュラーな野菜です。日本では、割干しにして乾燥させたものが輸入され、「山くらげ」などの名前で販売されています。シャクシャクした独特の歯応えがあり、中国料理店では海のくらげと並んで料理の主役になることもあるようです。

茎レタスは名前のとおりレタスの仲間で、ステムレタス、セルタスなどとも呼ばれます。家庭菜園で人気の「かきチシャ」などと近縁で、共に中国から渡来したようです。

日本での栽培はあまりなく、観光地のお土産で売られている山くらげも、輸入した乾物を戻して調味したものがほとんどでした。最近は、地場野菜として加工に取り組む農家女性のグループ、加工向けの産地など、本格的に栽培に取り組む例も聞かれるようになってきました。

一般に栽培されている結球レタスと同様に少し冷涼な気候を好みますが、耐寒性はあまり強くありません。一般地では春まき（三月）と秋まき（八～九月）の作型が基本になります。市販されている品種ではケルン（サカタ）、ステムレタス（タキイ）などがあります。

栽培はレタスに準じて

秋まきの場合、まだ暑い時期には発芽が悪くなるので、あらかじめ催芽処理をすると安心です。たとえば湿らせたガーゼなどにくるんで大きめの密閉容器に入れて冷蔵庫に一昼夜、その後、涼しい半日陰（少し光が必要です）に一昼夜置くなどして芽出しをします。

育苗は大きめの連結ポットやペーパーポットなどに数粒播いて、発芽後に間引いて株定めをし、本葉四、五枚程度で定植。

生育後半に軟腐病やアブラムシなどの被害を受けやすい春作では五〇×三〇cm、栽培しやすい秋作では三〇×三〇cm程度が基本です。乾湿が激しいと茎が割れる場合があるので、生育前半のマルチやかん水の効果も高いと思われます。寒冷紗トンネル等を被覆して害虫を予防するのもいい方法です。

春、秋作ともに抽台があり、とり遅れると茎にスが入ったり、花芽が伸びて品質を悪くします。あまり欲張らず茎の長さが三〇～四〇cm程度で収穫するのがこつです。

（神奈川農業総合試験場）

二〇〇一年二月号　山クラゲ

茎レタス（山くらげ）

キク科
チコリー

キク科キクニガナ属の多年草で、ヨーロッパが原産地とされている。現在でもヨーロッパで野生種が見られる。栽培の歴史はかなり古く、古代エジプト（四〇〇〇年前）で利用されていたという説もある。葉を食用にし、肥大した宿根も焙煎してコーヒーのように飲まれてきた。

欧米では軟白タイプや結球種など、多くの品種が発達している。独特の苦味のせいか、日本ではイタリア料理やフランス料理で利用される程度で、あまり普及していない。おもな品種は以下のとおり。

ウイットルーフ　養成した根株を伏せ込んで、軟白化する。独特の苦味があり、サラダに混ぜて食す。

レッドチコリー（トレビス）　葉が赤い結球種で、サラダの色付けに利用される。

ズッチエロ（ベルハートタイプ）　白菜を小さくしたような形。葉色はクリーム色で、栽培は容易。

カタロニア　葉縁に欠刻が深く多い。葉は細長く立性になる。家庭用として利用される。

植物としての性質は、レタスに似ており、作型や栽培法はレタスと同様でよい。軟化栽培のやり方は、ウイットルーフを七月中旬に種まきする。地上部が過繁茂になると、根が太らないので、窒素施用は少なめに育てる。十一月下旬に根を掘りあげて伏せ込む（図）。一八～二〇℃で保温すれば、二〇日くらいで収穫できる。戸外で伏せ込む場合は、収穫は春になる。

チコリーの軟化栽培（農業技術大系　野菜編）

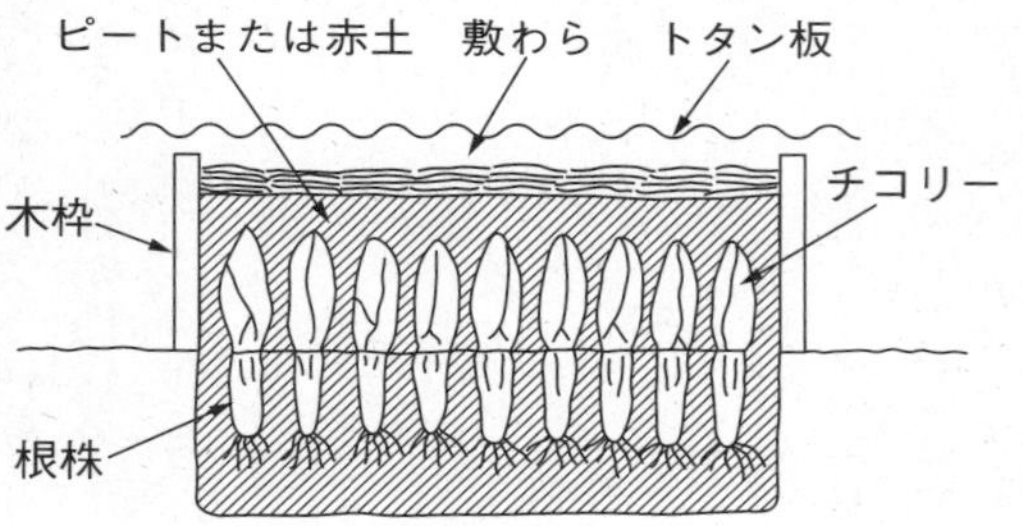

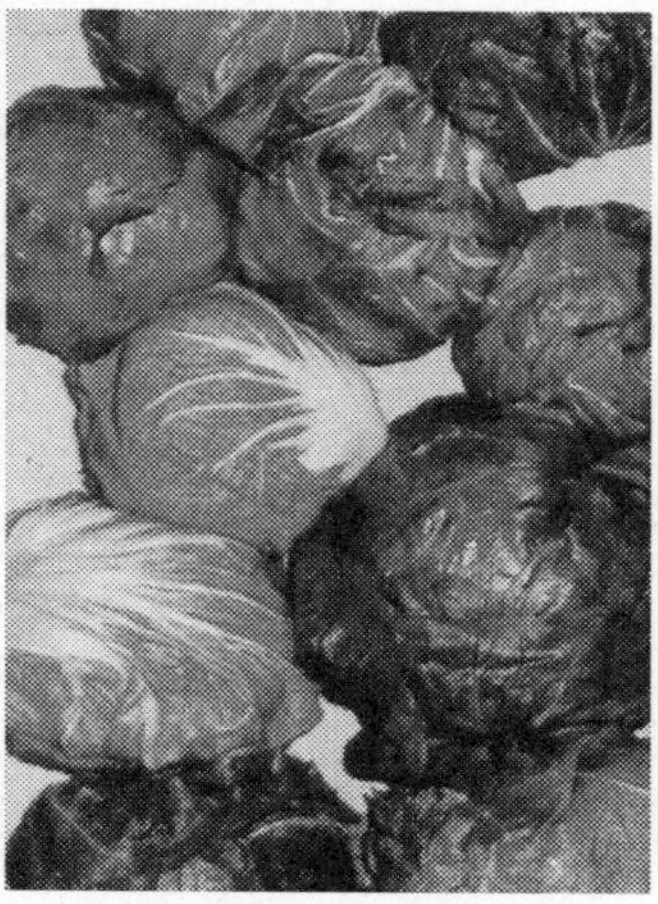
チコリー（トレビス種）
（写真提供　大谷英夫）

チコリー（ズッチエロ種）
（写真提供　大谷英夫）

キク科
エンダイブ

エンダイブはチコリーの近縁種で、キク科キクニガナ属の一～二年草である。原産地は地中海の東部地域と考えられている。栽培化されたのはかなり古いが、広く普及するようになったのは一六世紀ごろである。苦味が強く、「苦ちしゃ」「菊ちしゃ」と呼ばれる。ふつうはサラダで食べるが、加熱すると苦味がやわらぐ。葉に切れ込みがあり縮れるタイプをエンダイブ、切れ込みのない丸葉タイプをスカロールという。

性質はレタスに似るが、レタスよりも生長

エンダイブ

フリルレタス　エンダイブとリーフレタスの交配種。シャキシャキした食感で、炒め物、しゃぶしゃぶ、スープ、サラダなどで食す。栽培法や作型は結球レタスと同じ（写真提供　㈱まつの）

エンダイブの定植

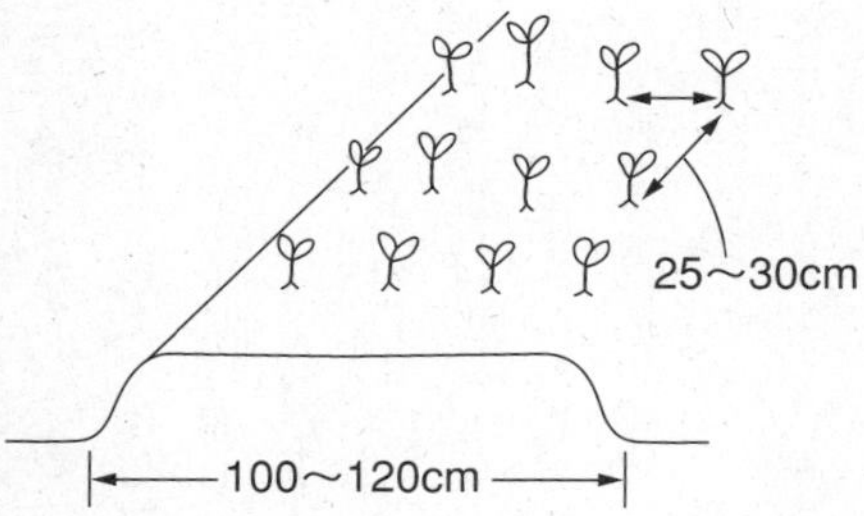

エンダイブの軟白処理

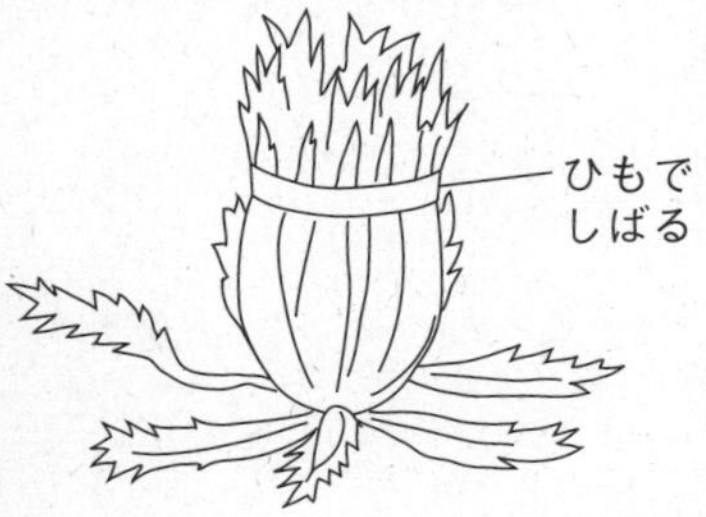

が早く、種まきから二か月くらいで収穫できる。生育適温は一五～二〇℃で、長日高温の条件下で花芽分化、開花する。病害虫には比較的強く栽培しやすい。

土壌の適応は広いが、有機質に富んだ砂壌土が望ましい。酸性土壌を嫌うので、あらかじめ堆肥と石灰を施用しておく。また、乾燥に弱いので、夏場はこまめにかん水して土が乾かないようにする。

作型や栽培方法は、レタスとほぼ同等でよい。

種まき　畑に直まきにするときは、条間、株間二五～三〇cmで点まきするか、条まきして間引く。育苗するときは、本葉三～四枚くらいまで育苗して、条間、株間二五～三〇cmで定植する。

軟白　葉の緑が濃いところは苦味が強いので、収穫の一～二週間前になったら、光を遮って軟白処理する。ダンボールや布で覆うか、外葉を上に巻き上げて、ひもなどで縛り、内側の葉を白くする。

キク科
春菊

春菊は、地中海沿岸に自生するハナゾノシュンギクの変種とされる。東アジア、インド、東南アジアでは野菜として栽培されているが、ヨーロッパでは観賞用に用いられる。中国では七世紀、日本では一七世紀に栽培された記録がある。菊菜とも呼ばれる。

キク科キク属の一～二年草で、冷涼な気候を好む。自然の状態では秋に発芽して越冬し、春に開花する。こぼれた種は、夏の間は休眠する（二か月間）。

発芽の温度は一〇～三五℃だが、適温は一五～二〇℃とされる。生育の適温は一五～二〇℃で、二七℃以上では生育が悪くなる。耐寒性は強く、本葉が展開していれば、〇℃でも枯死しない。長日条件下で花芽分化し、長日高温で促進される。

土壌の適応性は広く、ほとんどの土質で栽培できるが、肥沃な砂質壌土または砂土が望ましい。乾燥には弱いので、保水力のある畑がよい。排水性も求められるので、堆肥などによる土つくりが大切。連作を嫌う。

種まき後三〇～四〇日で若どりするので、周年で栽培できる。冬季は一〇℃以上、夏季は二五℃以下になるように管理する。

スティックシュンギク　節間が伸長し直立する。香りが強くなく、サラダで食べられる（武蔵野種苗園）

畑に堆肥、石灰をまいて耕うんしておく。種まき一週間前に元肥を散布して混和する。幅一〇〇～一二〇cmでうねを立てる。乾燥を嫌うので、種まき前に十分にかん水しておく。

種まきは、条間一〇cmほどで条まきにする。薄く覆土して鎮圧する。わらや落ち葉でマルチすると乾燥が防げる。

間引きは、本葉二～三枚のころで、混んでいるところを抜き取る。

かん水　ふつうは午前一〇時までにかん水する。量は夕方に土の表面が乾いてくる程度。

収穫　草丈二五cmのころに、下葉を四～五枚残して切り取る。側枝が伸びたら、再び葉を残して収穫する。

春菊の作型

作型	種まき	収穫	ポイント
春まき	3～5月	5～7月	適温期なので栽培しやすい。ただし、長日期で抽台しやすいので、抽苔する前に収穫できるよう早生種を選ぶ
夏まき	6～8月	7～9月中	6月は高温多雨、7～8月は高温乾燥のため栽培しにくい。寒冷紗などで遮光する
秋まき	9～11月上	10月中～4月上	適温期で栽培は容易。種まき時に高温のときは、寒冷紗で遮光し、冬季に低温すぎるときはトンネルをかける

春菊の種まき

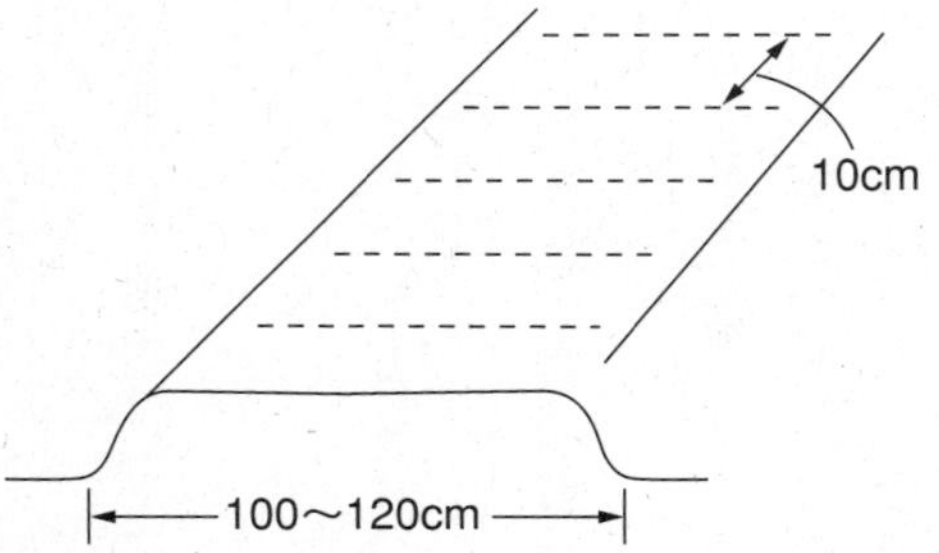

キク科
アーティチョーク

アーティチョークは大型のアザミで、キク科チョウセンアザミ属の多年草である。地中海沿岸が起源とされ、古代ギリシャやローマで栽培されていた。日本にも江戸時代に伝来したが、食用ではほとんど栽培されていない。フランス料理やイタリア料理でとくに好ま

アーティチョーク（写真提供　藤目幸擴）

れる。食べるのは開花前の若いつぼみで、総苞と花托の部分である（図）。収穫したつぼみを、最初にアク抜きする。つぼみの上部を三分の一くらい切り落とし、たっぷりのお湯にレモンと塩を少々加え、二〇～三〇分ゆでる。総苞を一枚ずつはがして、付け根の部分にソースやバターをつけて食す。花托はソテーや煮込み、サラダ、パスタの具など多くの料理法がある。

　実ったばかりのアーティチョークの種子は浅く休眠しているが、一〇℃に一週間ほどさらすと休眠が破れる。秋に涼しくなって適度な水分があると発芽する。発芽の適温は二〇～二五℃で、一〇～二〇日かかる。生育は旺盛で草丈一・五～二mになる。耐寒性は強く、マイナス一〇℃以上なら枯死しない。冬季は地上部が枯れるが、地下の根は越冬し、翌春に萌芽する。長日と高温（二〇℃）の条件下で花芽が分化する。つぼみが出るのは五～六月ごろ。

畑　耕土が深くて排水がよく、肥沃な畑が望ましい。根の張りが広く、四～五年間栽培するので、堆肥は多めに施用しておく。

種まきは、ふつうは秋で、冬季にマイナス一〇℃以下にならない地帯なら直まきできる。うね間一m、株間五〇cmで点まきする。春まきも可能だが、夏の高温期は生育が衰える。

移植栽培にするときは、春の遅霜の二か月前（一～三月）に種まきして育苗する。育苗時の適温は昼一五～二〇℃、夜温は一〇～一五℃とされる。

定植　霜が降らなくなったころに、うね間一m、株間五〇cmで定植する。

追肥は春と秋の生長の盛んな時期に、年二回施す。乾燥を嫌うので、生育期間中は適宜かん水する。

収穫の適期はつぼみの総苞が肥大して、花弁が出る前。花柄を数cm残して切り取る。

マメ科

えんどう（豌豆）

えんどうの野生種は見つかっていないが、西アジアの新石器時代の遺跡からよく出土し、一万～九〇〇〇年前ごろに、西アジアで栽培化されたと考えられている。また、五〇〇〇年前のスイスの遺跡から種子が出土しており、すみやかに伝播したことがうかがえる。

　早い時代からヨーロッパ系とアジア系に分化したが、アジアには大豆があったせいかあまり品種が発展しなかった。そして冷涼なヨーロッパで、春まき品種が発達した。

　麦と同じで、発芽した種子や幼苗が低温に遭遇すると花芽分化し、長日条件下で花芽分化が促進される。このため、春まきや、ハウス栽培ではそのままでは開花、結実しない。そこで、催芽種子を低温処理（二℃で二〇日間）したり、幼苗期に電照して長日条件にする方法がとられている。

　もともと秋～春の冷涼な時期に生育するので、高温に弱い。発芽温度は二～三〇℃で、

えんどうの作型

莢えんどう

	種まき	収　穫	品　種
寒地	4月上～ 6月中	6月上～ 8月中	三十日絹莢、ゆうさや、美笹、鈴成砂糖、オランダ、スナック
	7月上～ 7月下	9月中～10月中	
寒冷地	3月下～ 5月下	5月下～ 9月中	
	6月上～ 8月上	7月中～ 11月上	
	10月中～11月上	5月上～ 7月下	
温暖地	7月中～ 8月上	9月中～ 12月下	美笹、ニムラ赤花きぬさや2号、伊豆選1号、鈴成砂糖、ニムラ白花きぬさや、オランダ、天草八雲、スナック753、グルメ
	9月中～ 11月上	1月上～ 7月上	
暖地	7月中～ 8月下	9月中～ 3月下	
暖地、亜熱帯	9月上～ 11月上	11月上～ 6月上	

実えんどう

	種まき	収　穫	品　種
寒地、寒冷地	2月下～5月上	6月中～8月下	緑ウスイ、アルダーマン、久留米豊
寒冷地	10月下～11月中	5月上～7月中	
温暖地	2月下～3月上	5月中～6月中	ウスイ、きしゅううすい、改良ウスイ、緑ウスイ、白竜、矢田早生うすい、南海緑、久留米豊、久留米緑、ミナミグリーン、スーパーグリーン
	10月中～11月上	4月上～6月下	
温暖地、暖地	8月上	10月中～12月中	
暖地、亜熱帯	9月上～11月上	12月下～6月中	

適温は一八～二〇℃。生育の適温は一五～二〇℃で、二五℃以上では生育が悪くなる。幼苗は低温に強く、零下でも枯死しない。土質は、排水のよい耕土の深い壌土や粘土質土壌が望ましい。酸性土壌を嫌い、適正pHは六～六・五。

基本の作型は、秋まきして、幼苗で越冬させ、春～初夏に収穫する。越冬が困難な寒冷地、高冷地では、春まきして夏に収穫する。

品種は、若莢を利用する莢えんどうと、未成熟の種子を利用する実えんどうの二つに分けられる。莢えんどうは、莢の大きさにより絹莢品種と大莢品種がある。近年は、莢が厚肉で、甘みがあるスナップ品種が増加している。

えんどうの種まき

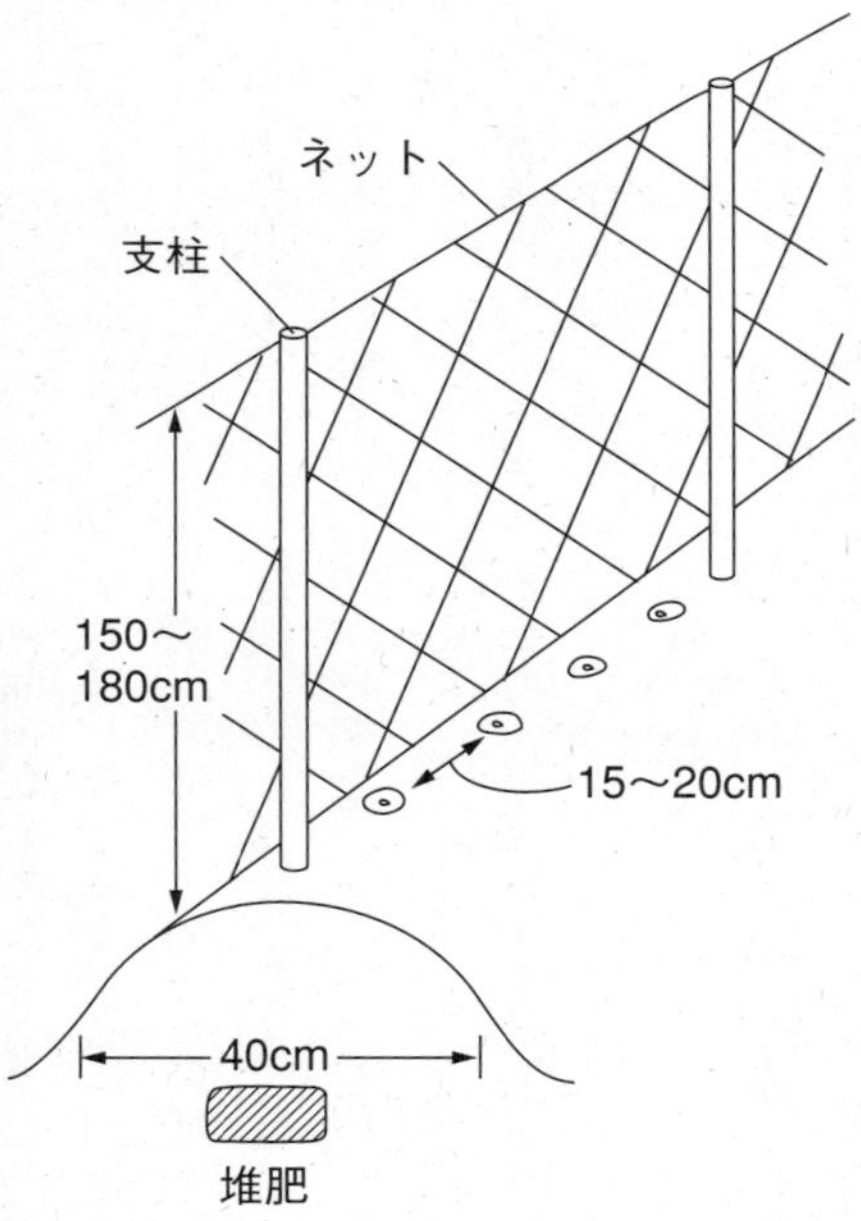

畑 に堆肥と苦土石灰を施して耕うんする。元肥を施して幅四〇cmくらいのうねを立てる。うね間は一二〇cmくらいにする。豆類は空中窒素を固定するので、元肥の窒素の量は全体の三分の一くらいにしておく。また、えんどうの連作はできない。

種まき　寒冷地の春まき栽培では育苗も行なうが、ふつうは畑に直まきする。株間一五～二〇cmで点まきする。深さ二～三cmの穴を掘って二～三粒まき、一cmくらい覆土する。その上から、もみがらや切わらで覆うとよい。

土寄せ、支柱立て　発芽後にうねの表面を削り、株元に土寄せする。草丈一〇cmくらいのころ、支柱を立ててネットを張る。

かん水　土が乾燥しないように適宜かん水する。追肥は莢ができ始めたころから適宜行なう。分枝数が多い場合は弱い枝を除去する。

収穫　莢えんどうは、豆が肥大する前、実えんどうは十分に肥大してから。次々と生長するので取り遅れないようにする。

マメ科
そら豆

そら豆は、小麦、大麦、えんどう、レンズ豆、ひよこ豆とともに、西アジアの新石器時代の遺跡から出土する。一万～九〇〇〇年前ごろに、栽培が始まったと考えられている。

性質から見ると、大きく秋まきと春まきの二系統が見られる。秋まき品種は、花芽の分化に低温が要求されるもので、地中海沿岸、揚子江流域、日本の暖地など暖かい地方に分布する。いっぽう、春まき品種は、花芽分化に対する低温要求性が比較的小さい品種で、北欧、アフリカ山岳地帯、中国の山岳地帯など、冷涼な地方で栽培される。

発芽適温は二〇℃で、二五℃以上では腐敗しやすく、一〇℃以下では発芽が悪くなる。生育適温は一五～二〇℃で、幼苗期には耐寒性が強く、マイナス数℃に耐える。暑さには弱く、二五℃以上で生育が悪くなる。花芽の分化には低温に遭遇することが必要である。

秋まきの場合は、冬季に低温に遭遇するが、春まきで、催芽種子を低温処理して春化させる。土質は選ばないが、乾燥を嫌う。連作はできない。

畑　に堆肥、苦土石灰を施して耕うんする。幅五〇cmぐらいのうねを立てる。うね間は一二〇～一五〇cm。

催芽　直にまくと腐りやすいので、あら

そら豆の作型（農業技術大系　野菜編）

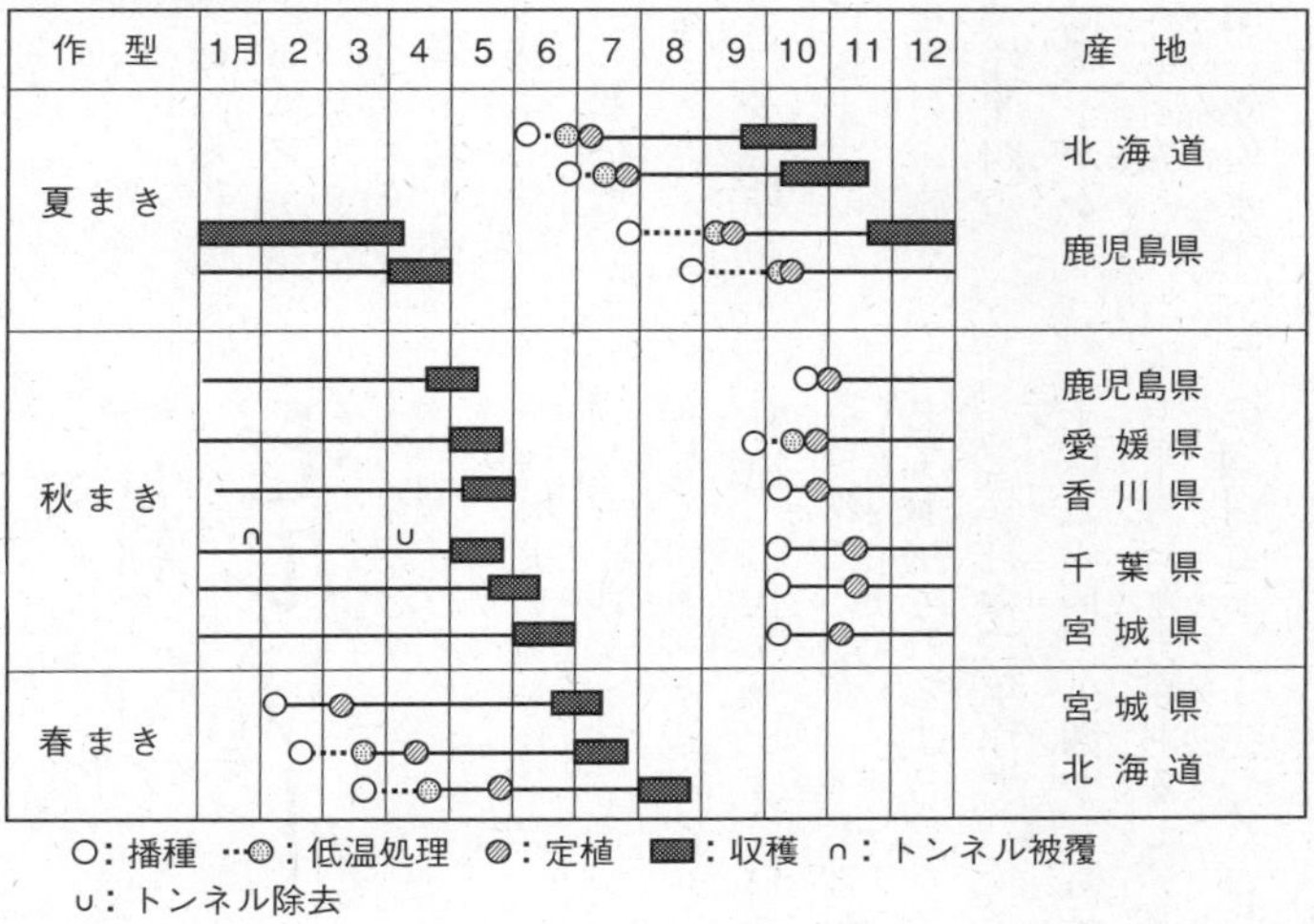

（写真提供　立和田俊明）

そら豆の仕立て法

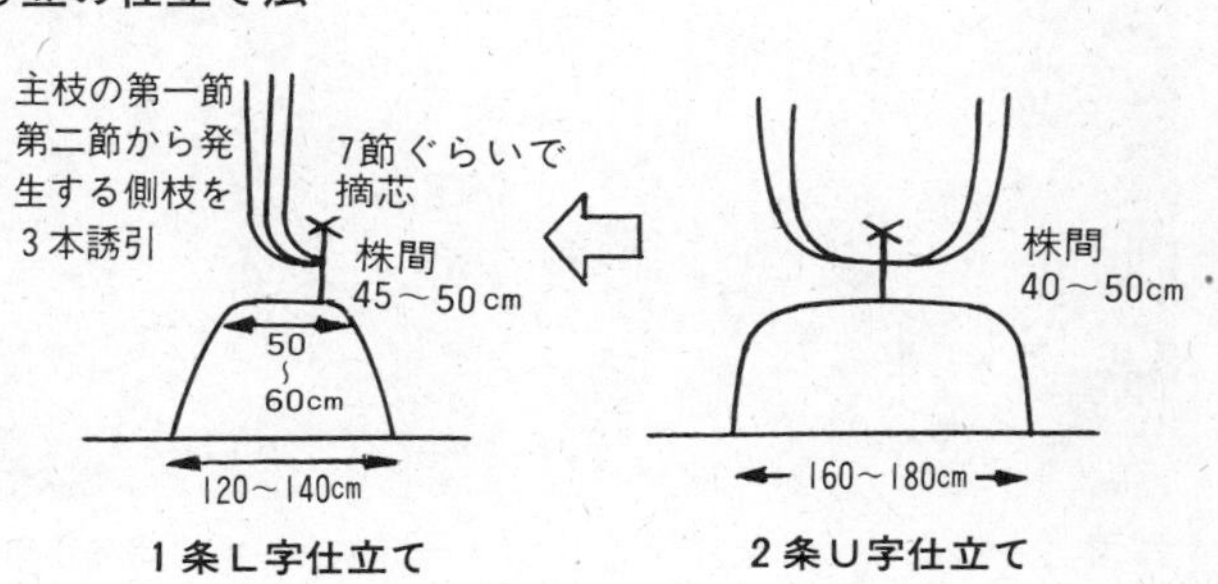

かじめ催芽（芽出し）する。厚さ二cmの砂床に、条間五cmで一・五cm間隔に、へそを下向きにしてならべる。種子が隠れる程度に覆土する。浸種はしない。新聞紙をかぶせ、砂が乾いたら表面をぬらす程度にかん水する。三～四日で発芽する。春～夏まきするときは、低温処理する。方法は、催芽種子を冷蔵庫（二～三℃）に二〇日間入れておく。

育苗するときは、九cmのポリポットに催芽種子を植え、種子が隠れる程度に覆土する。

植え付け　畑にスプーンで穴を開け、根を下にして催芽種子を植えつける。株間四〇～五〇cmで一条植えにする。覆土は種子がかくれるくらい。育苗した場合は、本葉四枚のころ定植する。活着するまでは頻繁にかん水する。

支柱を立てて、テープを横に張り、誘引する。整枝法には、二条U字仕立て、一条L字仕立てなどがある。

かん水　乾燥を嫌うので、生育中も適宜かん水する。追肥は二回くらい行なう。

セリ科
セルリー

原産地は地中海周辺で、ヨーロッパ、北アフリカ、西アジア、中央アジアに野生種が分布している。水辺や湿ったところに多く見られる。古代ギリシャでは薬用や香料として利用されていたが、一七世紀ころから、野菜として栽培されるようになった。

セリ科の二年草で、秋～春に生育する。種子は夏の間三～四か月も休眠し、涼しくなって十分に水分があると発芽する。発芽と生育の適温は一五～二〇℃とされる。冬季に一二～一三℃以下の低温にさらされると花芽が分化し、長日下で促進する。自然の状態では二月ごろ花芽分化して、三～四月に抽台する。

野生種は水辺の環境に適応しており、土壌の乾燥を嫌う。ただし、根には酸素も必要なので、排水のよい土壌で高うねにして、ひんぱんにかん水して育てる。適正なpHは五・五～六・七といわれる。

セルリー栽培では、高温ではスが入りやすく、低温では花芽分化する。花芽分化すると株が大きくならない。市販されているような大きな株に育てるには、生育の適温（一五～二〇℃）で、半年くらい生育させることが必要である。日本のように夏が暑く、冬が寒いところでは適地は限られており、夏季に冷涼な長野県などが主産地になっている。

おもな品種は以下のとおり。

スープセルリー　原種に近い品種で、耐寒性が強い。葉柄か細く多い。おもにスープで食す。

東洋在来種　スープセルリーに似て、葉柄が細長で草丈が高い。耐暑性は強い。芹菜《きんさい》。

芹菜（きんさい）　東洋系のセルリー（写真提供　芦澤正和）

セルリーの作型

	種まき	定植	収穫	ポイント	地域
夏まき冬どり	6月中	9月上	11月下～12月中	育苗期が高温なので、寒冷紗などで遮光したり、涼しいところにおく。定植以降は生育の適温期になる	一般地
春まき秋どり	5月上	7月中	10月	抽台のおそれがあるので、生育の初期は低温にあてないようにする。高温期は寒冷紗で遮光する	高冷地、寒地
ミニセルリー	6月上	8月上	10上		

緑色種　濃緑色で、葉柄は円形、繊維が少ない。抽台が遅く晩生。耐寒性や耐病性は強く、冬季の栽培にむく。

黄色種　葉柄の幅が広く淡緑色。ス入りが早く、抽台は早い。栽培はあまりない。

中間種　日本での主要品種。緑色種に黄色種の早熟性を取り入れ、抽台は早いが、耐暑性が強い。夏季の栽培に向く。コーネル六一九、トップセラー（ミニセルリー）など。

セルリアック　にんじんのように根が肥大する。根をシチューやサラダで食す。

種まき・育苗　播種箱に培土を五cmほど詰め、散まきする。セリ科の植物は発芽の際に光を好むので、ごく薄く覆土して新聞紙をかぶせておく。発芽まではこまめにかん水する（一週間ほど）。本葉二～三枚のころ九cmポットに鉢上げして、本葉八枚まで育苗する。

定植　畑には堆肥を多めに施す。元肥を施して、うね立てする。うね幅一〇〇cm、株間二五～三〇cmで二条植えにする。

かん水　乾燥を嫌うのでこまめにかん水する。とくに定植後一〇日と収穫前の二〇日間は多めに。定植後三〇～四〇日のころに追肥する。

セリ科

パセリ・イタリアンパセリ

地中海沿岸が原産とされる。栽培の歴史は古く、古代ギリシャではハーブやシチューなどで利用していた。日本には一八世紀ごろ渡来し、オランダゼリと呼ばれたが普及せず、栽培が始まったのは二〇世紀である。日本で栽培されているのは、縮み葉の品種がほとんどだが、近年は広葉のイタリアンパセリの人気が高まっている。

発芽の適温は二〇～二三℃、生育適温は一五～二〇℃。二五℃以上では生育が劣り、五℃以下では停止する。冬季に、ある程度生長した苗が一〇～一五℃以下の低温に長時間あうと花芽分化する。四月ごろ抽台し、五月ごろ開花する。土質は選ばず、土壌pHは六～六・五の弱酸性を好む。

畑に堆肥、苦土石灰を施して耕うんしておく。元肥の二割を溝施肥に、残りを混和してうね

パセリの作型

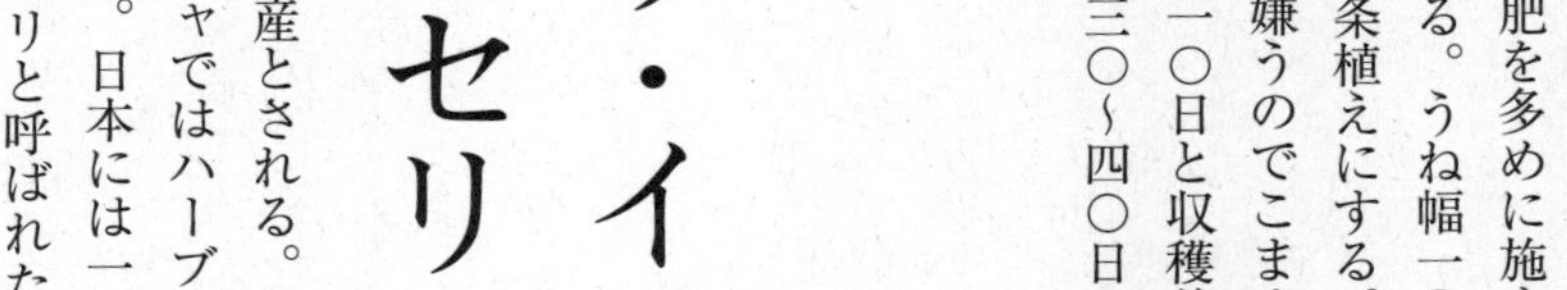

●：播種　▼：定植　⌂：ハウス保温開始　∩：トンネル被覆　■：収穫

イタリアンパセリ　セロリの葉っぱに似ている
（写真提供　酒井俊昭）

パセリの種まき

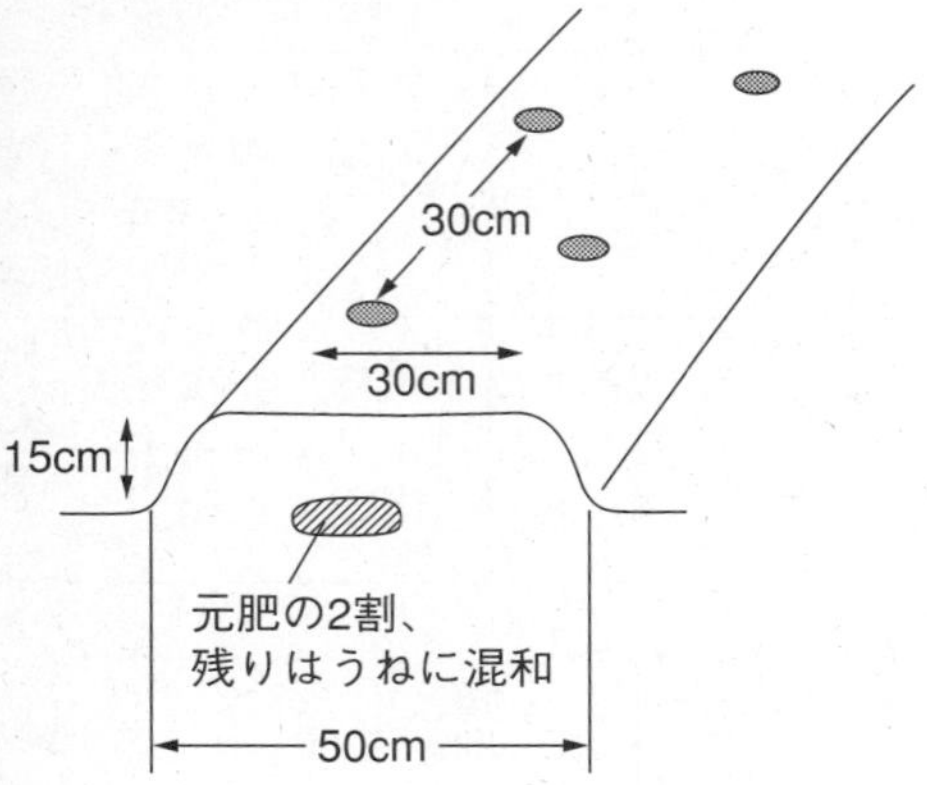

を立てる。うねは幅五〇㎝くらいで、二条植え。

種まきは、条間、株間三〇㎝で点まきする。交互にずらして、一か所に一〇～一五粒くらいまく（パセリは発芽がよくなく、初期は密生していたほうがうまく育つ）。育苗するときは、ポリポットに、一〇粒くらい種まきする。

間引き　二～三回間引いて、本葉四～五枚のころに一本にする。

トンネル　冬季の気温が五℃以下の期間は、トンネルをかけておく。敷きわらや落ち葉を敷いておく。栽培の期間が長いので、適宜追肥する。

収穫は、本葉一二～一五枚のころから始められる。一〇葉くらい残して外葉をとる。

セリ科
コリアンダー（香菜《こうさい》）

地中海沿岸が原産とされ、古代エジプトや中国の漢で栽培されていた。ヨーロッパではおもに果実を利用し、アジアでは葉や根も食す。乾燥果実はカレー粉、肉料理などに用いる。中国では香菜（シャンツァイ）、芫茜（ユンサイ、イムサイ）、タイではパクチー、ベトナムではザウムイと呼ばれる。

種は秋に発芽して越冬し、春に開花して初夏のころに結実する。草丈は六〇～九〇㎝くらいになる。暖地での栽培の歴史が長いため、花芽分化には低温を必要としない。春の長日条件によって花芽が形成される（日長一六時間で五〇日）。

冷涼な気候を好み、発芽の適温は二〇℃～二五℃、生育適温は一八℃～二五℃くらいである。ふつうは秋が種まきの時期だが、草丈

コリアンダー

二五cmくらいから葉を若どりできるので、発芽適温ならいつでも種がまける。果実も収穫するときは、秋まきして越冬させるか、春まき（三～四月）にする。

種まきは、条間一五cmで条まきするか、条間、株間一五cmで三～四粒ずつ点まきにする。間引いて、一本立ちにする。種子を収穫する場合はさらに間引いて、条間、株間三〇cmくらいにする。

かん水・追肥　乾燥を嫌うので、土の表面が乾いたら十分にかん水する。若どりの場合は元肥だけでよいが、長期に栽培するときは適宜追肥する。

収穫は、草丈二五cmくらいから、若葉を摘み取ったり、株元から切り取る。果実の収穫は、実が緑色から薄茶色に変わったら株元から刈り取り、吊るして乾燥させる。根もスープやカレーに利用できる。たたくと香りが強くなる。

セリ科
ディル

原産地は地中海沿岸～西アジアと考えられている。葉や果実を、各種の料理やチーズ、ソース、ピクルス、菓子などに利用する。

セリ科の一年草で、高さは一m以上になる。種子には休眠がなく、夏に結実した種子がこぼれると、秋のうちに発芽する。小さいうちは耐寒性が強く、そのまま冬を越して翌年開花する。春に種まきすると、六月に開花して七～八月ごろ果実が成熟する。

種まき　春まきも秋まきもできるが、果実が目的のばあいは四月ごろ種まきしてもよい。五日ていどで発芽する。条まき、または点まきして、株間二〇～二五cmになるように間引きする。茎が細いので開花期ごろまでに支柱を立てる。

収穫　葉を利用するには、随時種まきして若い葉を摘み取ればよい。果実の収穫は八月上旬で、果実が褐色になったとき。種がこぼれやすいので、その前に株ごと抜き取って日陰で追熟、乾燥させる。

種がこぼれて、自然に発芽するので、親株を残しておけば翌年も栽培できる。

ディルの花（写真提供　小黒晃）

セリ科
フェンネル（ういきょう）

セリ科の多年草で、ヨーロッパではかなり古くから利用されてきた。魚料理、肉料理、スープ、パン、菓子などの風味づけに使われる。品種はもっとも一般的なスイートフェンネル、茎葉が赤銅色になるブロンズフェンネル、株元がセルリーのように肥大するフローレンスフェンネル（イタリーウイキョウ）などがある。

多年草で草丈は二mに達する。フローレンスフェンネルは一年草の野菜として扱われ、草丈は六〇

～一〇〇cmくらいである。

種は秋に発芽して成長し、冬季に地上部は枯れるが、根株は耐寒性が強く、寒地でも容易に越冬する。六月ごろ開花して八月ごろに、果実が成熟する。耐暑性は強く、夏季も生育する。

種まき　種子は休眠しないので、秋まきも春まきも可能である。種まき後一週間ほどで発芽する。

収穫　葉は随時収穫できる。果実は、収穫が遅れると、黒くなって脱粒しやすい。完熟する前に花首を切り取って追熟させる。

セリ科

チャービル（セルフィーユ）

原産地はヨーロッパ中部、ロシア南部、西アジアなどとされている。ローマ時代から利用され、とくにフランス料理には欠かせない食材である。甘い香りがあり、サラダ、魚料理、スープ、ソースなどの風味を増す。フランス語でセルフィーユ、和名はウイキョウゼリ。

チャービル（写真提供　藤目幸擴）

セリ科の一、二年草で、草丈は五〇～六〇cm。涼しい気候を好み、半日陰で育てたほうが柔らかい葉が得られる。秋に発芽して越冬し、低温に感応して花芽分化すると思われる。春に抽台して六～七月に開花する。

発芽温度は一〇～一六℃で二週間くらいかかる。生育の温度は七～二一℃。春まき（三月中旬～四月下旬）でも、秋まき（九月下旬～十一月中旬）でも可能だが、秋まきのほうが、株がしっかりする。

畑　土質は選ばないが、排水性がよく乾燥しないところが望ましい。鉢植えでもよい。

種まき　移植すると根が傷みやすいので、畑に直まきする。条間、株間二〇～三〇cmで点まきにする。セリ科の種子は好光なので、ごく薄く覆土しておく。種は多めにまいて、間引きするほうがよい。

収穫　種まき後、二か月後くらいから始められる。新しい茎葉を随時摘み取る。

アカザ科

ほうれん草

ほうれん草の原産地は、西アジアの東部（イラン地方）とされている。菠薐（ほうれん）とはペルシャの意。七世紀ころに中国に伝播し、華北を中心に東洋種が発達した。ヨーロッパへは一一世紀ころにもたらされ、西洋種が発達した。日本へは、東洋種が一七世紀、西洋種は一九世紀に伝来した。

アカザ科の一、二年草で、自然状態では秋に発芽して越冬し、春に抽台、開花する。種子は三か月ほど休眠する。発芽の温度は四～

三五℃で、適温は一五～二〇℃。生育の適温は一〇～二〇℃で、暑さに弱い。二三～二五℃以上で生育が悪くなる。耐寒性は強く、マイナス一〇℃でも枯死しない。

ほうれん草の栽培は、若どりして周年で作付けられている。春～夏まきで三〇日、秋まきでは五〇日くらいで収穫できる。ただし、長日下で花芽分化し、幼苗ほど、低温ほど感応しやすい。また、品種によって日長反応が少し異なる。東洋系品種では、もっとも花芽分化しやすいのは、日長一二～一三時間のときである。いっぽう、西洋系品種は高緯度に適応したためか、一四～一六時間の日長下で花芽分化する。抽台が早い東洋種は、春～夏まきに向かず、夏まきの限界は八月二〇日以降である。

ほうれん草は、酸性土壌をとくに嫌う。適正pHは六・三～七・〇で、pH五・五以下のところでは生息できない。

おもな品種は以下のとおり。

東洋系品種　葉は三角形で薄く、欠刻がある。株元の赤色が濃い。抽台が早いのでおもに秋まき用に使用されている。日本在来種、東湖、満州耐寒など。

西洋系品種　葉は楕円形で厚く、欠刻は少ない。抽台が遅く、春～夏まき用に向く。ホーランディア、ブリックリーウィンター、ピロフレー、ミンスターランド、ロングスタンディング、ノーベル、キングオブデンマーク、バイキングなど。

雑種系品種　在来種と西洋系品種との自然交雑から選抜されたもの。抽台は比較的早く、おもに秋まきされているが、早春まきや夏まきもできる。治郎丸、豊葉、若草、ぬくしな、新日本、理想など。他に一代雑種がある。

ほうれん草の作型

作型	種まき	ポイント
春まき	3～5月	温暖地では3月、寒冷地では4月から露地栽培が可能。5～6月まきは抽台しやすいので、品種に注意する。4月以降は害虫が多くなるので、不織布や防虫ネットで覆う
夏まき	6～8月	梅雨時期は、トンネルで雨よけにする。夏季の高温期は寒冷紗で遮光する
秋まき	9～11月	基本の作型で栽培しやすい。晩秋からの低温期は不織布やトンネルで保温する。
冬まき	12～2月	温暖地ではトンネルやハウスで栽培できる

畑　苦土石灰、堆肥を施して耕うんしておく。元肥を施用して、幅一〇〇～一二〇cmのうねを立てる。排水のよくないところや雨の多い時期は高うねにする。

種まき　条間二〇cm、株間三～四cmで条まきにする。一～二cm覆土して軽く鎮圧しておく。本葉二～三枚のころ、密集しているところを間引きする。

被覆　低温の時期はトンネル被覆し、雨が多い時期は雨よけにするとよい。また、高温期は寒冷紗で遮光する。不織布などで、べたがけやトンネルがけすれば、温度が安定し、雨や害虫を防げる。栽培期間が短いので追肥は必要ない。

収穫　草丈が二〇cmになった株から順次収穫する。

寒じめほうれん草を地元の人へ

加藤忠司

東北地域にも多くのハウスが存在する。しかしこれらの多くは冬期の利用率がきわめて低い。いっぽう、盛岡市場における県内産野菜の取扱い量を見ると、ほうれん草は四月から十月にかけては五〇%を超すが、厳寒期の一、二月は五%程度ときわめて少ない。小松菜も似たようなもの。

冬期の地元産野菜の生産量を大幅に上げたいものだが、そのためには眠っているハウスを活用することである。寒い冬期のハウスでも、溝底に播種し、べたがけ資材を使えば野菜生産は無加温でもらくらく可能である。そして収穫前に、冷たい外気にさらすのだ。

糖もビタミンも大幅アップの〝寒じめ〟

ほうれん草を冷たい空気にさらすことを〝寒じめ〟と呼んでいるが、寒じめほうれん草は葉が厚く、姿は開張型になる。時には凍害を受けて葉柄が破裂したり、凸凹症状を示す。このようなほうれん草は、市場価値はまずないと思われる。しかし冬の冷たい空気にさらすことで、栄養価は著しく高くなる。

寒じめによってなぜ糖・ビタミン類が大幅にアップするのであろうか。冬野菜が霜に当たれば甘くなることは、農家の人には常識である。これは野菜が寒さに耐えるために葉の水分を減らし、糖を増加させるためである。ビタミンも糖から作られるので増加する。

外気にさらしはじめると糖は急速に増加し、閉め切ったハウスの二倍に達する。冬から春先にかけて寒じめほうれん草が甘いと感じるのはこのためで、二〜三月がとくに顕著である。

ビタミンについても同じで、真冬には閉め切ったハウスでも温度が下がり、ビタミンC、ビタミンE、β-カロテンのいずれも増加するが、ハウスを開放して外気にさらした寒じめほうれん草のほうが明らかに多くなる。また寒じめほうれん草は水分が著しく少なくなるのでミネラルも大幅にアップする。このようなことは小松菜やほかの葉菜でも程度に差はあるが同様である。

九五年二月に関東産、盛岡の農家の密閉ハウス産、寒じめの三種類のほうれん草の栄養価を比較した。その結果、閉め切ったままのハウスでも関東産品より栄養価は高くなるが、寒じめによって一段とアップすることがわかった。さらに付け加えるならば、β-カロテンの量は並みのニンジンよりずっと多くなる。

前にシュウ酸が問題になり、ほうれん草の売上げが落ちたことがある。シュウ酸はマイナスの成分だが、このシュウ酸も寒じめによって若干少なくなる。このように寒じめはよい成分を高めるいっぽう、悪い成分は少なくするので中身の品質を高めるには極めて有効

寒じめほうれん草のつくり方（東北寒冷地）

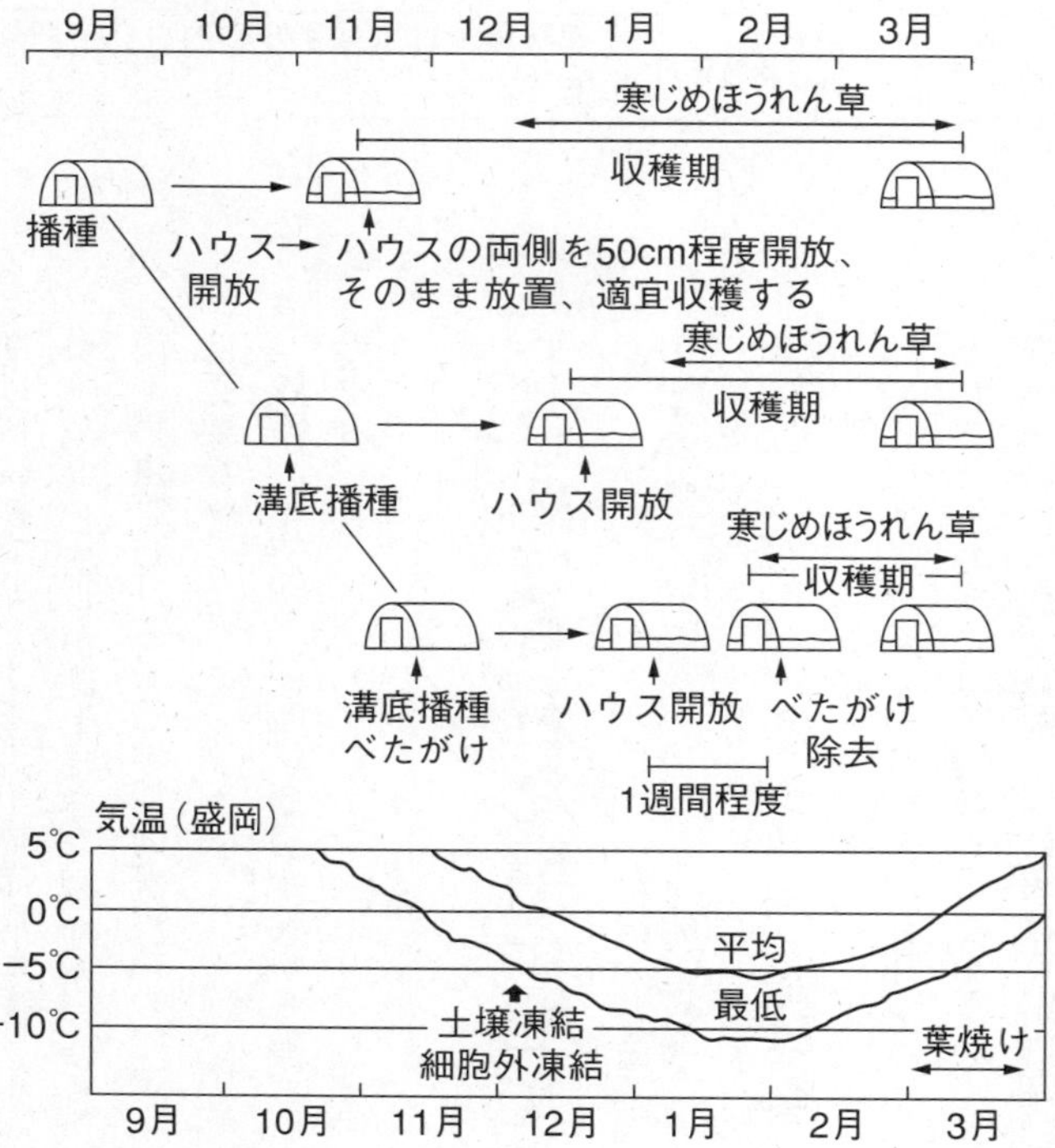

（写真提供　赤松富仁）

な方法である。

開けっ放しでほっとけばいい寒じめ

寒じめ栽培法はきわめて簡単である。ほうれん草について示そう（図）。平均気温がおよそ五℃を下回る時期に、出荷可能な大きさに育つようハウスに播種する（盛岡なら九月下旬頃以降）。施肥や管理は通常どおり。温度が低くなれば溝底に播種し、べたがけをして生育させる。収穫可能な大きさに育ったら、ハウスの両袖や出入り口を開放し、外の冷たい空気が自由に吹きぬけるようにする。

この状態のまま何もせず昼夜かまわず放置すればよい。ほうれん草はおよそ五℃より低くなると伸長を停止するので、三月上旬頃までいつ収穫してもよい。

外気にさらすと姿は徐々にタンポポのような開張型になり、一月から二月下旬にかけて中身の品質は最高になる。ただ低温によって葉柄の凹凸が生じ、時には破裂することがある。このような形態的特徴は高品質の証として逆に利用すればよい。同時にこの特徴は消費者が高栄養ほうれん草を選ぶ際の目安になる。

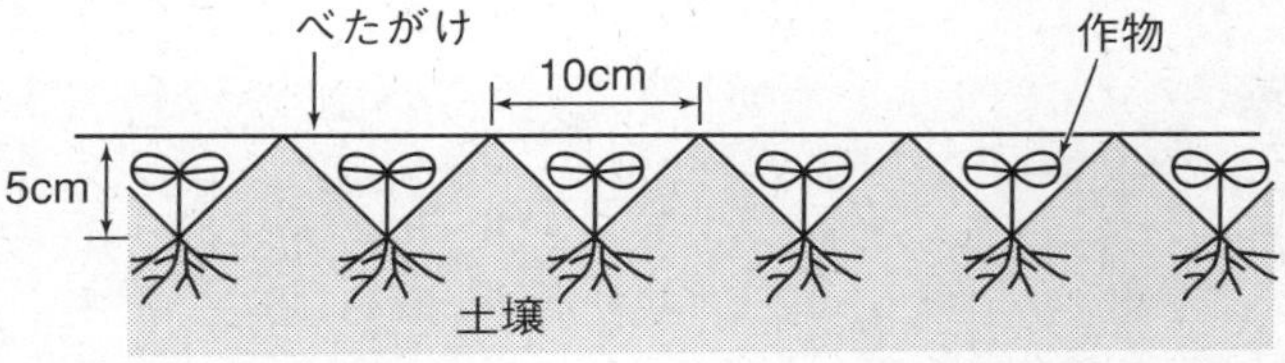

溝底播種　溝を掘って種をすじまきし、不織布などをべたがけする。溝の底は、冬は暖かく、夏は涼しい

ほうれん草以外でもＯＫ

小松菜も同じように外気を利用して品質を高めることができる。小松菜は、ほうれん草より低温でも伸びやすいので、寒じめの期間は短くなる。また低温障害を受けやすいので、ほうれん草のように一気に冷たい外気にさらすことはやめて、べたがけをしたまままずハウスを開放して冷たい外気を導入し、一週間程度低温に慣らしたのち、べたがけを除くようにする。

まず地元の消費者から始めよう

栄養価が二倍の商品を地域住民に提供すれば、消費者は同じ値段で二倍の菜っ葉を買ったことになる。すなわちビタミンなど栄養成分を二倍食べたことになり、地域の人たちの健康維持に大いに貢献することになる。まずは、Ａコープや地元のスーパーに寒じめ野菜のコーナーを設け、地元消費者への提供から始めようではありませんか。

（野菜・茶業試験場）

一九九六年一月号「寒じめ」で、糖度・ビタミンアップの健康野菜を地元の人へ

アカザ科

不断草・チャード

不断草とチャードは、葉を食用にするビートの仲間で、アカザ科フダンソウ属の一、二年草。ビートの起源は地中海沿岸で、もとは野生種のハマフダンソウを薬草として利用していた。ギリシャ、ローマで栽培されるようになり、これが東方に伝播したのが不断草である。日本には中国より伝来し、唐萵苣（トウヂシャ）の名がある。江戸時代にはかなり栽培されており、近縁種であるほうれん草よりも、夏季の栽培が容易なことから不断草、あるいは普段草の名がついたといわれている。岡山ではアマナ、長野ではトキシラズ・キシャナ、兵庫のシロナ、京都のタウヂサ、大阪のウマイナ、島根のオホバコヂサなど多くの呼び名がある。ただし、現在ではほとんど忘れられている。

いっぽう、ヨーロッパで葉を食用とするビートがチャードで、不断草にくらべて葉が大きく、縮れている。葉柄が赤、黄、白のスイスチャードが、近年、日本にも紹介されている。また、ビートには、根を食用にするビーツ、砂糖用の甜菜《てんさい》（シュガービート）がある。

発芽の最適温度は二五℃とされるが、九℃～三五℃でも発芽する。生育の適温は一五～二〇℃だが、ほうれん草に比べると耐暑性がかなり強く、日本の夏の暑さにも耐える。耐寒性もあり、温暖地では越冬栽培ができる。春の長日と高温に感応して花芽が分化し、抽台、開花する。

レッドチャード　1月13日カリフォルニア（撮影　本田進一郎）

収穫は、ある程度大きくなった株の外葉を順次かきとるか、株ごと若どりする。生育適温の春まきや秋まきでは、かきとって長く収穫し、早期抽台しやすい夏季は、若どりがよい。

栽培しやすいのは秋まきで、九月～一〇月上旬に種まきして、年内に収穫を始められる。そのまま休眠、越冬させて、翌春の三～四月に再び収穫する。春まきは四月に種まきして、六月ころから収穫する。夏まきでは七～八月に種まきして、八～九月に収穫する。

土壌は、粘質壌土を好み、pH六～六・六の範囲でよく生育する。

畑に堆肥、苦土石灰を施して耕うんする。元肥を施して混和し、幅一mくらいのうねを立てる。

種まき　条間二〇cm、株間三～四cmで条まきし、間引いて株間二〇cmにする。あるいは、条間、株間二〇cmで点まきして、間引いて一本立ちにする。かき取り収穫するときは、株間三五～四〇cmくらいがよい。

追肥　若どりでは追肥しなくてもよいが、長期に収穫するときは様子をみて追肥する。

アカザ科

ビーツ

根が蕪のように肥大するビートで、テーブルビート、ガーデンビート、火焔菜《かえんさい》、錦大根《にしきだいこん》、赤ビートなどの呼び名がある。葉を利用するチャードから、根が肥大するものが分化したと考えられている。さらに、ビーツが西ヨーロッパやロシアに広がり、一八世紀に砂糖用の甜菜（シュガービート）が成立した。日本へは一八世紀に渡来したが、大根、蕪があったせいか、ほとんど普及しなかった。

葉はサラダなどで、根はサラダ、煮込み、甘酢漬で食す。とくに、ロシアのボルシチに欠かせない。

秋に発芽して生長し、若い株で越冬する。低温と長日で花芽分化して、春に抽台、初夏のころ開花する。生育適温は一五～二〇℃で、二三℃以上では生育が悪くなる。耐寒性は強く、西日本なら露地でも越冬できる。花芽は、一三℃以下の低温に二～四週間遭遇するとできる。また、その後の長日によって促進される。低温に遭遇しても、長日下でないと抽台しない。根の収穫適期は、早生種で五〇日、晩生種では一五〇日くらいかかる。

土質は選ばないが、腐植分の多い排水のよい畑が望ましい。土壌pHは五・八～七が適し、五・〇以下の酸性土壌では生育できない。

栽培方法は、不断草に準ずる。

ビーツ　1月13日カリフォルニア（撮影　本田進一郎）

シソ科

ローズマリー

シソ科ロスマリヌス属に属する常緑低木で、地中海沿岸～小アジアが原産とされる。海岸の近くに自生することから、ラテン語でロスマリス（海のしずく）と呼ばれた。葉は肉や魚料理のにおい消し、エッセンシャルオイル、ハーブエキスなどに用いられる。

耐寒性、耐暑性は強いが、高温多湿では生育が劣る。一年を通して乾燥を好む。日当たりと風通しのよい軒下などが適している。土壌の適応性は高い。

挿し木　実生でも栽培できるが、挿し木で増やすほうが、品質が安定する。春か秋に、若い枝先を七～八cm切り取り、下の葉を半分くらい落とす。数分間水揚げして床かポットに挿す。水やりしながら半日陰で一か月くらい発根させる。ポット（九cm）に鉢上げして、日当たりのよいところで、乾燥ぎみに育苗する。

種まきするときは、四月ころに、播種床にまく。草丈三～四cmのころポットに鉢上げして育苗する。

定植　草丈一〇cmくらいまで育ててから定植する（六月ごろ）。株間四〇～五〇cmにする。

収穫　定植して六か月くらいすぎたころから、少しずつ葉を収穫できる。収穫した茎葉は日陰で乾燥させる。

二年目以降は、春先に株の周囲を中耕して、堆肥などを施す。梅雨と秋雨の前に、枝を間引きして風通しをよくする。

ローズマリー（撮影　本田進一郎）

シソ科
タイム

シソ科ティムス属の常緑小低木で、ユーラシア大陸、北アフリカに自生している。すがすがしい芳香をもち、殺菌効果があるので、古代エジプトでは防腐用に使われていたという。古代ギリシャでも肉料理や香料、薬用などさまざまに利用されていた。

耐寒性、耐暑性とも強く、気候への適応力は高い。日当たりがよく、比較的乾燥した土壌を好む。草丈は三〇cmくらい。

コモンタイム　もっとも一般的な品種。香りが強いイングリッシュ系とマイルドな香りのフレンチ系がある。

レモンタイム　レモンの香りがし、料理に用いられる。

クリーピングタイム　ほふく性で、地面をはうように生育する。香りはやや弱い。

ドーンバレータイム　ほふく生で、レモンの香りが強い。

種まきの適期は三～四月。播種床にばらまきして、薄く覆土しておく。日当たりがよいところにおいて、一五～一六℃で管理する。

タイム（写真提供　藤目幸擴）

混んだところを間引いて、本葉五～六枚でポットに鉢上げする。最初からポットに点まきしてもよい。

定植は、草丈一〇cmころで、株間三〇～三五cmで植え付ける。

株分けすれば、早くから収穫できる（三か月）。四月ころ、三～四年生の株を掘り上げて、三～四個に分割し、定植する。

収穫　実生から育てた場合、一年目の収穫はごくわずかにしておく。二年目以降は、茎葉を随時収穫できるが、六～七月のころがもっとも香りが高い。四年ほど続けて収穫できる。様子を見て、必要なら五～七月ころに追肥する。

Part 3

中央アジア起源の作物

中央アジアは、インド、西アジア、中国の古代文明の中間に位置する。昔から人、物、文化、そして作物が往来してきた。中央アジア起源の作物の代表的なものにはメロン（食用）、ねぎ属、にんじんなどがある。雨季と乾季があるステップ気候、あるいは夏に乾燥する地中海性気候に適応した植物から作物が発達した。

玉ねぎのピザ　フライパンで玉ねぎの両面をさっと焼き、天板に並べる。ベーコン、ピーマン、マッシュルーム、ナチュラルチーズ、ケチャップなどの具をのせて、焦げ目がつくまでオーブンで焼く（撮影　小倉かよ）

ユリ科

ねぎ（葱）

ネギ属の植物は約三〇〇種あるとされ、北半球の温帯から寒帯にかけて広く分布している。栽培されているおもなネギ属は、ねぎ（葱）、玉ねぎ（玉葱）、にんにく（葫）、にら（韮）、わけぎ（分葱）、らっきょう（薤）、リーキ（leek）、エシャロット、あさつき（糸葱）などである。

ねぎの野生種は見つかっておらず、その起源は確定していない。中国ではパミール高原を「葱嶺」と呼び、古来よりパミール高原や天山山脈周辺にはネギ属が豊富に分布していたことがうかがえる。現在でも、ねぎの近縁種やにんにくの野生種が、アルタイ山脈やカザフスタン東部、キルギスなどの、冷涼で乾燥したステップ帯に自生している。こうしたことから、栽培ネギ属の起源は、中央アジア北東部から、中国北西部、南シベリアにかけての高原地帯ではないかと考えられる。

植物の性質からすると、ねぎ、リーキは冬季に休眠する性質があり、寒冷地に適応している。いっぽう、玉ねぎ、にんにくなどは地下茎が肥大し夏季に休眠する。すなわち、夏季に乾燥する気候に適応した種類と見ることができる。また、にら、らっきょうは花芽分化にあまり低温を必要とせず、おも

ネギ属植物の花房分化、抽台、開花期の比較（八鍬）

休眠性 ＼ 花房分化	冬休眠 低温短日により 休眠（または休眠なし）	夏休眠 長日により鱗茎形成， 休眠に入る
低温，短日により花房（花芽）分化	ネギ，ヤグラネギ，リーキ	タマネギ，ニンニク，アサツキ（リーキの側球）
長日により花房（花芽）分化	ニラ	ラッキョウ，シャロット
抽台ほとんどなし	ネギの不抽系品種	ワケギ，ニンニクの米国種

ねぎのおもな品種（農業技術大系野菜編　小島昭夫）

基本的品種群	生態型（生殖特性）	おもな用途	細分類品種群	代表的品種
加賀	夏ネギ型	根深	加賀	金沢太，余目，源吾，松本一本太
			下仁田	下仁田
		葉ネギ	岩槻	岩槻，慈恩寺，藤崎在来
	（不抽台性）	根深	坊主不知	坊主不知
千住	冬ネギ型	根深	千住黒柄	黒昇，吉蔵，元蔵，越谷黒，長宝，東京夏黒
			千住合黒	石倉，東京冬黒，西光，長悦
			千住合柄	砂村，尾島，金長，西田，湘南
			千住赤柄	玉喜
九条	冬ネギ型	根深／葉ネギ	越津	越津黒柄，越津合柄
		葉ネギ	九条太	九条太
			九条細	九条浅黄，奴，観音
	（不抽台性）	葉ネギ	三州	三州，ワケネギ，夏ネギ*
その他	（やぐら性）	葉ネギ	ヤグラネギ	ヤグラネギ
	（晩抽性）	根深	晩ネギ	汐止晩生，吉川晩生太，三春

注　＊夏ネギ：長崎市や鹿児島県種子島で栽培されている品種で，生態型用語としての「夏ネギ型」と直接の関係はない

に長日条件で分化する。

ねぎは多年草で、初夏のころ花茎がでて、開花し（ねぎ坊主）、種子をつける。種が成熟すると地上部は枯れるが、花茎の付け根に葉芽ができて、新しい株になる。

夏ネギ型品種は、晩秋に至ると、低温のために生長が停止し休眠状態に入る。冬季は地上部が枯れて、残った株が越冬する。夏ねぎは、東北や北陸地方の在来品種に多い。

冬ネギ型品種は、冬季に休眠せずゆっくり生長をつづける。暖地では冬でも収穫できる。耐寒性は強くなく、寒地では冬季に枯れてしまうため、一年ねぎとも呼ばれる。九条ねぎ、千住ねぎが代表的。この他に、夏ねぎと冬ねぎの中間型の品種がある。

発芽の適温は一五〜二五℃で、一℃以下、三三℃以上では発芽しない。低温のほうが発芽しやすい。生育適温は二〇℃前後で、耐寒性、耐暑性は品種によってかなり差があり、シベリアで越冬する品種や熱帯でも生育する品種がある。一般に、寒冷地や低温期に生育したほうが、葉が軟らかく、甘くなる。

ねぎの花芽は、あるていど大きくなった苗（直径五㎜以上）が、七℃くらいの低温に遭遇すると分化する。短日条件下で促進され、ふつうは十月〜一月に花芽分化する。春の高温長日下で花茎が抽台するが、ねぎの場合は、と立ちしてもそれほど品質が悪くなるわけではない。ただし、結実したままにしておくと、株が衰弱するので抽台した花茎は早めに切りとる。

土壌への適応性は高く、pH五・七〜七・四で正常に生育する。根の酸素要求は高いほうで、排水のよい畑がよい。湛水するようなところでは枯死する。

根深ねぎの作型

作型	種まき	定植	収穫	品種
秋冬どり	4月上〜5月上	6月中〜7月中	11月上〜3月下	吉蔵、元蔵、金長、越谷黒一本、冬扇一本、宏太郎、西田、長悦
春どり	5月下〜6月下	7月下〜8月下	3月中〜4月下	春川おく太、春川1M、元晴晩生
夏どり	12月	3月	7〜8月	長宝、吉蔵、夏扇、錦蔵

埼玉県深谷市で開発された根深ねぎの定植方法

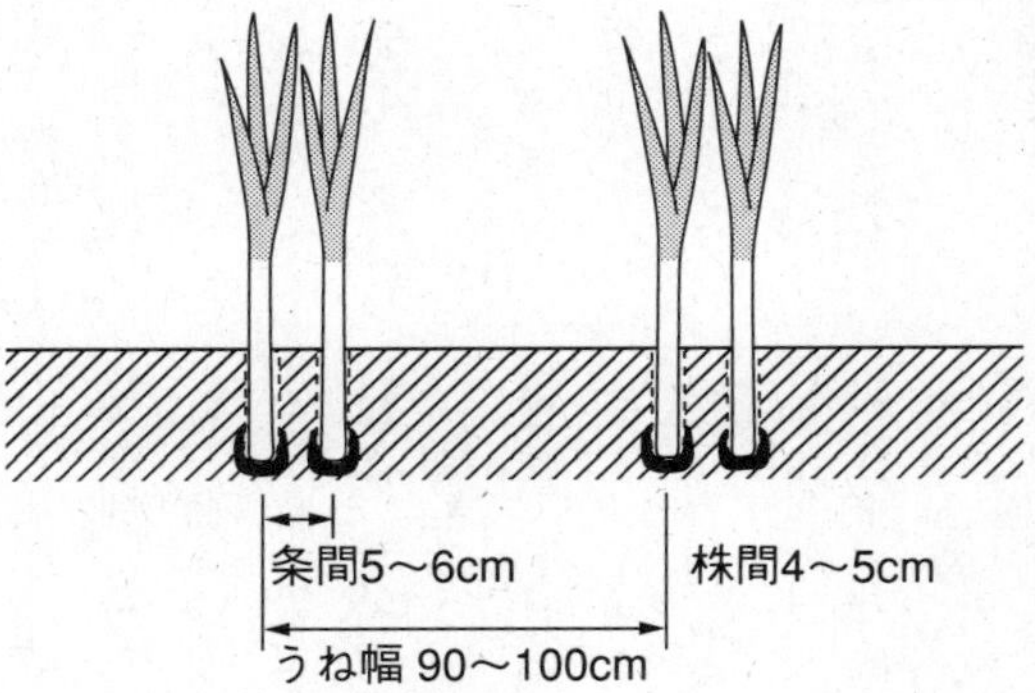

根深ねぎの栽培

育苗　ねぎの育苗には地床、連結ポット、セル成型苗などの方法がある。地床の場合は、堆肥、石灰、元肥を施して播種床をつくる。うね幅一〇〇〜一二〇cmでうね立てし、条間一三cmくらいでまき溝をつくる。種子間隔一cmで条まきし、覆土して鎮圧しておく。混み合っているところを間引いて、六〇〜九〇日間育苗する。早春の低温期は、トンネルがけする。

定植　草丈二五〜三〇cmの苗を植えつける。本圃に直径一cm、深さ一〇cm、株間四〜五cm、条間五〜六cmの二条千鳥に植え穴をつくる（図）。うね幅は九〇cmくらいにする。穴に苗を一本ずつ植えつける（図）。

土寄せ　三〜四回株元に土寄せし、軟白部分をつくる。同時に、追肥と中耕を行なう。

葉ねぎ（九条系）の栽培

育苗　播種床に堆肥、苦土石灰、元肥を施し、うね幅一二〇cmでうねを立てる。四条にまき溝を切って、十分にかん水し、条まきする。薄く覆土して鎮圧し、もみがらで覆う。二〜四月の低温期は、トンネル被覆する。

定植　採苗は、播種後四〇〜六〇日、草丈二〇〜三〇cmが目安。うね幅一二〇cmで三条植え、一五〇cmでは四条植えにする。株間一〇〜二〇cmで、一株五〜一〇本ずつ植え付ける。定植後は十分かん水しておく。

かん水、追肥　夏季の高温期には適宜かん水する。土寄せ、追肥、中耕は一〜三回行なう。

おもな品種は以下のとおり。

九条太　耐暑性は強くない。抽台が遅く、秋まき春どり栽培に適する。良品質。

浅黄系九条　耐暑性が強い。分けつは多く、中〜細ねぎ栽培に向く。軟らかく品質は良い。

黒千本　耐暑性は強い。周年栽培が可能だが、初夏〜秋どりに向く。

堺奴　耐暑性が強く、夏どりに適する。分けつは多く、抽台が早く耐寒性は弱い。

小春　低温時によく生育し、秋〜春どりの中〜細ねぎに適する。

九条ねぎ（露地栽培）の作型

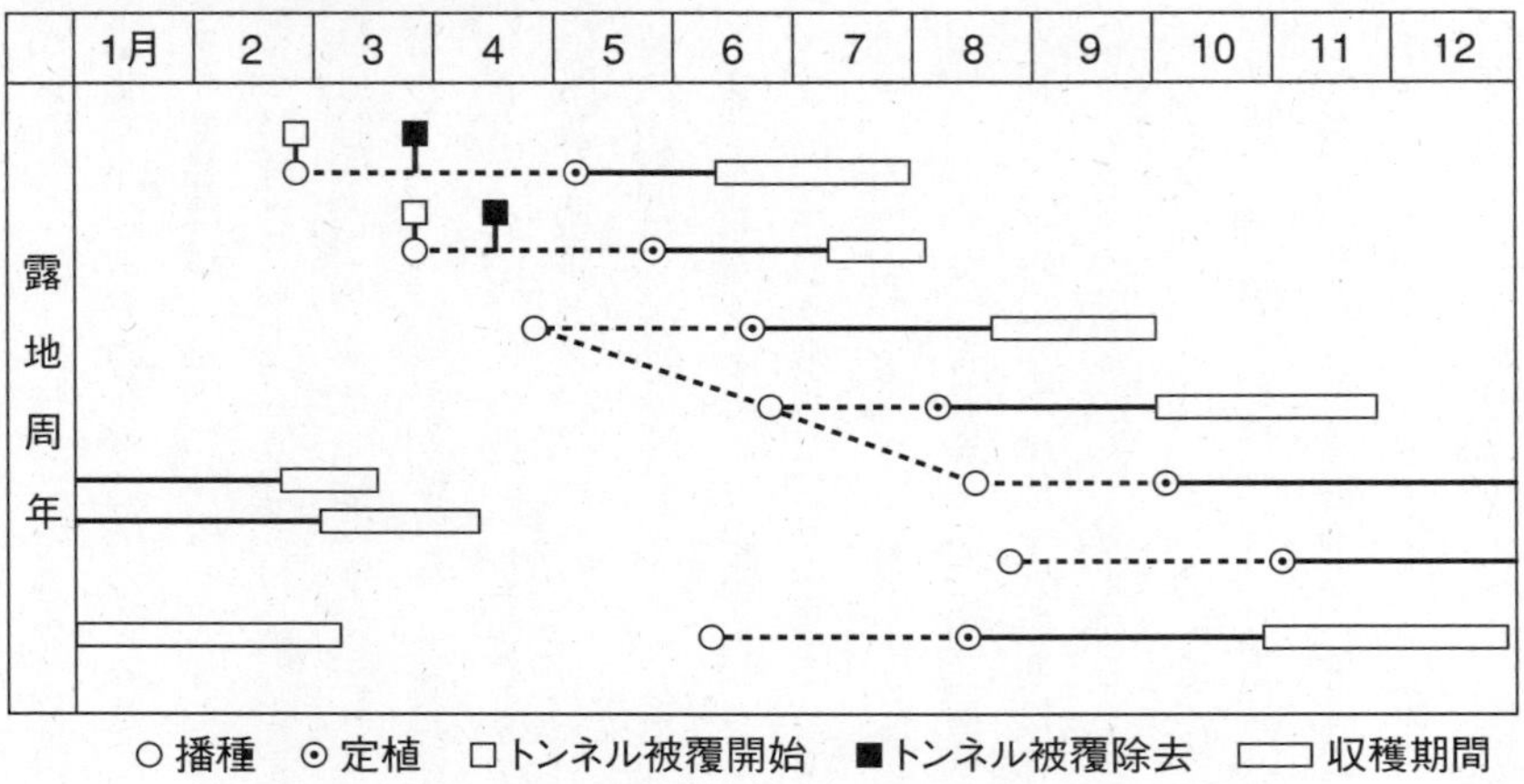

追肥の要らないねぎ、収量二倍の馬鈴薯のつくり方

広島県　小野敏雄

五年ほど前に圧迫骨折で稲づくりができなくなりましたが、健康を維持するために野菜づくりだけはやっております。丸い木製のイスを畑に持ち出して、時々腰掛けて休みながら、あらゆる野菜をつくっています。少しでも皆様の役に立てればと思い、その中で二つほど、私特有のつくり方をお知らせします。

ねぎのつくり方　私はねぎを三月上旬に播種、七月頃植え替え、八月頃に本植えします。本植えの際は白い部分をできるだけ長く育てるため、できるだけ深く溝を切って苗を三本ずつ一〇cm間隔くらいで並べていきます。そしてそのすぐ横に並行して長さ一mのスジをつけ、乾いた鶏糞を三五〇〜四〇〇g、ぬかボカシ（土着菌や市販の微生物などを培養したもの）、菌の活動を促す米ぬかを撒いて埋めます。五〇〜六〇cmの間隔を置いて同じように肥料を入れるスジをつけていきます。この作り方なら後から肥料はいっさい要りません。しかも甘くてやわらかいねぎができます。

馬鈴薯のつくり方　馬鈴薯は土壌がアルカリ性であると、そうか病などの病気

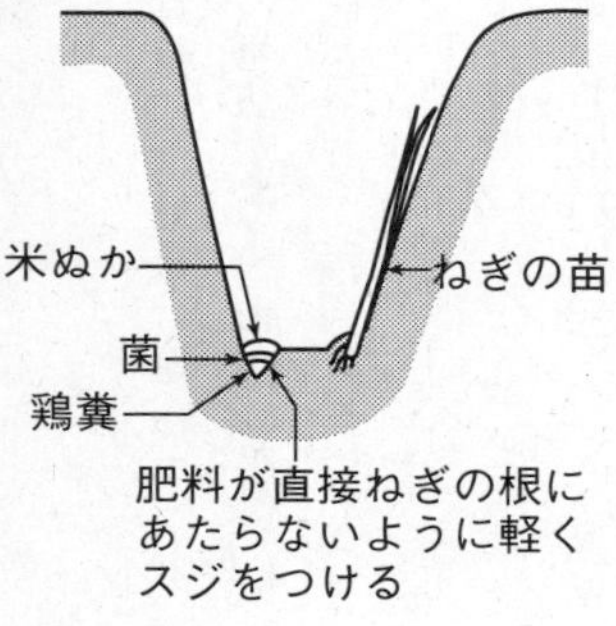

が出て健全に育ちません。鶏糞、油かす等の有機質を使用すると土がアルカリ化しやすいため、私は化成肥料を使用しております。

まず普通に種芋をうね幅八〇cm、株間四〇cmに植え付けます。このときうね幅は八〇cm以下にしないことが大切です。

発芽がそろったら、その芽が完全に隠れるくらいの土をかけます。その表面に化成肥料を粒がびっしり並ぶくらい十分に撒きます。さらにその上にまた五～六cmの土をかけるので、うねの高さは四〇cm以上の高さになります。土で埋めた芋の芽は、伸びてうねの上に出てから生長します。その際肥料の影響はいっさいありません。

このやり方ですと、芋は必ずうねの上のほうに集中してつき、常に乾いた土で大きくなります。そのため、芋の味は非常によくなり、くず芋が少なく、普通のやり方の二倍はできます。

私は五〇年以上前からこの方法です。

二〇〇六年三月号

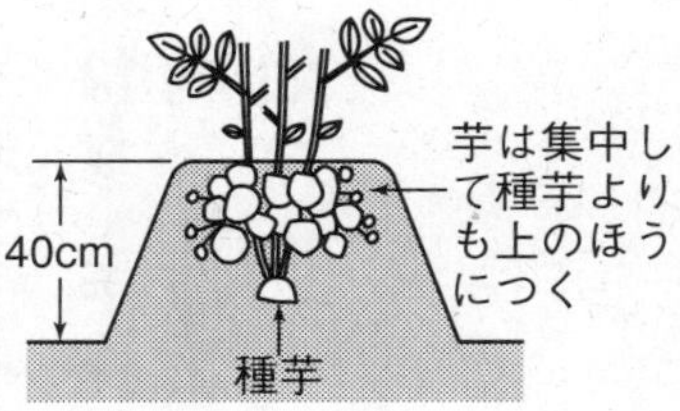
芋は集中して種芋よりも上のほうにつく
40cm
種芋

ユリ科
わけぎ（分葱）

わけぎは、ねぎとシャロットの交雑種とされている（シャロットは玉ねぎの変種で、小さい鱗茎がたくさんできる）。中国では七世紀ごろに記録があり、華南から東南アジア諸国で栽培が多い。葉、花茎、鱗茎も利用される。

日本には一〇世紀以前に渡来し、西日本で

わけぎ（撮影　小島昭夫）

わけぎの作型

作型	植え付け	収穫	ポイント	品種
春どり	9月上～10月上	3～4月	早生種は鱗茎が3月上旬にできるので、鱗茎肥大のおそい晩生種を利用する。	木原晩生1号、長崎大玉
秋どり	7月下～8月下	9～10月	敷わらなどで乾燥を防ぎ、適宜かん水する。高温期は寒冷紗で覆う	
初冬どり	8月下～9月上	11月上～12月下	栽培は比較的容易。低温に強い品種を選ぶ	木原早生、寒知らず

ねぎ―手作り竹酢で赤さび病から復活、稲のいもちも治る

馬場裕一

岐阜県中津川市でシクラメンや稲、自家用野菜などを栽培している足立兼一さんは、ねぎに赤さび病が出たときには、必ず竹酢を利用しています。手作りの竹酢を一〇〇倍くらいの濃い倍率で三日おきに三回ほど散布すれば、ほぼ一〇〇％赤サビは治ってしまうそうです。

また、田んぼでいもち病が出てしまったときも竹酢をまきます。三〇〇ℓのタンクに竹酢四升と三五度の焼酎一升、黒砂糖を一kg入れて、タンクがいっぱいになるくらいの水で薄めたものが一反分の量です。これをまけば、いもち病も一発で止まってしまうそうです。

二〇〇四年十一月号　あっちの話こっちの話

多く栽培される。軟らかく食味がよい。

日本の在来種はほとんど抽台、開花しないので、繁殖は鱗茎で行なう。秋に萌芽してさかんに分けつしながら伸長する。晩秋～冬季の低温期は生育が衰える。春に再び分けつ、伸長しはじめる。早生種は三月中旬に鱗茎が肥大して、四月中旬に倒伏、休眠に入る。晩生は四月上旬に肥大、五月上旬に倒伏する。

生育の適温は一五～二〇℃で、一〇℃以下では生育が悪くなり、五℃以下では停止する。

種球は、風通しのよいところに貯蔵しておく。半日ほど日光にあて、手でもんで外皮をはずす。小球は二～三個ずつ、大球では一個ずつ分割する。

畑に堆肥、苦土石灰、元肥を施用して深耕し、うね立てする。わけぎの根は肥やけしやすいので、元肥は少なく、追肥を多くする。

植え付け　期間の短い秋どりでは条間二五～三〇cm、株間一五～二〇cmにする。初冬どりと春どりでは条間六〇cm、株間二〇～三〇cmとする。種球の上部四分の一を土の上に出して植える。

追肥、かん水　一回目の追肥は草丈が一五～二〇cmのころ。その後二週間おきに追肥する。除草と中耕を兼ねてかるく土寄せする。夏の高温時には、かん水して土の乾燥を防ぐ。

収穫　草丈が四〇cmくらいになったら、順次抜き取る。

ユリ科

玉ねぎ（玉葱）

玉ねぎの原産地は、北西インド、アフガニスタン、タジク、ウズベック、カザフスタンなど中央アジアと考えられている。紀元前数千年前から食用とされた形跡があり、西アジア、古代エジプト、ギリシャ、ローマ時代には記録が残っている。ただ、中国には広がらず、日本に紹介されたのは十九世紀である。

自然の状態では、秋に萌芽して生長しながら越冬し、春に急激に生長して、球が肥大する。肥大が進むと、根の生長は衰え、五月下旬には地上部も衰えて、やがて倒伏する。初夏のころに球は休眠に入る。

発芽の最適温度は一五～二五℃で、最低四℃、最高三三℃とされる。生育途中で、一〇℃前後あるいはそれ以下の低温に一定期間に遭遇すると花芽分化し、抽台をはじめる。そして、長日の刺激がつづくと、結球が始まる。最終的な球の大きさは、結球開始時の苗が大きいほど大きくなる。ただし、大苗ほど低温に感応して抽台しやすい。そこで、大き

な球を収穫するときは、結球開始時に、抽台しないぎりぎりの大きさの苗を育てることが必要となる。

肥大開始に必要な日長時間は品種によって異なり、晩生ほど長日を必要とする。すなわち、早生品種ほど小球に、晩生品種ほど大球となる傾向がある。また、体内窒素が高いと結球開始が遅れるので、結球を早めたいときは、窒素が遅効きしないようにする。生育に適した土壌pHは六・三～七・八で、酸性を嫌う。

種まき　播種床に条間六～八cmでまき溝をつくり、一cm間隔で条まきする。五mmくらい覆土して鎮圧し、十分にかん水する。こもなどを上に敷いておく。本葉二枚のころ混んだところを間引いて、株元に土寄せする。乾燥ぎみに管理して五五～六〇日間育てる。

定植　本圃にうね立てして、条間二〇～三〇cmで植え溝を掘る。目標とする苗の大きさは、茎の直径六mmで、五～六g。葉鞘の二分の一の深さで植える。深すぎると腐りやすく浅すぎると乾燥しやすい。

追肥は、早生種は一月上旬と二月中旬、中・晩生種は十二月、二月、三月の三回。乾燥がひどいときは適宜かん水する。

収穫が近づくと、自然に茎葉が倒伏する。

玉ねぎの一生（農業技術大系　野菜編　加藤原図）

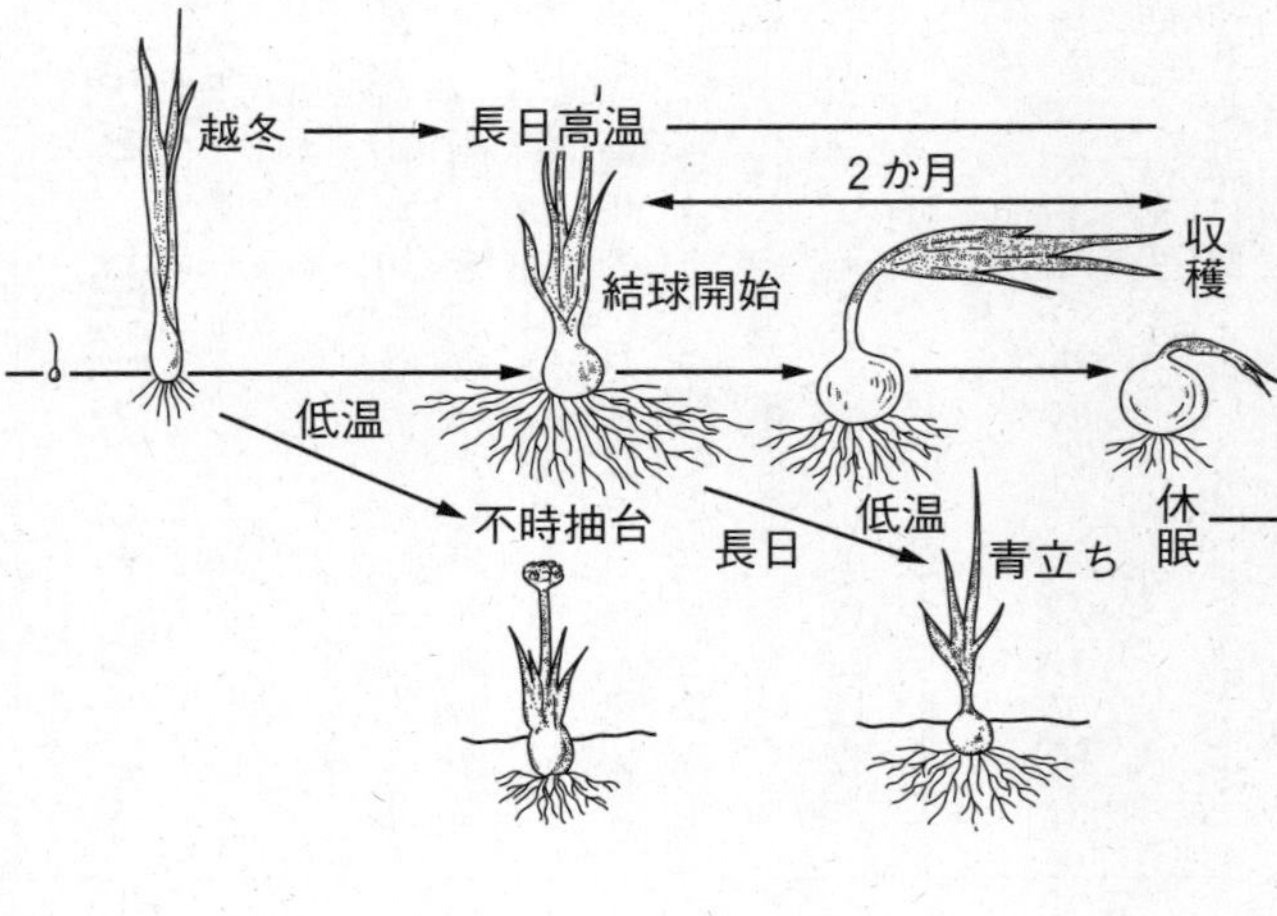

玉ねぎの作型

品種	種まき	定植	収穫	地域
極早生	8月下～9月上	10月下～11月上	3月	暖地
早生	9月上～中	11月中	4月	暖地、中間地
中生、中晩生	9月下～10月上	11月下～1月下	5～6月	
中晩生	9月下～10月上	11月下～12月上	5～6月	
中晩生	8月中～下	10中～下	7月	寒冷地

玉ねぎの種まき

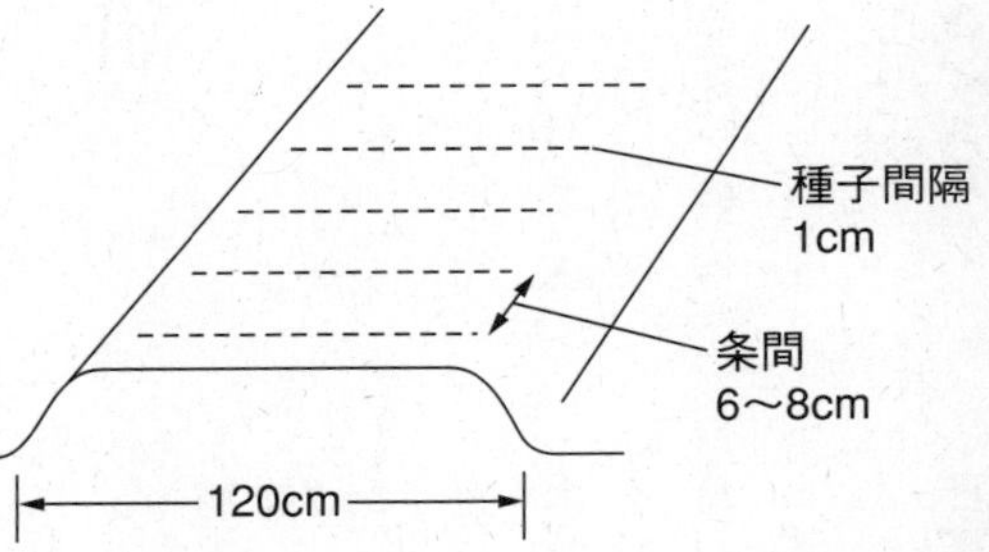

玉ねぎの定植

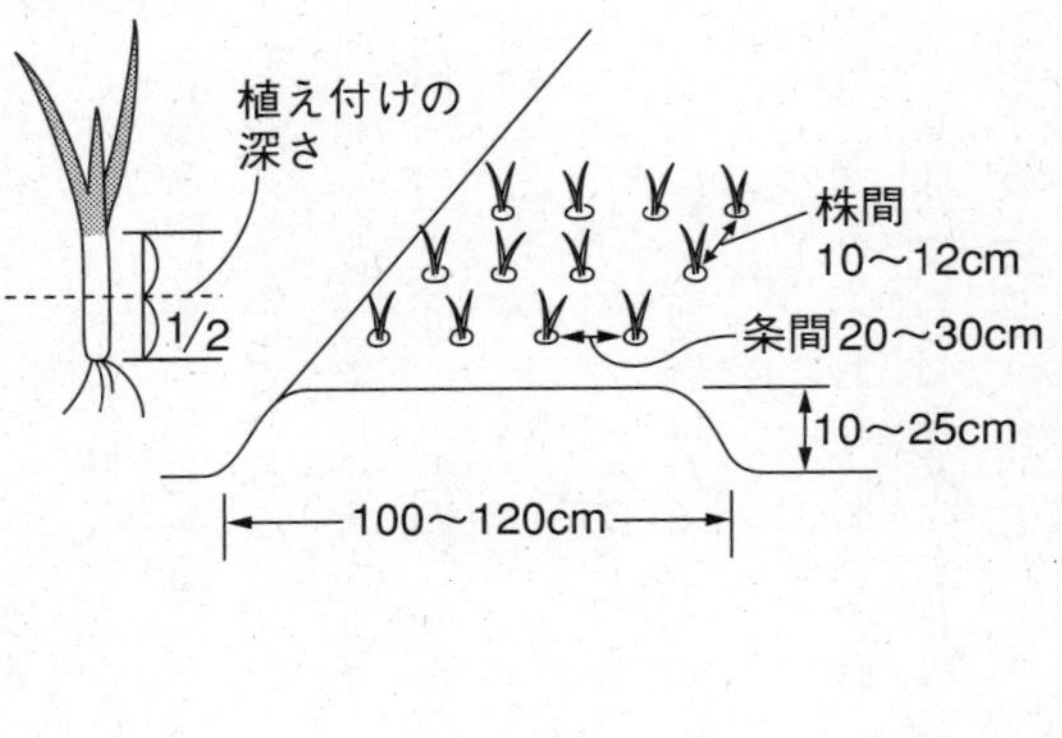

玉ねぎ　苗踏みしたら大玉になった

宮城県田尻町の佐々木紀子さんは、玉ねぎで苗踏みをしたら、見事に大玉がとれたという経験の持ち主。十月末頃に苗を植え、翌年の一月末に一五cmくらいになった苗全体を、長靴でギュッと踏みつける。玉ねぎの苗が霜で浮くのを防ぐ意味もあって、「寒さの厳しいときに踏むといい」と、野菜づくりの先輩から教えてもらったのだそうだ。

兵庫県太子町の井原英子さんも、植えたあとにすぐ踏むが、活着がよくなり、水やりも楽になるという。「足で踏んで、植え付けたねぎが曲がるようなことが時々ありますが、心配ありません」と井原さん。（編集部）

二〇〇六年四月号

倒伏してから一週間後が収穫適期。葉の半分のところで切って、吊るして乾かす。

ユリ科

にんにく（葫）

野生のにんにくは、カザフスタン東部やアルタイ山脈、ウラル山脈南部などに自生しており、中央アジアが起源とされる。中国では五〇〇〇年以上前、中央アジアでは四〇〇〇年前、また古代インドでも食用とされていた。

秋に種球から萌芽し、草丈三〇cmくらいまで生長する。冬季には生長が停止するが、そのままの状態で越冬する。春になるとさかんに生長し、花茎が伸びて、球が肥大してくる。球の中には数個の側球ができる。側球は、一か月間くらい完全に休眠し、秋に休眠が開ける。

ねぎに比べると耐寒性や耐暑性は強くない。生育の適温は一八～二〇℃で、二五℃以上で生育が衰える。冬季に〇～一五℃以下（寒地系の品種では五℃以下）の低温に一か月以上あうと、花房と側球芽が分化する性質がある。このとき株が充実しているほど大きな側球ができる。長日条件下で、肥大が促進される。また、側球の肥大期に、乾燥しすぎると肥大が悪くなる。

品種によって、全く抽台しないものや、抽台が途中で止まるもの、あるいはたくさんの花をつけるものもある。野生のにんにくは、寒地の草原の環境に適応しており、冬季の低温に遭遇すると、鱗球による栄養繁殖と花房による種子繁殖をすると思われる。

日本で栽培されている品種は、花房ができ

にんにく（八鍬原図）

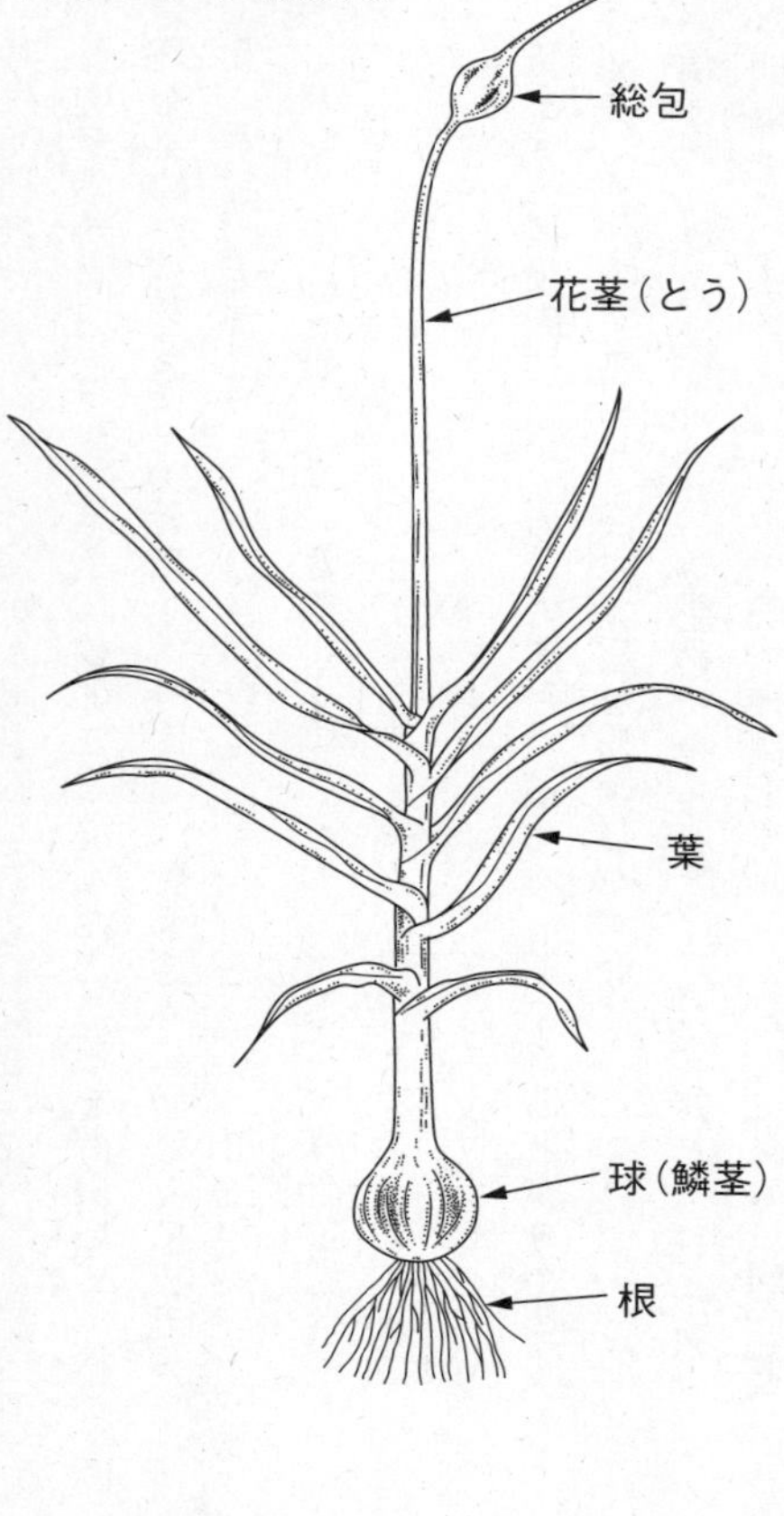

ないと側球ができない。すなわち冬季に低温に遭遇させることが栽培の条件である。ただし、花茎を放置しておくと、そちらに養分がとられるので、早めに切りとる。

土質は選ばないが、排水がよく肥沃な土壌が適する。好適pHは六～六・五。

畑に堆肥と石灰を施して耕うんしておく。元肥を施して混和する。幅一〇〇cmくらいのうねを立てる。排水のよくない畑では高うねにする。

植え付けは、どの地方でも九月中旬～十月上旬ころである。条間二〇～二五cm、株間一二～一五cmで、鱗片の芽の方を上にして植える。深さは五～七cmとし、深すぎると生育が遅れ、浅すぎると凍害をうけやすい。

除げつ　一個の種から芽が二本でたときは、早めに摘み取って一本にする。

収穫は、六月下旬～七月中旬で、株の葉の三〇～五〇％が黄変し、球の底が平らになったころ。茎を一〇cmくらい残して、余分な葉を切り取り、吊るして乾燥させる。

にんにくの植え付け

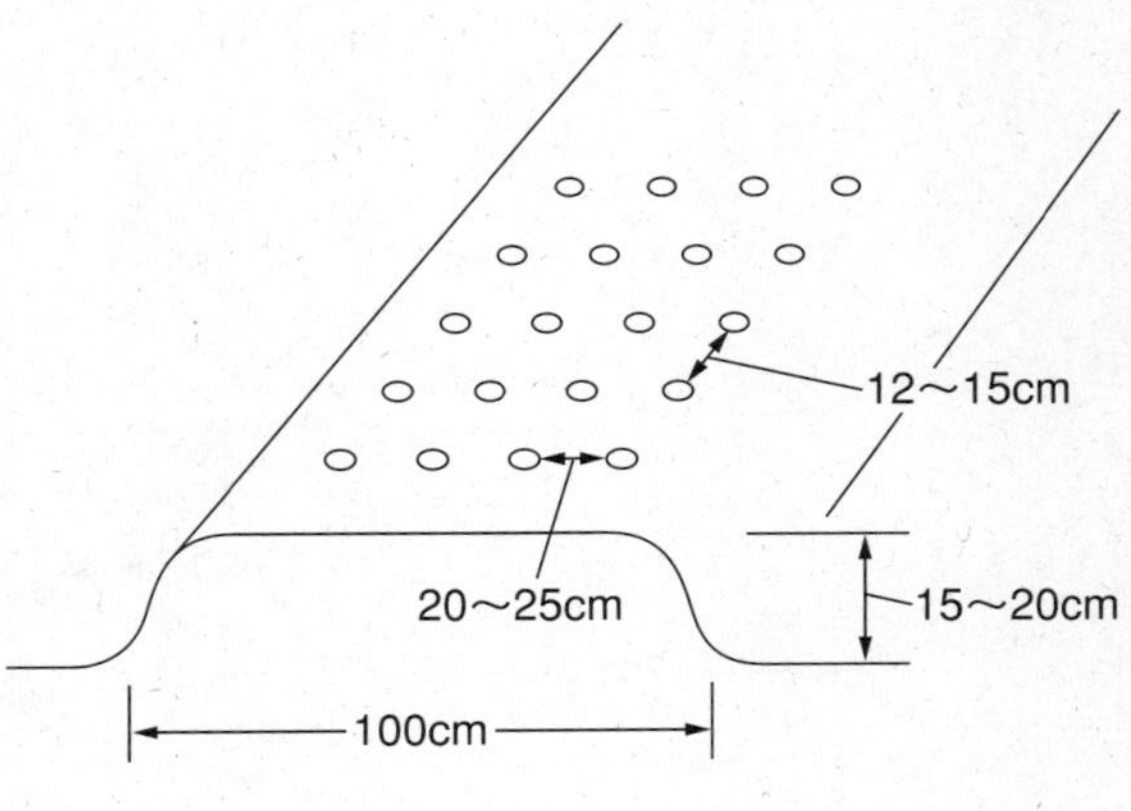

ユリ科
にら（韮）

にらは、中国ではかなり古くから栽培され、東アジア、インド、パキスタンなどに分布している。いっぽう、ヨーロッパではほとんど利用されない。日本には九世紀ころ伝来し、野生化して各地に自生している。

多年草で気候への適応力がきわめて高く、シベリアからインドまで自生している。自然の状態では、春（三月）に暖かくなると、萌芽し生長をはじめる。分けつ力が強く、さかんに分けつしながら伸長する。六月ころ、ある程度の大きさの株が、高温と長日に遭遇すると花芽分化する（若い株は花芽分化しない）。七～八月に抽台、開花する。九月中旬から葉の養分を根と鱗茎に蓄積する。十一月

露地にらの作型

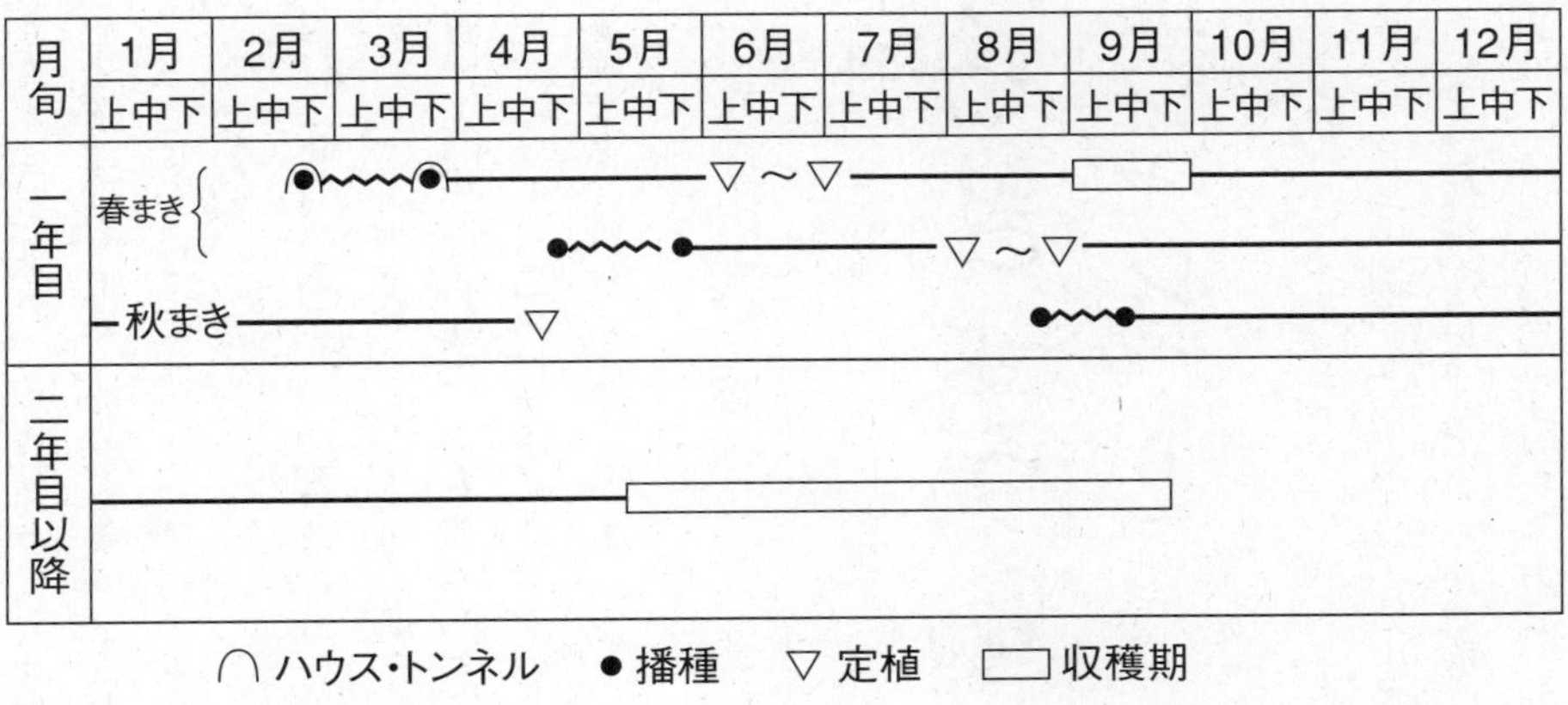

にらの種まき

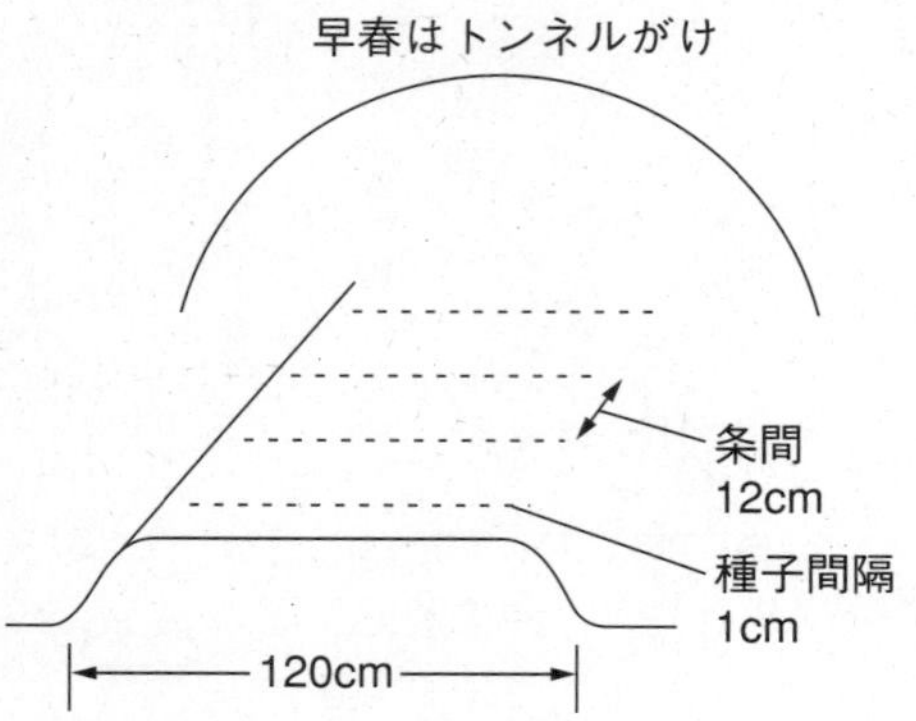

にらの定植

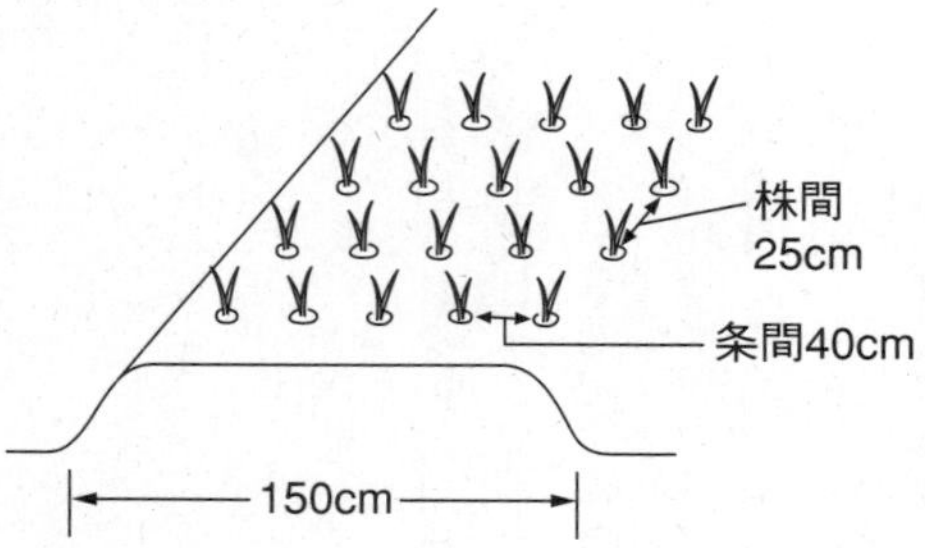

ごろ、短日、低温条件によって休眠する。霜が降りると、地上部は枯れるが、地下の鱗茎はきわめて耐寒性が強く、容易に越冬する。

種子の休眠はごく浅く、発芽温度は一〇~二五℃で最適は二〇℃くらい。生育適温は二〇℃前後で、五℃以下、二五℃以上では生育が悪くなる。耐寒性と耐暑性はきわめて高い。土質は選ばず乾燥に強い。多湿と酸性土壌を嫌う。好適pHは六~七。

にらを栽培するときは、種子から育てる方法と、株分けする方法があるが、ふつうは葉を収穫するので、抽台しにくい実生から育てる。花蕾も収穫したいときは、株分けするとよい。

種まきから収穫まで時間がかかる。露地栽培ではふつう三~五月に播種床に種まきして育苗し、六月に本圃に定植する。収穫は翌年の六~九月である。

種まき　播種床に条間一二cmくらいで、深さ一cmの溝を切る。種子間隔一cmくらいで条まきにして、五㎜くらい覆土する。軽く鎮圧して十分にかん水し、わらや不織布をかぶせておく。本葉一枚のころ、混んでいるところを間引く。

定植　本圃に定植一か月前に堆肥と苦土石灰を施す。定植一~二週間前に元肥を施して混和し、うね立てする。条間四〇cm、深さ一〇cmの植え溝を掘る。株間は二五cmくらいで、一か所に五~六本の苗を植え付ける。

土戻し　一度に土を戻すと分けつが悪くなるので、最初は少しだけ覆土し、二〇日おきくらいに二~三回に分けて土を戻す。

かん水、花茎、追肥　乾燥がひどいときは適宜かん水する。八月ごろ伸びてきた花茎を、開花する前に刈り取る。花茎も美味。九月ころ二~三回にわけて追肥する。中耕、除草も一緒に行なう。

収穫は二年目の春から。収穫前に古い葉を株元から捨て刈りして、伸びてきた新しい葉を収穫する（二〇日後）。刈り取ったところに追肥する。九月ころに追肥して、次の年の株を養成する。

ユリ科

らっきょう（薤）（エシャレット）

らっきょうは中国の原産とされ、華中やベトナムには野生種が自生している。栽培の歴史は古く、二五〇〇年以上前とされる。日本では、一〇世紀ころから記録に現れる。ほとんどが、酢漬けにして利用される。

五〇年代に、軟白化した葉つきらっきょうが、「エシャレット」の名で出回った。しかしエシャレットというのはシャロットのフランス名なので混同されやすい。現在は葉つきらっきょうは、「エシャレット」と呼ぶようになっている。

らっきょうはユリ科の多年草で、開花するが種子はできず、鱗茎で繁殖する。秋に萌芽して分球しながら伸長し、越冬して、再び春に分球しながら株が大きくなる。分球芽は長日条件で多くつくられ、一三時間以上の長日、気温一二℃以上で肥大する。球の肥大に伴い、地上部は生育が衰え、休眠に入る。肥大するころに、窒素の吸収と水分が多いと肥大が遅れ気味になる。

性質は強健で吸肥力が強い。やせ地でもよくできるので、砂丘地に産地が多い。

らっきょうの作型

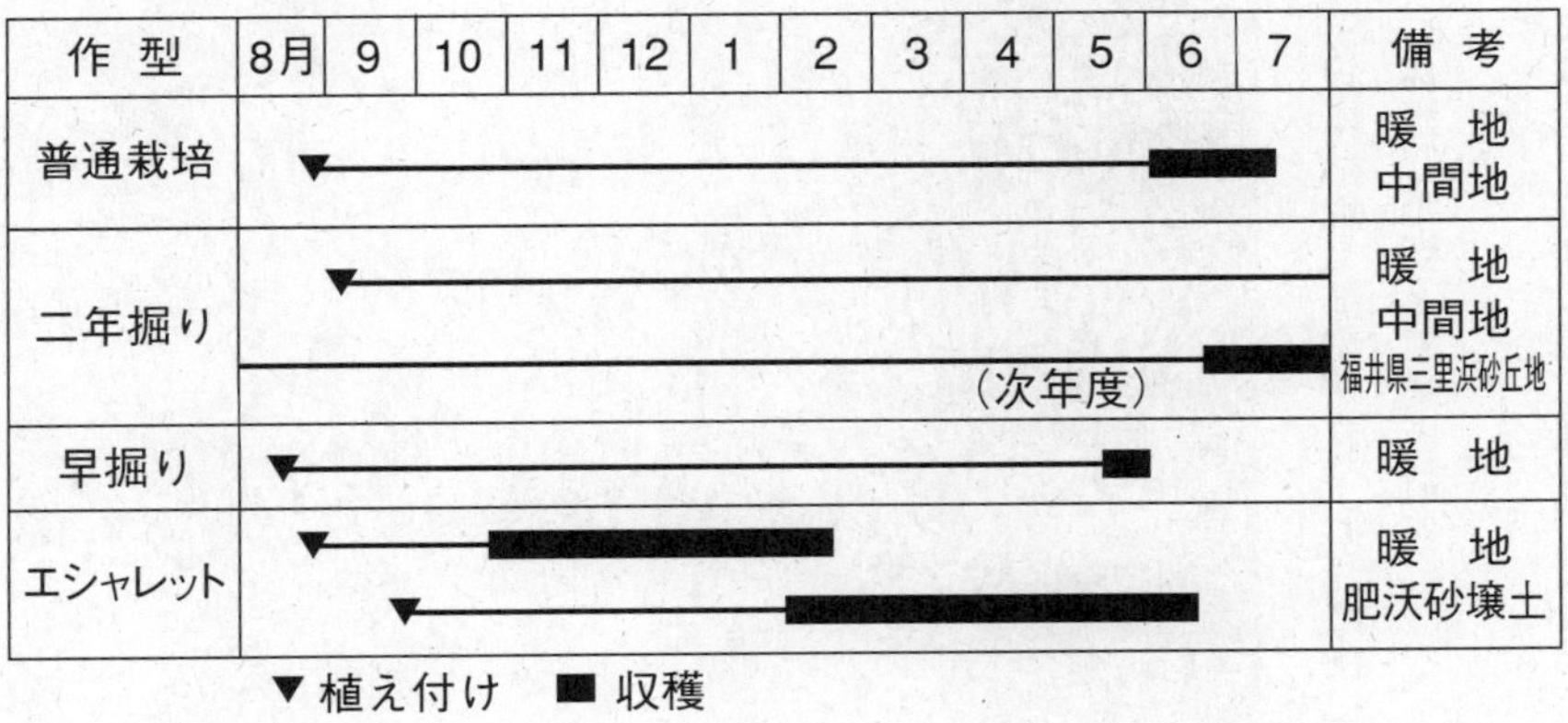

らっきょうの植え付け

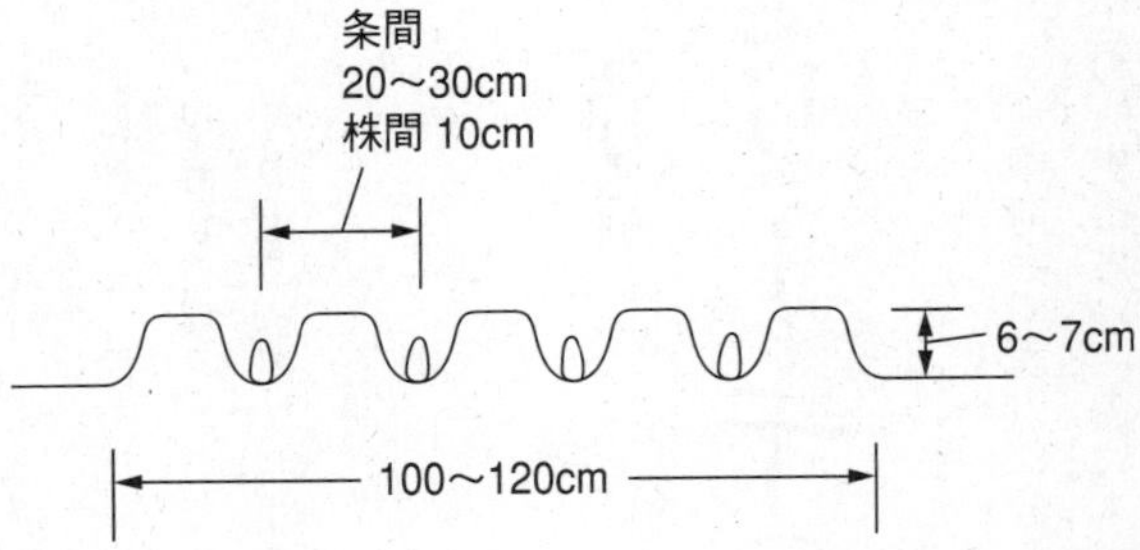

畑　根は通気性を好むので、うね立てするか、排水溝などをつくる。

植え付け　条間二〇～三〇cmで植え溝をつくる。株間一〇cmくらいで一球ずつ垂直に植え付ける。小さい種球は二球植えにする。深さが六～七cmになるように覆土する。

追肥　春と秋を中心に、適宜行なう。同時に、条間を中耕し土寄せする。軟白化してエシャレットで収穫するときは、土寄せを厚めにする。

収穫　鱗茎が充実するのは七月中旬ころ。エシャレットの場合は、軟白部分が一〇cm以上で、分球数が六～七個のころに掘り上げる。

ユリ科
あさつき（糸葱）

北半球の温帯地方に広く分布し、日本にも各地に野生している。奈良時代以前から食用にされてきた。東北地方では、あさつきの若芽を雪の中から掘り出し、冬季の野菜として重宝されてきた。

ユリ科の多年草で、夏と冬に休眠し、耐暑性、耐寒性が強い。〇℃に近い低温でも生育でき、生育の適温は二一℃とされる。秋に鱗茎から萌芽して生長し、冬季は生育が停滞して浅い休眠に入る。春の三月ごろさかんに分けつ、伸長し、四月下旬には生育が衰え始める。花茎は五月に伸びて、六月上旬に開花する。

あさつきの鱗茎は、冬季の低温（一五℃以下）で分化し、五月ころに長日下で肥大する。

あさつき（撮影　小島昭夫）

六月下旬には地上部が枯れ、七月には根も枯れて、休眠した鱗茎で夏を越す。

軟白栽培　昔から東北地方で行なわれてきた方法。八月中旬～九月上旬に、種球を重ならないていどに密にばらまき、一二～一五cm厚さに覆土する。新芽が萌芽し始めたら収穫できる。

トンネル栽培　八月中旬～九月上旬に、鱗茎（種球）を植え付ける。幅一二〇cmのうねを立て、条間、株間四cmくらいで一球ずつ垂直に植える。深さは一〇～一五cm。追肥は秋と早春に行なう。二月ごろトンネルがけして、三月中旬ころ掘り上げて収穫する。草丈二五cmころが収穫適期。

ユリ科
リーキ（leek）

地中海沿岸地方に分布するネギ属で、栽培の歴史は古い。古代エジプト、ギリシャ、ローマでも利用されていた。日本のねぎに比べて、軟らかく、刺激性が少なく甘みが強い。フランス名はポアローで、ホワイトソースで和えたり、トマトソースとの煮込み、野菜スープ、サラダ、酢漬けなどで食す。

他のねぎ属と同様、冷涼な気候を好むが、耐暑性はねぎより強い。耐寒性も強く、マイナス一〇℃でも枯死しない。発芽適温は一五℃くらいで、一～二五℃でも発芽できる。

ある程度の大きさの苗が、一五℃以下の低温に遭遇すると花芽分化する。鱗茎も低温刺激によって形成され、長日条件で肥大する。

リーキは根深ねぎのように、軟白化した茎が好まれるので、抽台したり、鱗茎が肥大すると品質が劣る。そこで、作型は低温にあわないように春に種まきして、夏に定植し、十一月ごろから収穫を始める。そして、抽台が始まる四月までに収穫を終わらせる。

種まきの時期は、三～四月で、播種法、育苗法は玉ねぎと同様にする。

定植は、六～八月ごろで、草丈二〇cm、葉鞘径六～八mmの苗を植え付ける。幅一二〇cmくらいのうねを立て、条間、株間一五～二〇cm、

リーキ　12月27日　カリフォルニア（撮影　本田進一郎）

深さ一五cm、直径五cmの植え穴を掘る。苗の根を切って二・五cmにし、葉の先端も少し刈り込む。苗を植え付けて十分にかん水する。

管理機で作業するときは、うね間七〇～九〇cmで深さ一五cmの植え溝を掘り、株間一〇cmで植え付ける。

土寄せ　生育にあわせて土寄せし、軟白化する。葉の間に土が入りやすいので、根深ねぎよりは浅めで、最後の土寄せは収穫の一か月間にする。追肥は三回ほど行なう。

収穫は十一～四月に適宜行なう。また、収穫後、温度〇℃、湿度九〇～九五％で管理すれば一～三か月貯蔵できる。

ユリ科
シャロット(shallot)

シャロットは、欧米諸国や東南アジア、アフリカなどで栽培されている。温暖な地域での栽培が多い。ギリシャでは紀元前から栽培され、中国でも一世紀ごろに記録がある。ただ、ヨーロッパに広く普及したのは遅く、イギリスには一七世紀、アフリカには一九世紀に伝わった。

シャロットは、姿や性質はわけぎに似ており、小さい鱗茎を五～二〇球ほど形成する。ただし、植物としては、玉ねぎの変種と考えられている。

生育適温は二〇℃前後で、花芽の分化は低温遭遇でおこる。しかしそれほどの低温を必要とせず、九州、沖縄では十月ごろから花芽分化し、十二月～四月ごろ抽台する（関東では三月ころ抽台）。

鱗茎の分化は玉ねぎと同じで、長日温暖下でおこる。四～五月に球が肥大して、地上部は衰弱し、やがて休眠に入る。休眠は比較的浅く、六～七月ごろには破れはじめ、秋には完全に覚醒する。

栽培方法は、わけぎに準ずる。秋に種球（鱗茎）を植え付けて、晩秋から春にかけては、葉を収穫する。球（鱗茎）を収穫するときは、初夏の倒伏期に掘り上げる。

セリ科
にんじん(人参)

にんじんの野生種はヨーロッパ、北アフリカ、アジアに広く分布している。栽培にんじんの起源は、中央アジアのアフガニスタンで、冷涼なヒンズークシ山麓とされている。アフガンにんじんが、東方に伝播して東洋系にんじんが成立した。また、西方に伝播して、トルコの野生種と交雑し、西洋系にんじんが発達したと考えられている。

にんじんはセリ科植物で、同じセリ科にはセルリー、セリ、パセリなどがある。セリ科植物は元来、水辺の環境に適応し、にんじんも生育の初期には乾燥を嫌う。自然の状態では夏～秋に発芽して生長し、冬季には生育が停滞するがそのまま越冬する。冬季の低温に遭遇すると花芽分化して、翌春の長日温暖下で抽台、開花に至る。稔実した種子は三か月くらい休眠するといわれている。人工的に休眠を打破するには、手のひらで種子をもんで果皮をのぞき、三時間流水に浸けて、一日くらい直射日光で乾燥させるとよい。

発芽の適温は一五～二五℃で、七℃以下、三〇℃以上では発芽しにくい。発芽には一週間ほどかかる。生育の温度は三～二八℃で、適応力は高い。最適温度は一八～二一℃とされる。発芽後七〇日くらいが、もっとも根の肥大が旺盛になる。

花芽分化の条件は、四～一五℃の温度で一

にんじんの作型と品種（農業技術大系　野菜編　川城英夫）

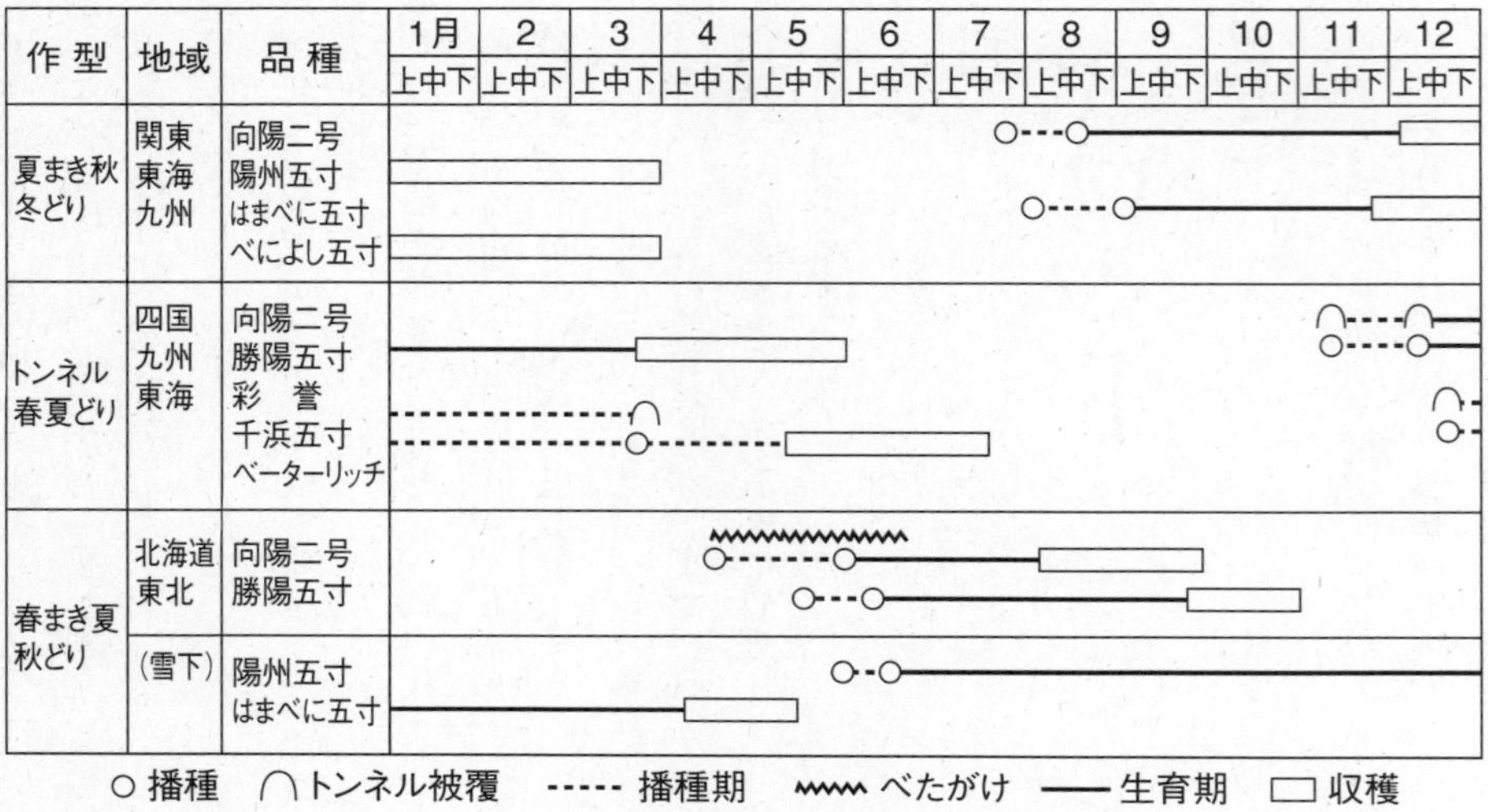

～二か月間とされるが、感応する苗の大きさは品種によって異なる。金時は総葉数一二～一三枚、黒田系は一六～一八枚、チャンテネーは二〇～二一枚、中村五寸は二二～二三枚とされる。

土壌水分は、発芽～本葉二枚までと、根形形成期の本葉四～六枚目ころにもっとも必要とする。土質は肥沃な砂質壌土がもっとも適している。好適pHは六～六・六だが、pH五・三～七の酸性の土でもふつうに生育する。

おもな品種は以下のとおり。

三寸群　早生、晩抽性で小型。土質をえらばないため各地で周年的に栽培される。

五寸群　気候、土壌に対する適応力が高く、もっとも広く栽培されている。寒地型の品種は、冷涼地の春まき、暖地の秋まきとして用いられる。暖地型の品種は、暖地の春～夏まきとして普及している。

ダンバース群　冷涼地の春まき品種の中心で、札幌太は晩生、耐病性で肉質は硬く、甘味が強い。

金時群　古くから西日本で栽培される東洋系にんじんで、肉質が軟らかく、甘味に富む。にんじん臭が少なく、日本料理に適しているが、かなり晩生で、抽台が早く、収量は多くない。主として暖地の夏まきに用いられる。

種まき　条間一五cm、株間六～一〇cmで点まきする。一か所に二～四粒。五mmほど覆土して鎮圧しておく。播種後に十分にかん水する。

間引き　四～五葉期に間引きして一本立ちにする。生育の初期は乾燥をとくに嫌うので、適宜かん水する。

中耕、土寄せ　播種後五〇日ころに、うね間に追肥、中耕して軽く土寄せする。あまり寄せすぎない。

にんじんの種まき

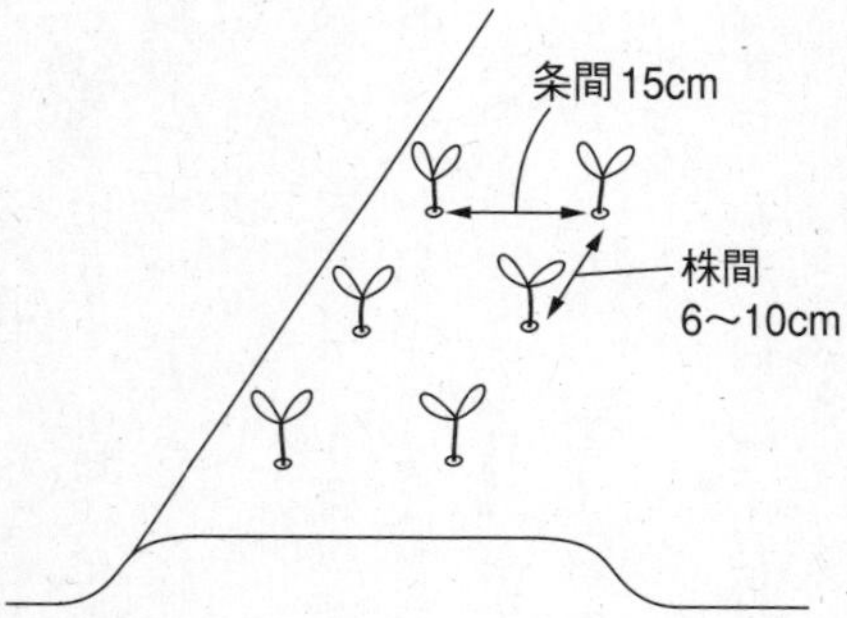

にんじんの土寄せ

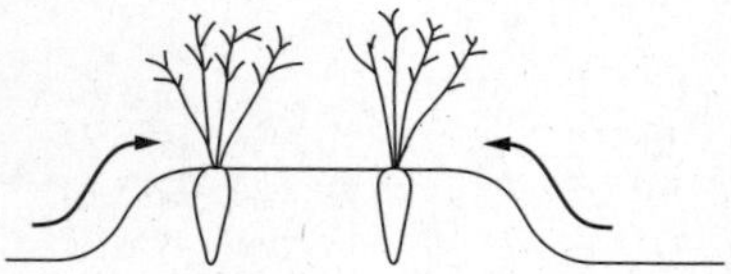

part4 その他の起源

ユリ科
アスパラガス

　野生のアスパラガスは、ロシア南部から南ヨーロッパにかけて自生している。ポーランドや南ロシアの草原には、自然のアスパラガスの群生がみられるという。栽培の歴史は古く、二〇〇〇年前といわれる。

　ユリ科の多年草で、冷涼な気候を好む。春に発芽して生長し、夏〜秋に葉で生産された養分は、晩秋のころ地下の根株に転流して蓄えられる。冬季に地上部は枯れるが、株は休眠して越冬する。翌春に、根の貯蔵養分によって新芽が萌芽する。二年目以降の株では、六〜七月に開花がみられ、秋に赤い果実をつける。

　発芽の適温は二五〜三〇℃とされるが、〇℃の低温に一〜二か月おいてから播種すれば、一五℃でもよく発芽する。生育の適温は一六〜二〇℃。萌芽は一〇〜一二℃を超えると始まる。また、アスパラガスは株に十分に養分がたまると、いつでも萌芽するという性質がある。秋に気温が一六℃以下になると萌芽が止まり、養分の転流が始まる。冬季の株は休眠しており、萌芽しない。休眠は、〇〜五℃以下の低温に四〇日間遭遇すると打破される。

　根は深さ一m、幅一・五mにもなるので、耕土が深く（地下水位五〇cm以下）、排水のよいところが適する。腐植分の多い肥沃な土壌が望ましく、最適pHは五・五〜六・五とされる。

　おもな作型は、四〜六月のみ収穫する春どりと、四〜九月まで連続して収穫する長期どりがある。春どりのみの栽培では、七月以降は若茎をそのまま繁茂させるので、一株から五〇本くらい茎葉がでる。長期どりでは、茎葉を数本残して（立茎）、収穫を続ける。また、暖地では病気が出やすいので、雨よけハウスで栽培されている。アスパラガスは、いったん植えつけると一〇年間収穫を続けることが

アスパラガスの生育

1月　2　3　4　5　6　7　8　9　10　11　12

休眠期	春どり期	立茎収穫（夏秋どり）期	株養成期	黄葉期	休眠期	露地長期どり栽培
休眠期	春どり期	株養成期		黄葉期	休眠期	露地普通栽培

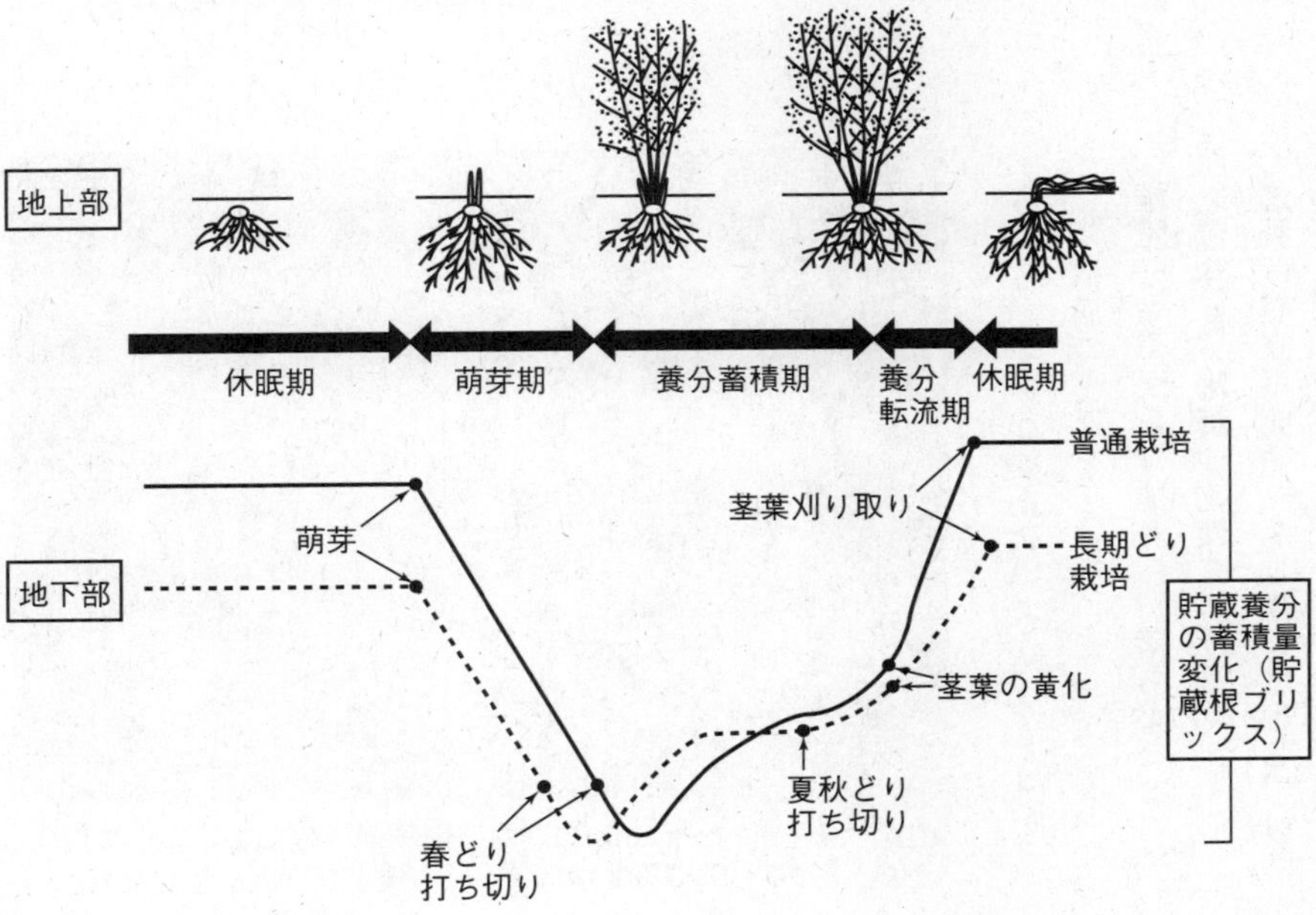

できる。

育苗　早春（二～三月）に種まきして、三～四か月育苗する。直まき、ポリポット、セル成型苗、あるいは一年間養成した株を植えつける方法がある。ポリポットの場合は、九～一二cmポットに育苗用の培土をつめ、一粒まきする。

定植　畑に、堆肥、石灰、元肥の七割くらいを施して耕うんする。溝を切って残りを施し、うね立てする。排水のよくないところでは、高うねにする。定植は、株間三〇～四〇cm、うね間一五〇cmで一条植えにする。

収穫は二年目からできるが、とりすぎると株が弱るため、早めに収穫を切り上げる。三年目から徐々に長く収穫する。春どり栽培の場合の目安は、二年生株で七～一〇日、三年生一五～二〇日、四年生三〇～四〇日、五年生以降六〇～九〇日。

長期どり栽培では株が弱りやすいので、春どりよりも早めに収穫を打ち切る。また、春どり・立茎の直後には収量が落ちるが、収穫し続けたほうが増収につながる。

立茎　長期どり栽培では、光合成をになう

アスパラガスの定植

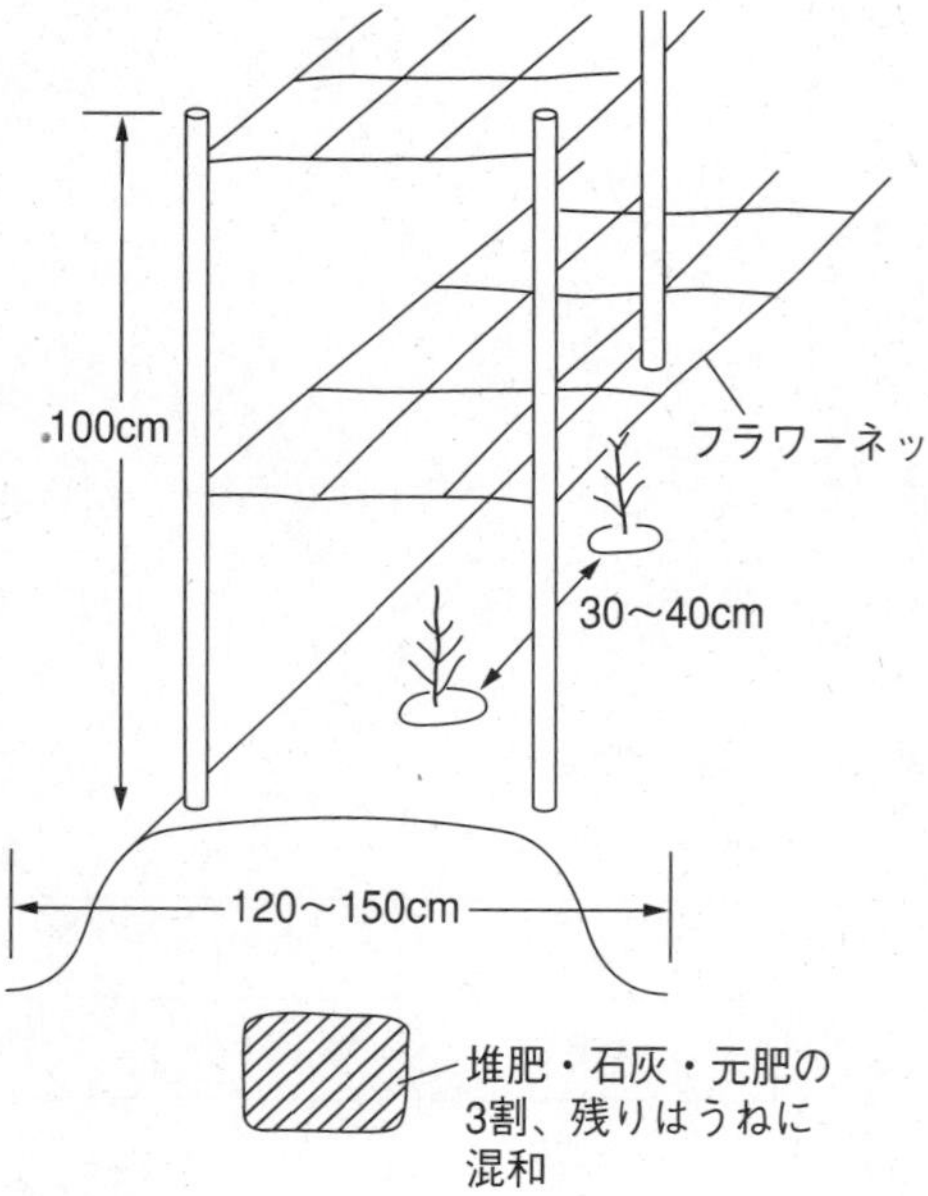

養成株を収穫しないで残さなければならない。立茎は春芽収穫開始後、四〇～四五日ころスタートする。残す茎は、直径一一～一二mmくらいがよく、西南暖地では一株あたり三～四本、一般地・寒地では五～六本、立茎する。密集しないように、うねの上に均等に立たせる。

支柱立て　風による揺れに極端に弱いので、立茎の前に、四隅に支柱を立てて、フラワーネットなどを張るとよい。下枝を五〇cmくらいまで取り除き、株元まで日光があたるようにする。

かん水　乾燥すると休眠して萌芽しなくなるので、土が乾燥しないようこまめにかん水

立茎　直径が11～12mmの茎を、間隔が均等になるように残す。少ない場合は、9～13mmから選ぶ（写真提供　元木悟）

する。しずくをとばさないようにかん水すると、茎枯病の蔓延を防げる。

堆肥やもみがら、稲わら、落ち葉などで表面を覆うと、雑草、乾燥を防げる。

追肥は、立茎開始一か月後に施用し、以降は二週間おきに行なう。養分転流期には肥料が切れるようにする。

収穫後は、茎葉が完全に枯れるまでかん水を続ける。二～三回霜が降りて、黄色くなったころに茎葉を刈り取る。

バラ科 いちご（苺）

いちごはバラ科オランダイチゴ属の多年草で、野生種、栽培種を含めて数十種あるとされる。栽培の歴史は古く、紀元前一世紀のローマで、ベスカ種が栽培されていたといわれる。一七世紀ころ、北米のバージニアーナがヨーロッパに導入された。一八世紀にはフランス人のフレージエが、チリ南部からチロエンシスを持ち帰り、フランスのプロガステル村で、バージニアーナとチロエンシスが交雑して新しいいちごが成立した。これが現在の栽培いちごの起源で、パインイチゴと呼ばれた。プロガステル村はイギリス海峡に面し、海流の影響で高緯度にしては温暖で、チリ南部と似た気候だという。

　バージニアーナは、北アメリカ中西部からアラスカにかけての、草地や林縁に自生している。品種によっていちごの低温要求性が異なるのは、バージニアーナの大きな環境適応性に由来するといわれる。

　いっぽう、チロエンシスは、北米の太平洋沿岸からアラスカ、アリューシャン列島の砂地に自生している。さらにチリ中南部海岸とアンデス山麓にも自生があり、一〇〇〇年前にマプーチェ族が大粒の系統を選抜したとされる（参考　農業技術大系野菜編　織田弥三郎）。

　自然状態では、初夏の長日高温下で、ランナーと子株が発生する。九月の短日低温でランナーの発生は停止する。栽培ではこのときに、子株を切り採って移植する。秋の短日低温で、花芽分化を始め、地上部は徐々に衰える。やがて休眠に入り、ロゼッ

いちごの生育と温度

いちごの生理反応	限界低温	適温	限界高温
葉の生育伸長（気温）	20	20～25	28～30
根の生育伸長（気温）	13～15	18～23	25
水分吸収（地温）	9～12	18～21	25
肥料の吸収（地温）	12～15	18～21	25
果実の肥大　昼温	10～15	20～24	35
夜温	0	6～10	14
成熟	10	15～20	30

自然条件おけるいちごのライフサイクル（1年更新の場合、西南暖地）（木村）

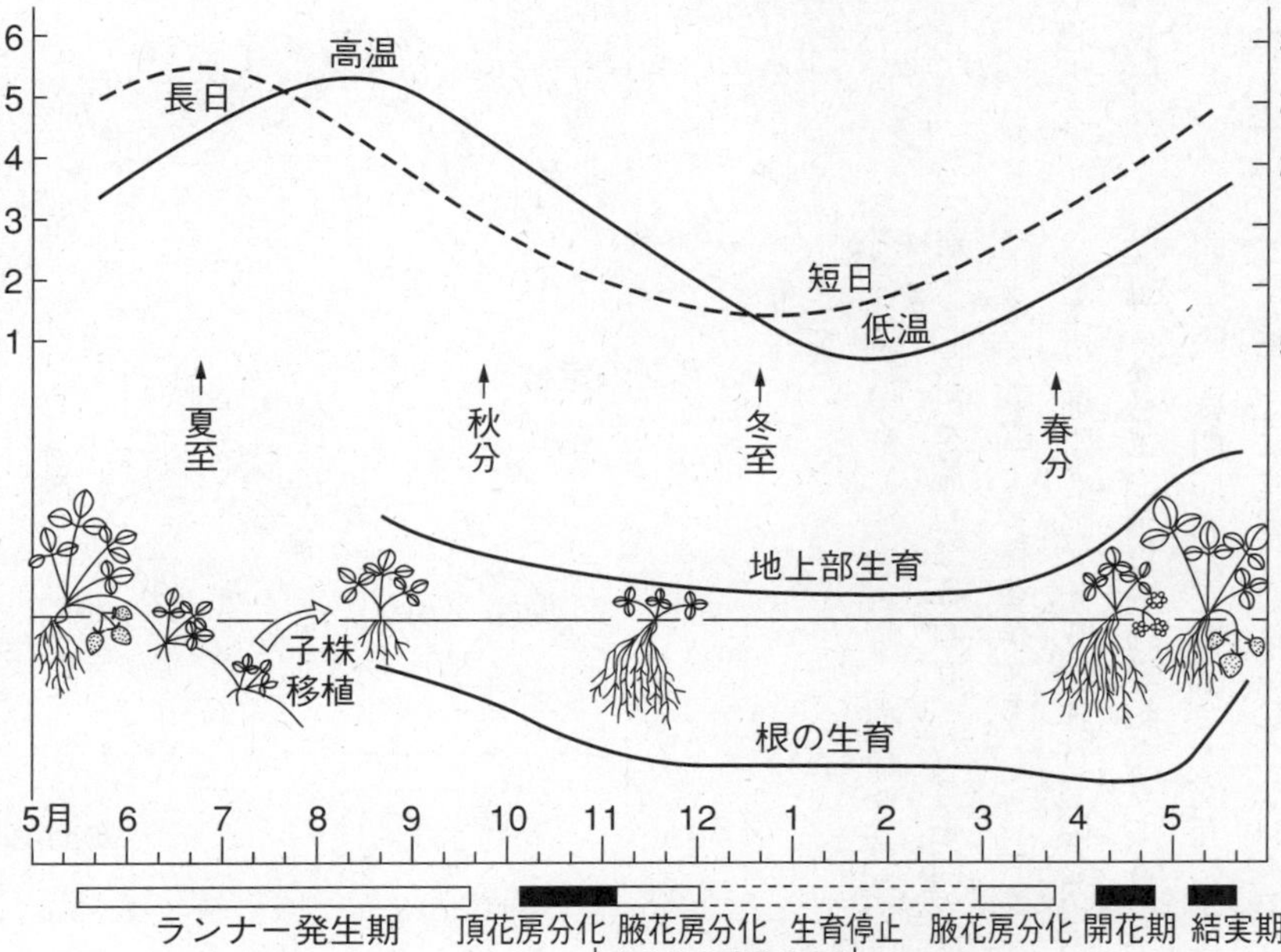

ト状で越冬する。休眠から覚醒するには低温期間を経過することが必要で、寒地の品種ほど低温期間を長く要する。翌春に休眠からさめて、長日温暖のもとで開花、結実する。

いっぽう、根は、地上部の生育が停滞し始める晩秋に、貯蔵養分を蓄えながら旺盛に伸長する。そして、開花、果実に貯蔵養分を使い果たして衰弱する。

果実の表面に着いた種は、休眠期を過ぎると発芽する。しかし、栽培いちごは八倍体で、実生から栽培すると、種子の変異が大きい。そこで、ふつうは子株から増やす。また、いちごは多年草で、親株を継続して栽培できるが、病気などで衰弱しやすいため通常の栽培では一年で更新している。

土質は選ばないが、乾燥も多湿も嫌うので、腐植が多く排水のよい土壌が適す。好適pHは五・五〜六・五。

いちごの作型は、温暖地では冬季に収穫するために、冷房施設内で夜冷処理を行ない、花芽分化を早めている。夏場の収穫は難しく、ほとんどが輸入されているが、寒地では四季成り性品種によって、春に定植し、夏秋どりする栽培が取り組まれている。

いちごの花芽分化の条件

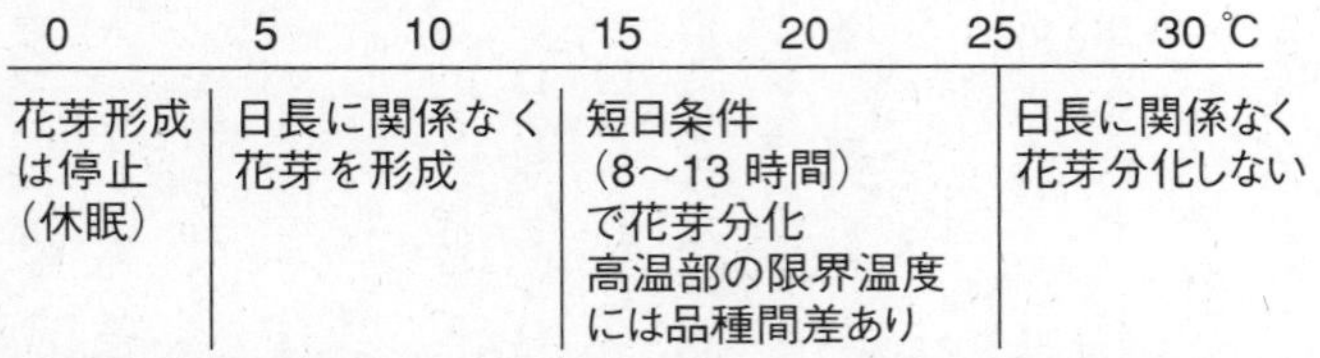

0	5	10	15	20	25	30℃
花芽形成は停止（休眠）	日長に関係なく花芽を形成		短日条件（8～13時間）で花芽分化 高温部の限界温度には品種間差あり			日長に関係なく花芽分化しない

四季成り性品種の場合は日長に関係なく5〜25℃で花芽分化する

露地いちごの栽培は、六〜八月ごろの子株を採って育苗する。九〜十月に定植して翌年の五〜六月の収穫となる。果実を長く利用するときは、冷凍貯蔵するとよい。

採苗　親株から出たランナーには子株が着く。本葉三〜四葉の苗を、ランナーを切断して掘り上げる（図）。

育苗　ポットや地床（仮植床）で育苗する方法と、直接本圃に植え付ける方法（無仮植）がある。ポットの場合は、ポリポットに育苗用培土を詰めて子株を植え付ける。乾燥や肥料切れに注意する。仮植するときは、肥料を施してうね立てし、条間、株間一五cmで子株を植える。

定植　畑に堆肥、元肥を施し、幅七〇〜八〇cm、高さ二〇cm以上のうねを立てる。条間四〇cm、株間二五〜三五cmで、交互にずらして二条植えにする。切り残したランナーをうねの内側に向けて植える。定植前と後に十分にかん水する。

マルチ　苗が活着したら、黒マルチを敷くと、抑草、乾燥防止、保温になる。乾燥しないよう適宜かん水する。

採苗の方法

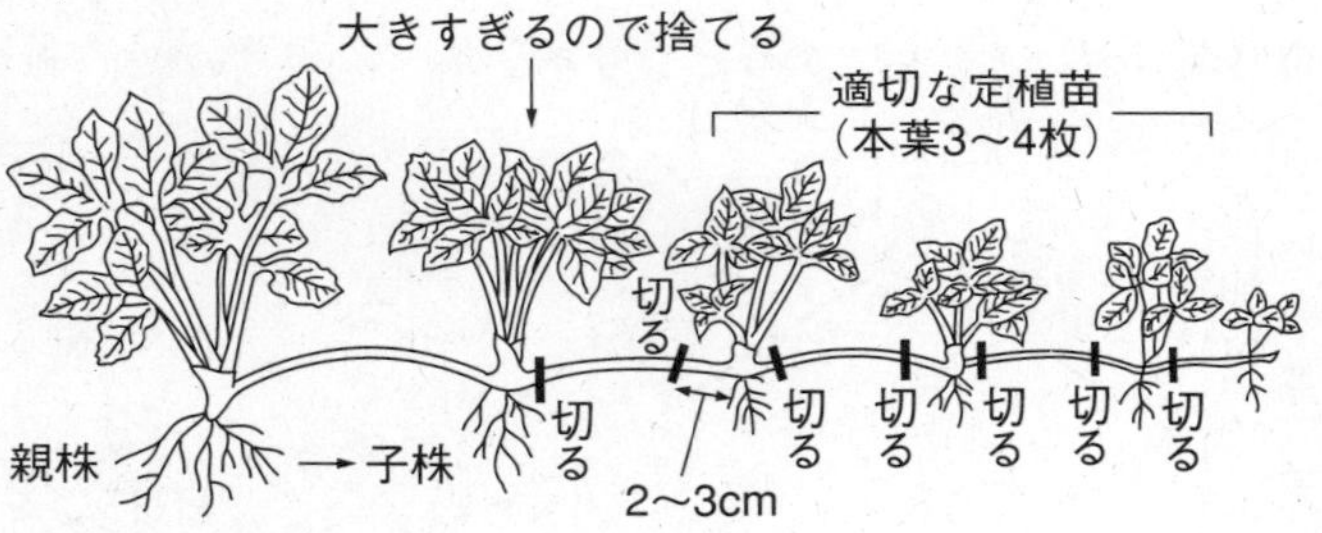

いちごの定植

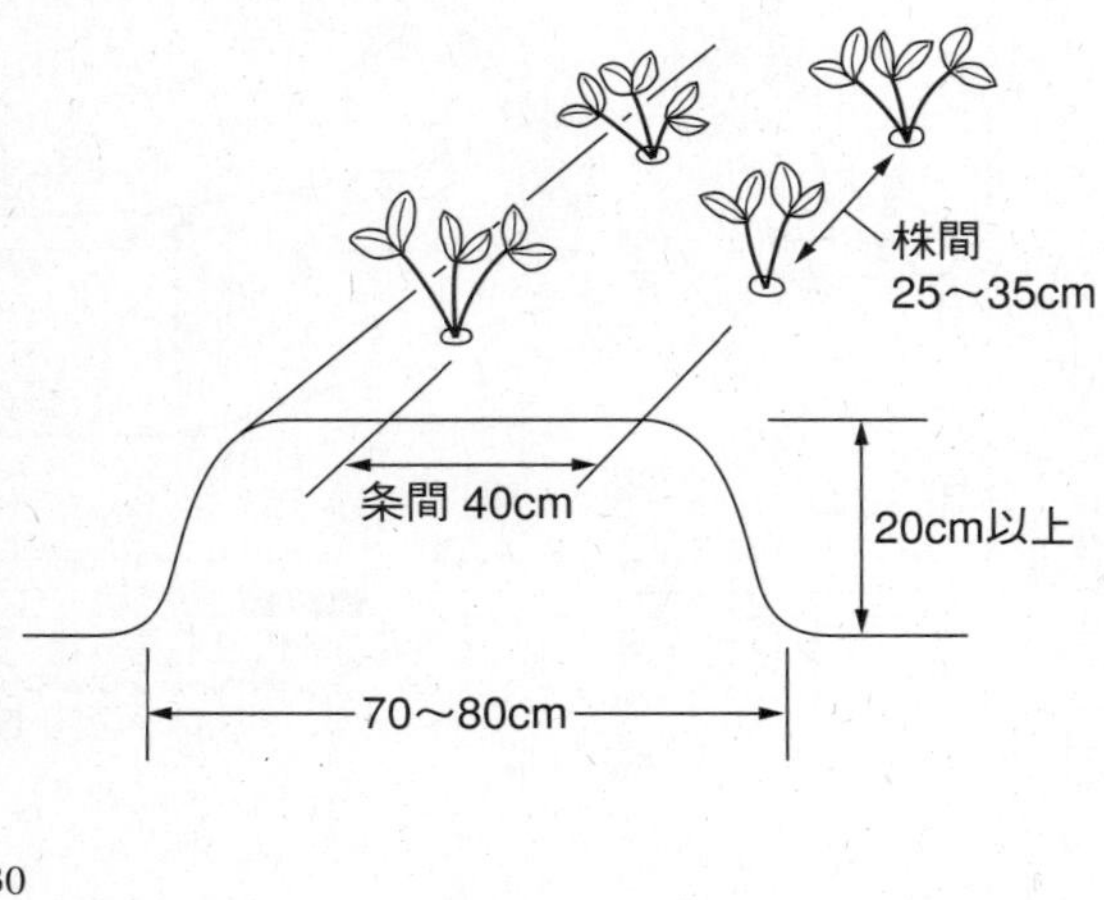

シソ科
ミント

ミントは、シソ科ハッカ属の多年草で、北半球の温帯地帯に広く自生している。ミントには特有の芳香をもつメントールが含まれており、香料、清涼剤、薬用などに古くから利用されてきた。利用の歴史はきわめて古く、インド、メソポタミア、古代エジプトなどで、五〇〇〇年以上前の、ミントの精油施設跡が見つかっている。一七世紀以降に、ヨーロッパとアメリカで近代的な生産が始まった。現在もっとも広く栽培されているのは、ペパーミント、スペアミント、日本ハッカである。

日本ハッカの起源は中国と考えられている。古くより揚子江流域ではハッカが栽培され、日本には七世紀ころ伝来した。メントールを多くふくみ、おもに医薬品に利用されている。

ミントは交雑しやすく、アップルミント、オレンジミント、パイナップルミント、グレープフルーツミント、マウンテンミントなど多くの種類がある。

半日陰～日なたで、湿り気のある環境を好む。生育の適温は二〇℃～二五℃だが、耐寒性、耐暑性は強い。夏季の高温期でも生育し、冬季には地上部が枯れるが、地下茎は越冬する。春に地下茎から新芽が萌芽し、旺盛に生育する。七～八月に開花して、秋に結実する。種子は休眠があり、冬季に低温にあうと休眠が破れる。またミント類は、地下茎が横に伸びて旺盛に広がっていく性質がある。

乾燥を嫌うので、保水力のある壌土が望ましい。好適な土壌pHは五・五～六・五とされる。

ミントは、品種同士が交雑して風味が変わってしまうので、違う品種と離しておく。健強な植物で、栽培は容易である。

種まき　春まき（三月中旬～六月）か秋まき（九月中旬～十月）にする。播種箱にばらまきして、薄く覆土して鎮圧する。十分にかん水して不織布などをかけておく。本葉三枚のころ、ポットに鉢上げして、本葉四～五枚まで育苗する。草丈一〇cmくらいになったら、株間三〇～四〇cmで定植する。

株分け　春に、十分に発根した地下茎を株分けして植え付けてもよい。

かん水　乾燥を嫌うので、適宜かん水する。肥沃土壌ではあまり肥料はいらないが、やせ地では一か月おきぐらいに追肥する。

収穫　葉と茎を随時収穫する。七月の開花前のころが、一番風味が強い。繁殖力が旺盛で混みあってくるので、二年目以降は適度に株を間引いてやる。

ペパーミント（写真提供　藤目幸擴）

シソ科
セージ（サルビア）

セージ（サルビア）の仲間は、ユーラシア大陸から北米、中南米の広い範囲に自生する。古代から、薬用、料理用、香料、観賞用などさまざまに利用されてきた。

コモンセージ　単にセージといえばこの種

メドーセージ（撮影　齊藤まり子）

類をさす。古代ギリシャでは薬用として、中世からは料理用としても利用されるようになった。日当たりがよく、乾燥したところを好む。高温多湿に弱いので、梅雨前に混んだ枝は刈り取り、風通しをよくする。開花後は樹勢が衰えやすいので、結実する前に枝を三分の二くらい刈り取り、追肥する。株分け、挿し木で増やす。

メドーセージ　ヨーロッパの草原に自生する宿根草。ワイン、ビールの香味料として使われた。初夏に青紫の花を咲かせる。耐寒性は強いが高温多湿に弱い。早めに花茎を切ると再び開花する。実生や株分けで増やす。

パイナップルセージ　メキシコ中部の山岳地帯に自生する。葉にパイナップルに似た香りがある。高さ一・五mくらいで、晩夏～冬に開花する。耐寒性が強く、寒地では地下の根茎で越冬し、翌春萌芽する。挿し芽で繁殖する。

タデ科
ソレル

ソレルとは酸葉（すいば）のことで、タデ科ギシギシ属の多年草である。スイカンポとも呼ばれる。ヨーロッパ、アジア、北アメリカの温帯地帯に広く自生している。

茎にシュウ酸を含み、酸味がある。古代エジプトで、薬用や野菜として利用されていた。日本でも古くから山菜として扱われてきたが、現在ではほとんど利用されない。フランスやイギリスでは、料理用に用いられ、若い葉と茎を利用する。すりつぶして肉に混ぜたり、葉を煮て砂糖と酢を加えてソースにし、肉のドレッシングにする。酸味があるのでサラダに加えるとよい。

耐暑性、耐寒性とも強いので、栽培は容易である。乾燥させると葉が硬くなるので、かん水は多めにする。開花は五～八月。

種まきは、三～四月と九月にできる。育苗箱にばらまきし、ポットに鉢上げして、本葉五～六枚のころ定植する。

株分けするときは、四月ころがよい。

収穫　播種後二～三か月から収穫でき、外側の葉から順次かきとる。二年目以降は、春先から出てくる若い葉を収穫する。抽台以降は葉が硬くなる。

ソレル　12月カリフォルニア（撮影　本田進一郎）

Part 5
自家採種法

アブラナ科の植物は昆虫などで交雑しやすいので、防虫網で採種株を覆い、周囲に同じ品種の株を植えて開花させる

自家採種

種を旅に出そう

岩崎政利
長崎県吾妻町

岩崎さんは、無農薬で約80品種の野菜をつくるが、そのうち50品種以上で自家採種を続けている。中国から来た種をもとに固定化した大株のチンゲンサイ（撮影　赤松富仁、以下＊）

未来の伝統野菜をつくろう

このごろ、各地で種苗交換会がよく開催されるようになってきました。わたしの農園に定着している野菜の多くは、こうした交換会で分けていただいたものです。なかには、その農家にとって先祖代々守り続けてきた、まさに門外不出というような大切な種を分けていただいたこともあります。それをみずからの大切な種として育てながら、種苗交換会に出品していくことは、その恩返しだと感じています。

わたしの農園に渡り鳥のようにとどまるあいだに新たな力を蓄え、ふたたび遠く旅に出て行く。行き着いたところでなんとか生き延びようとして風土になじむ。同時に、その種を守る農家の願う姿に、少しずつ姿を変えていく。種とは、このように常に旅するものなのではないでしょうか。旅を繰り返すことが、種が守られるためにも大切なことなのかもしれません。

伝統野菜などの地域の在来品種を掘り起こし守ろうとする運動が広がりつつあります。各地の在来種が守られることはとても大切だと思いますが、それだけでは足りないし、つながらないですよね。未来に向かって〝新しい〞伝統野菜をたくさん生み出していくことが、もっと大切なことではないかと感じています。

荒地を旅した種は強くなる

「かわいい子には旅をさせろ」といわれるとおり、人間社会では過保護に育てると「道楽息子」になってしまうといわれています。

これは野菜の種採りにもよく当てはまります。空き地や川の土手など、肥料分があまりない、厳しい条件で育った作物ほど、発芽の良い生命力の強い種が採れるのです。

種採りを始めたばかりのころ、わたしは種採り用の株にもたくさんの有機物を与えていました。ものすごく大きな姿になって、花をたくさん咲かせて種もたくさんつけようとします。でも、そのあたりからアブラムシなどの害虫や病気が出たり、たとえ種が実ってもそれを食べる害虫が発生したり、強い風で倒れたりして、結局は種が採れなくなってしまうことが多かった。おまけに実った種も発芽力が弱くなっているのです。有機物とはいえ肥料をたくさんやったのでは、野菜の能力は引き出せないと学びました。

そんな経験をしてから、わたしは、土手の雑草といっしょに作物を生育させて種を採ってきました。ほかのアブラナ科野菜の花粉が飛んできて交雑する心配はありますが、種の生命力を高めるにはいちばんいい方法のように思います。荒地にしばらく旅をさせるわけです。雑草にも負けないような野菜をつくりたいときにはおもしろい種採りに思えます。

また、わたしの農園には、こぼれ種が何年か繰り返し育ったものから選別してきた野菜が増えつつあります。近くの自然に旅に出して、元気を取り戻してから畑で栽培していくわけです。

自家採種のために選んだ長崎唐人菜の母本（親株）を、畑のそばの土手に植えたところ。一般的な自家採種のやり方は、まず自分の目的の形質の母本を選抜して移植し、母本同士を交配させる。これをくり返して、だんだんと集団の性質をそろえていく（固定化）。ところが植物には近親交配をくり返すと、生育や繁殖力が弱まるという性質がある（自殖弱勢）。そこで、5〜10株以上の株を採種用に選んで移植したり、性質が弱くなったときには、強勢な個体を集団の中に入れたりする

風土にあわせて変化する

交換会などでやりとりされた種は、これより大きな旅をすることになりますね。遠くからきた種、まして外国からきたような種は、新しい土地にとまどって、すぐには力を発揮できないものがほとんどです。でも、長年にわたって種を採っていくなかで、しだいに風土にあったものが残っていくようです。

以下、短い旅、長い旅を経てわたしの農園にとどまることになった野菜のなかからいくつか紹介してみましょう。

熊本・五木地方の大根

大根は七品種育てていますが、いまいちばん大切にしているのが、西さんという方に分けていただいた五木地方の大根。こんなにおいしい大根があったのかと感動しながら栽培中です。いろいろな姿があって、どの姿に揃えていく（選抜していく）か迷ってしまいますが、あまり迷ってはいけないのですね。迷った心が大根に表われてしまいますから。この素晴らしい大根を分けてくれた方へのお礼を込めて、わたしの農園の姿にしていきたいと思います。

いい種を見出したい、おいしいものをつくりたい。種を採ることはまさに宝探しです。

ターサイ（＊）

チンゲンサイ

遠く、外国からやってきた種もあります。一〇年くらい前に中国の野菜の技術者から交換していただいたものに、チンゲンサイ、紅芯大根、ターサイがあります。いずれも栽培した初年はとくに優れているとは感じませんでしたが、種を採って翌年も栽培してみたら、前年よりよくなっていました。さらに翌年も選抜を繰り返すともっとよくなった。こうして種を採り続けてきたものです。

そのうちチンゲンサイは、寒さにとても強くてとう立ちが遅いので、「晩生中国青梗菜」と名づけてみたら大人気。いまではたくさんの農家のあいだに広がっています。

オーストラリアから来たロマネスク（＊）

紅芯大根

紅芯大根は、一〇年たったいまでもまだ納得していません。もともととても割れやすかったので、日本の品種と交雑させてそこから選抜を続けてきました。まだ、中の色が白っぽいものがときどき出てくるので、まとまっていない（十分に固定していない）のです。

五年くらい前から、紅芯大根の肩を少し切り、中の色を確認しながら種を採り続けてきたので、少しずつですがよくなってきています。いつかは自慢の品種に育つことを願っています。

京都の農家から分けてもらった壬生菜（＊）

ロマネスク

さらに遠くは、オーストラリアからやってきたロマネスク。最初は見栄えも悪く、やめようかと思っていたら、食べた消費者の方がこの野菜はとてもおいしいといわれて、そのままずるずると栽培を続けてきました。今ではわたしの大切な野菜になりつつあります。

京都の畑菜、壬生菜

一二年くらい前に京都の農家からいただいた、まさに門外不出と思えた種が、もうすっかりわたしの農園のスター。実際に栽培してみて、その素晴らしさに驚きました。自家採種の素晴らしさをあらためて知ったものです。

黒田五寸人参の選抜。ふくよかな感じで濃い橙紅色、尻が丸みを帯びているものの中から中間の大きさのものを母本に選ぶ（＊）

北海道の地カボチャ

収量は多くないうえ形もいろいろだったので、好きな品種ではなかったのですが、もう一〇年以上栽培しています。種を分けてくれた方が倒れて栽培できなくなったと聞いたので、わたしが守るしかないという気持ちです。好きな姿に揃ってきていますが、収量はやはりまだ少なめ。毎年、なるべく着果が多いものを種として残しています。

父が残してくれた品種

昨年、倒れた父は今は寝たきりの状態ですが、まくわうり、つくね芋、生姜、風黒里芋などの種は、父が採り続けてくれたことで守られた野菜です。その思いを受け継いでいきたいと強く感じてしまいます。

五寸人参

わたしの農園でいちばん大切にしてきた種は、やはり五寸人参です。もう、つきあって一八年近くにもなりました。選抜するあいだに長くなりましたから「六寸人参」といったほうがいいかもしれません。

種苗交換会に出かけるときは、この種を必ず持参します。はたして、このにんじんから種を採り続けている人がいるかどうかわかりませんが、いちばん大切な種だからこそ、守り伝えていくためにこれからも旅に出していこうと思います。

旅に出すのはちょっと勇気がいることですが、種にとってはとてもいいことなんですよね。物語のある種、人の思いがいっぱいに詰まった種、そんな種からは、思いを形にできる農が始まる感じがします。

（長崎県南高来郡吾妻町）

二〇〇五年二月号　タネを旅に出そう

九条太ねぎの花の、タネとして収穫する直前の姿。できるだけ充実させてからタネ採りしたほうがいいが、雨にあう前に（＊）

遊休地でつくろう（その1）

絵・高橋しんじ

ネマガリタケ

別名：チシマザサ・月山タケ など

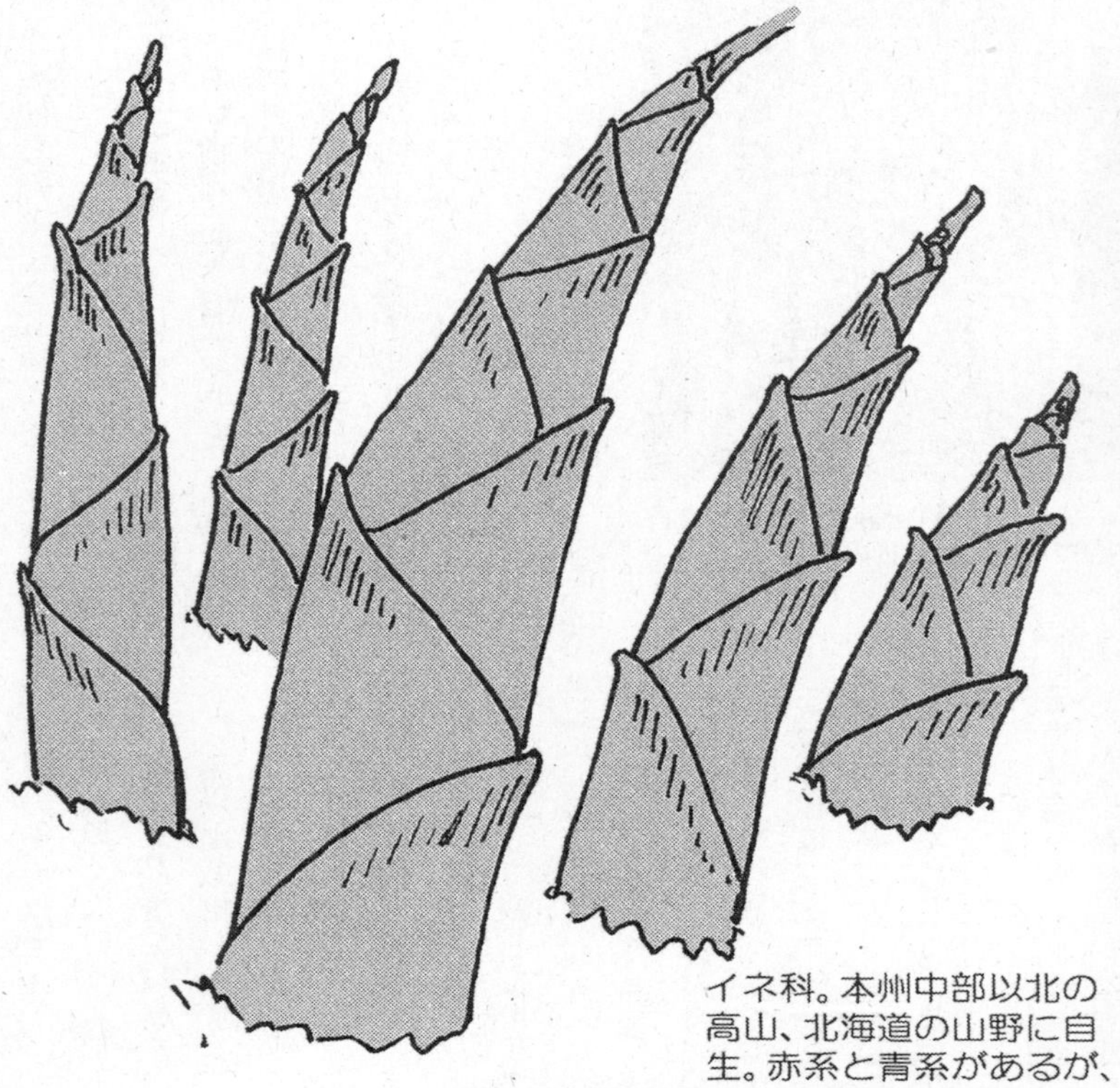

イネ科。本州中部以北の高山、北海道の山野に自生。赤系と青系があるが、根元が赤いズングリ形の赤系が柔らかくて食感がよい。5～6月に収穫

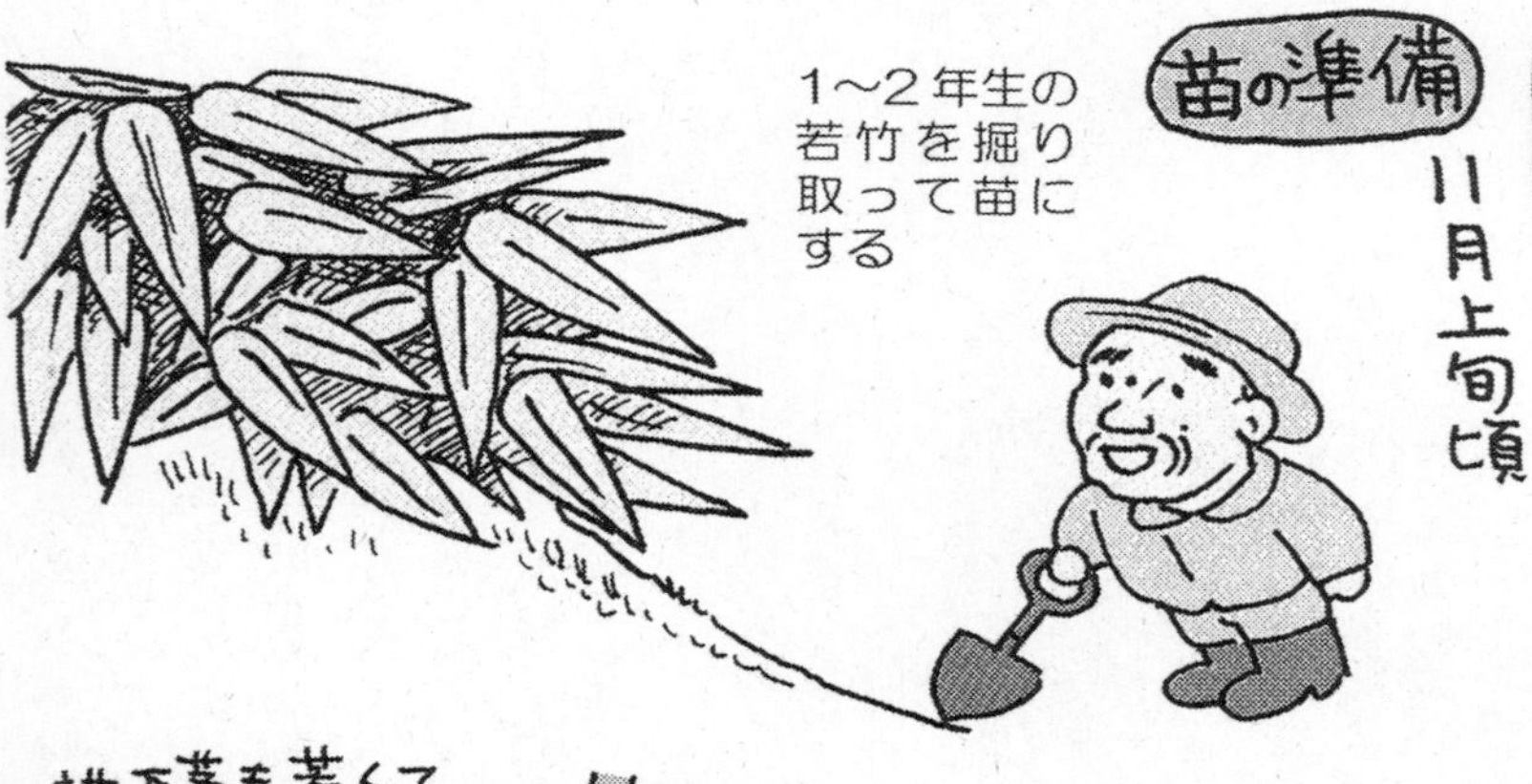

1～2年生の若竹を掘り取って苗にする

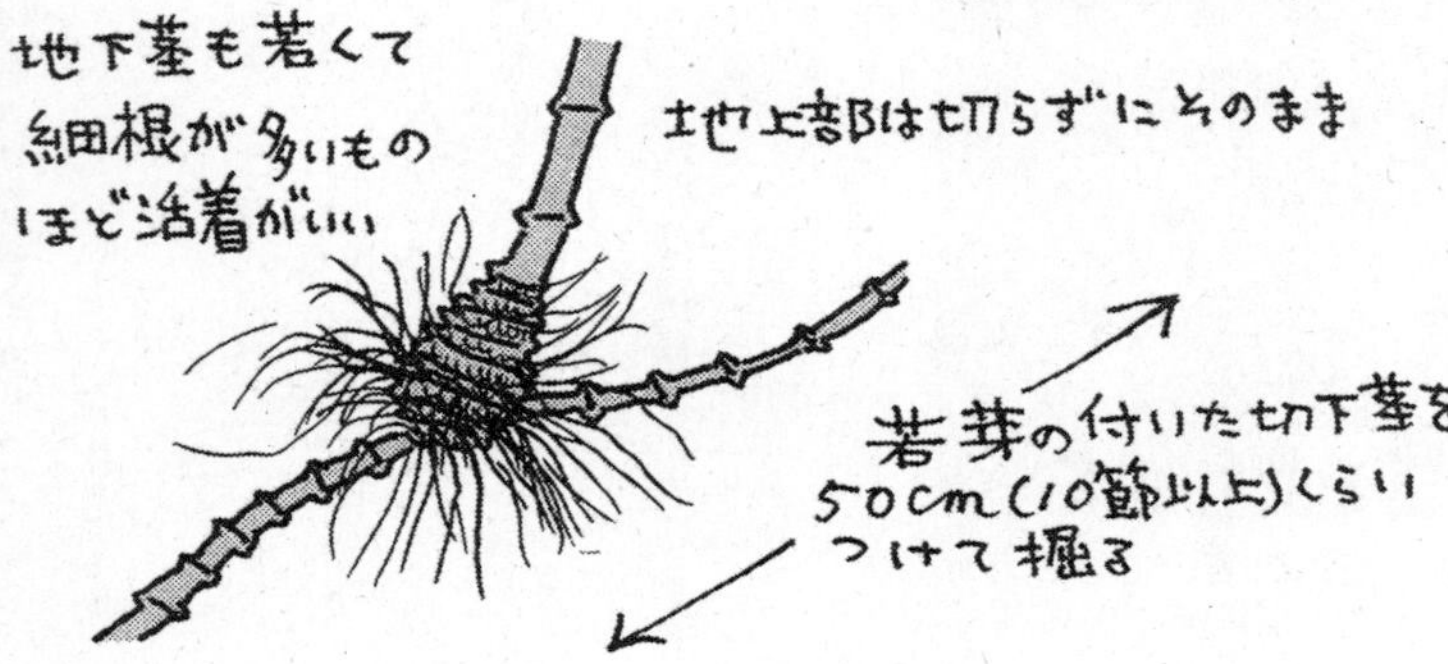

図解①　山から根株やタネを採って

この記事は、山形県朝日町農業研究所発行の『山菜栽培をはじめよう』をもとに構成しました。

畑に植えるときは、親竹の葉の表が太陽光によく当たるように斜めに植える。10a当たり30〜50本

60cm 四方を耕耘

春先、積雪によって親竹が倒され、根が浮いていたら根踏み

深さ 30cm、幅 40cm ほどの植え穴に、水を入れて土をドロドロにしてから植えると、活着がよい

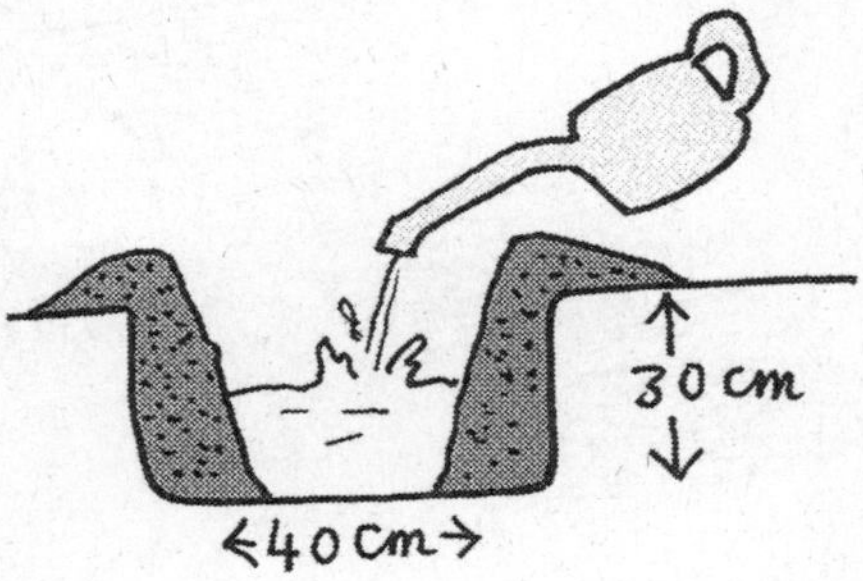

入梅頃に、親竹1本当たり鶏糞を6〜8kg 散布

●養成期(植え付けから3〜4年間)

雪どけ時期と夏に鶏糞を1a15kg ずつ散布。タケノコは出るが収穫しない

●収穫開始(植え付け4〜5年目から)

1a当たり鶏糞50kg、ケイカル6kgを、春に4、夏に4、秋に2の割合で散布。5年以上たった古竹は伐採して、新竹の発生を促進。必ず一部のタケノコは残すこと

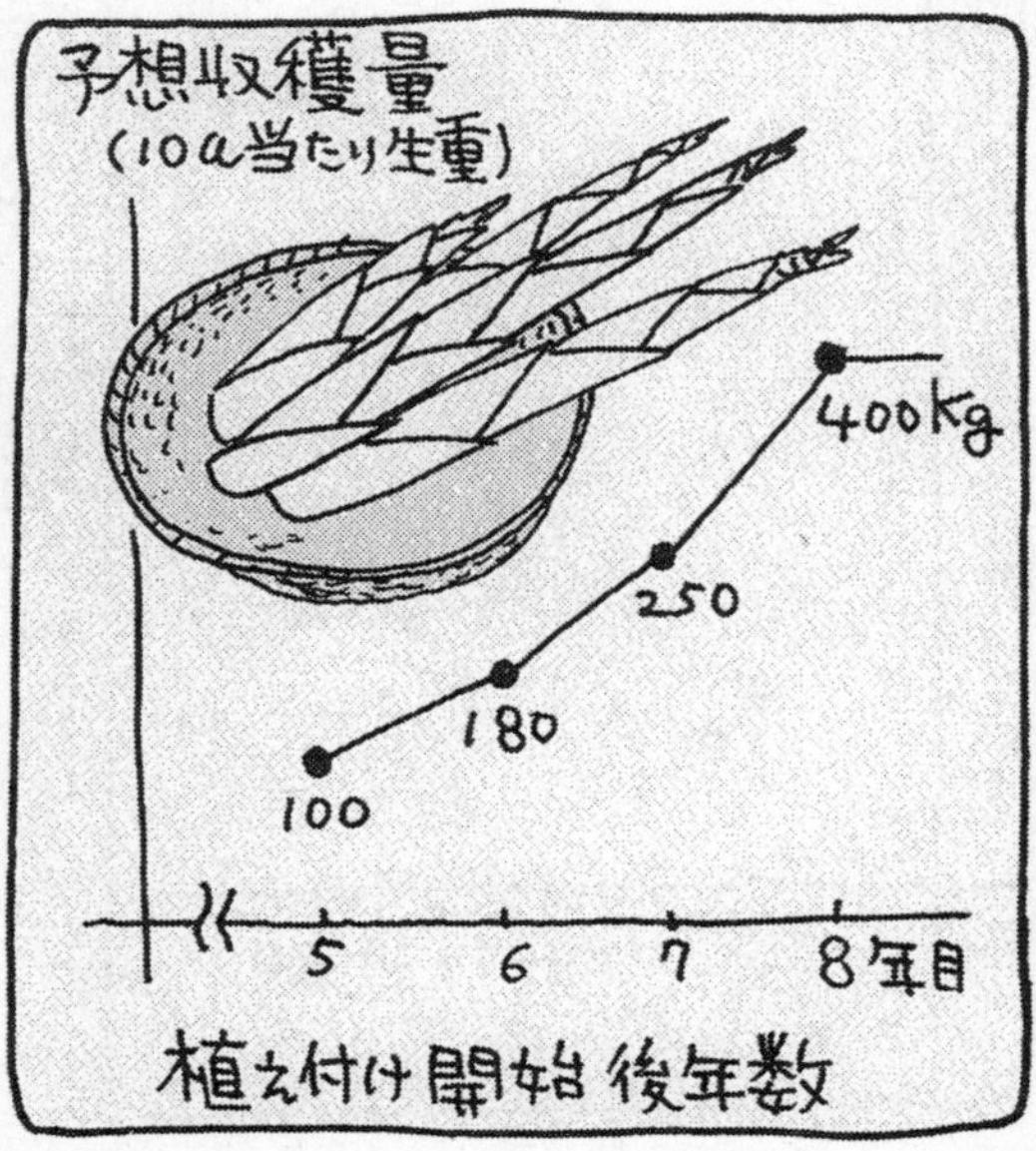

ワダイ

別名:ウドブキ・イヌドウナ・ボンテナなど

採取時期は10月下旬～11月、または芽が出る前の4月上旬

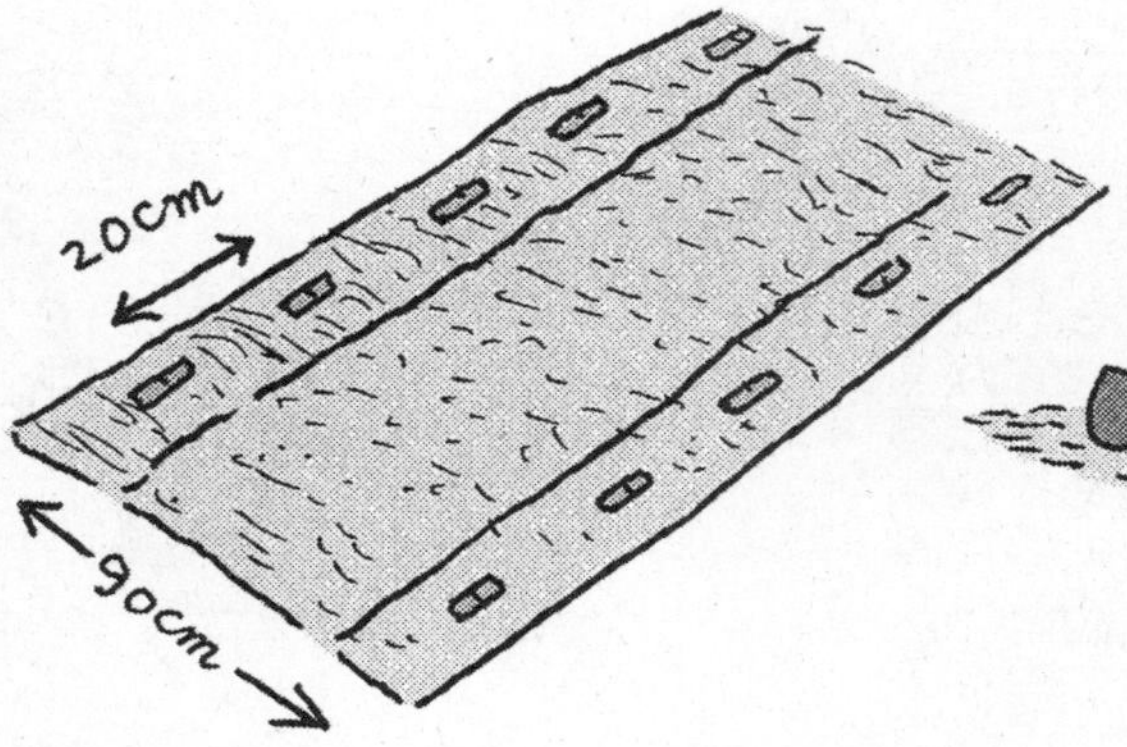

1芽ごとに分割した根株をウネ間90cm、株間20cmに植える

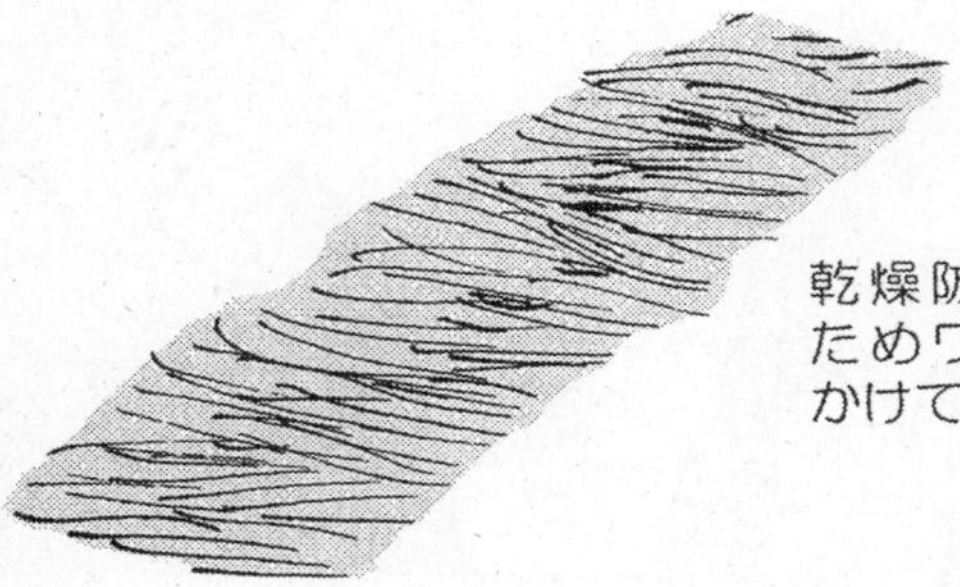

乾燥防止のためワラをかけておく

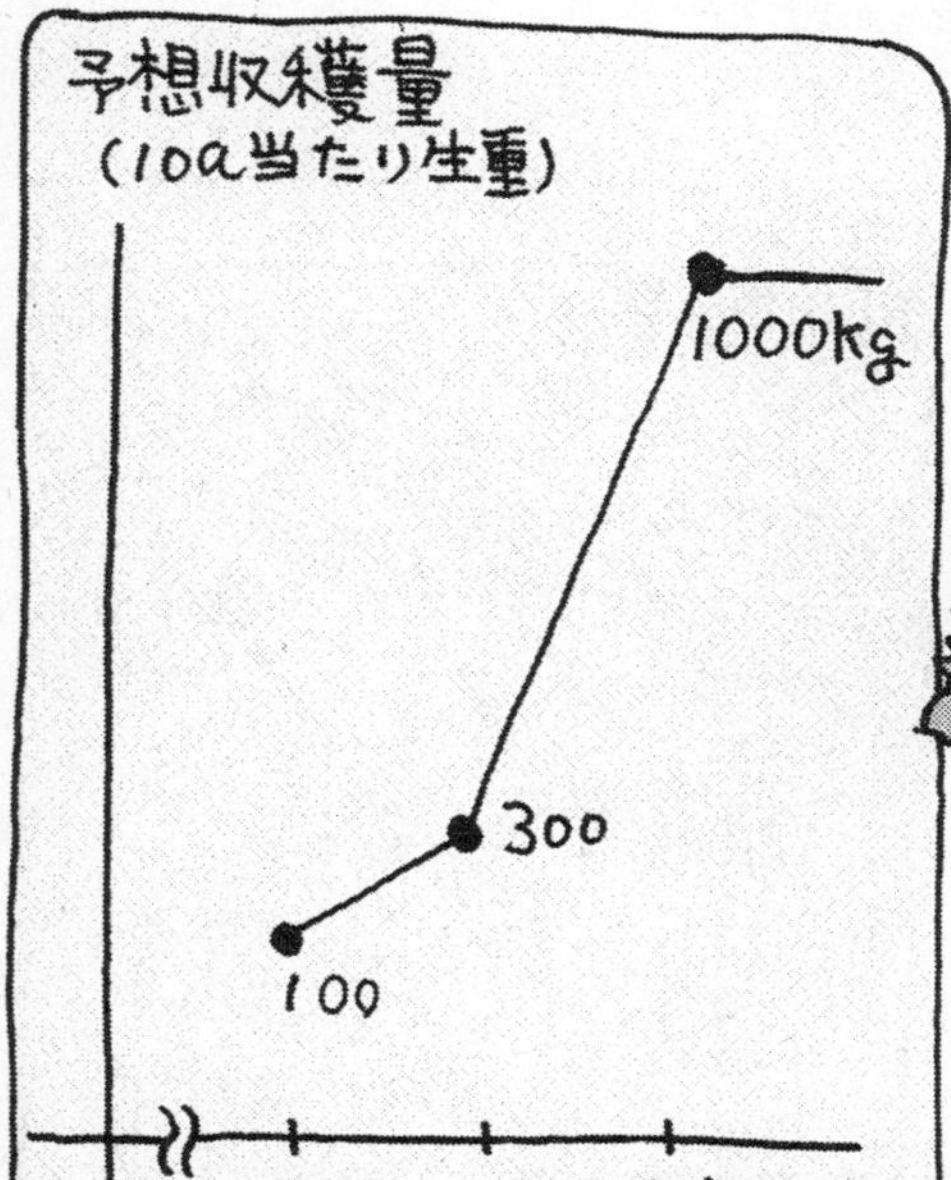

キク科。関東北部～東北地方に自生。山麓や谷間の、有機質に富み排水がよく、水もちのよい肥沃土に繁殖。茎は丸く中空で太く、葉は三角形(スペード形)。葉柄の基部が茎を巻く。4～6月、若芽を食べる

自家採種法

山から根株やタネを採って遊休地でつくろう

3 年目から収穫可能。ウドやフキに似た香り

定植２年目までは日照を嫌うので遮光率 70%の資材で覆う

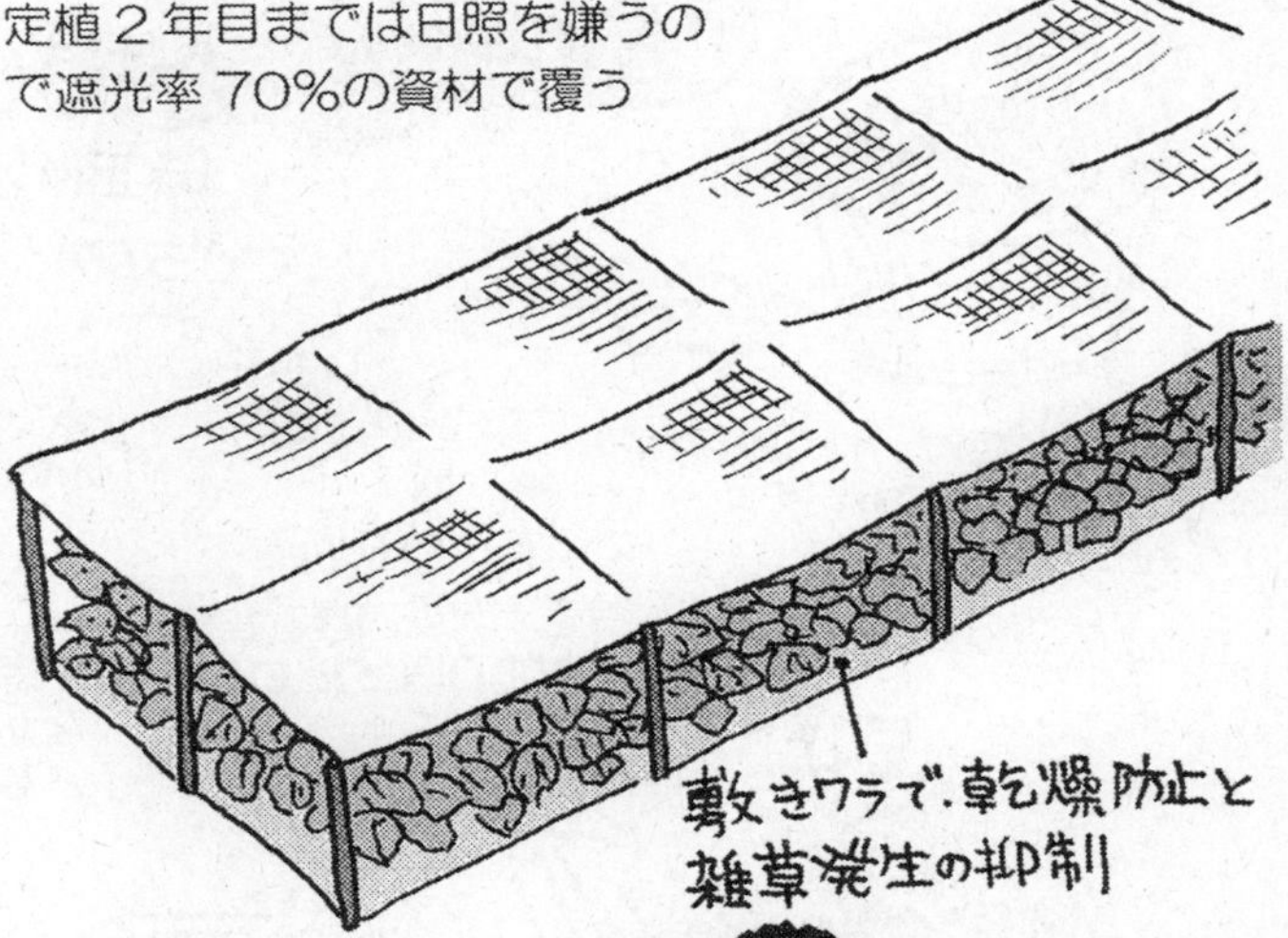
敷きワラで、乾燥防止と雑草発生の抑制

施肥は早春に、有機質肥料を主体に、３要素とも１ａ １．５kg ずつくらい

秋には茎葉が枯れてから茎を刈り捨てる

実生繁殖する手もある

10 月中旬頃、タネが飛散する前に採種。12 月上旬、128 穴のトレイに肥料の少ない培土を入れ、１穴２粒ずつ播種、軽く覆土。かん水し、ワラで覆い、雪に当てて休眠打破。４月下旬頃発芽。収穫は定植後３年目から

山菜好きだったので、タバコ畑の跡に植えました。
３年目から本格的に収穫
―クワダイ栽培７年
小林与一郎さん

シドケ

別名：モミジガサ・シドキ

増殖法

☆挿し木法

時期は5月中旬～6月下旬

1 時間水あげ。挿し木の前に発根促進剤処理すると発根がよい

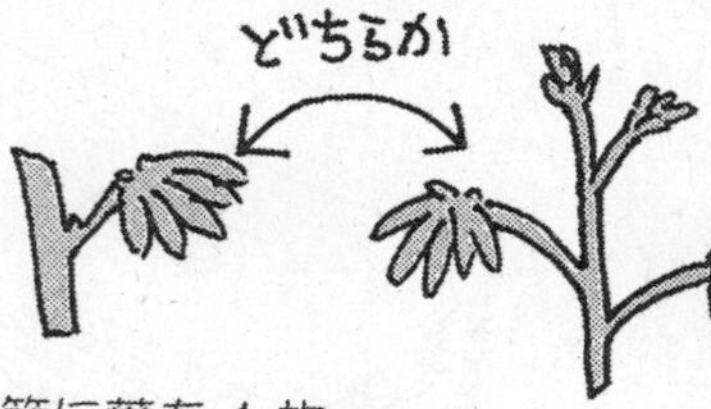
どちらか

茎１節に葉を１枚つけて切ったもの

花芽分化していない頂芽に葉を２枚つけたもの

無肥料の壌土または砂の床土に葉の基部まで隠れるように挿す

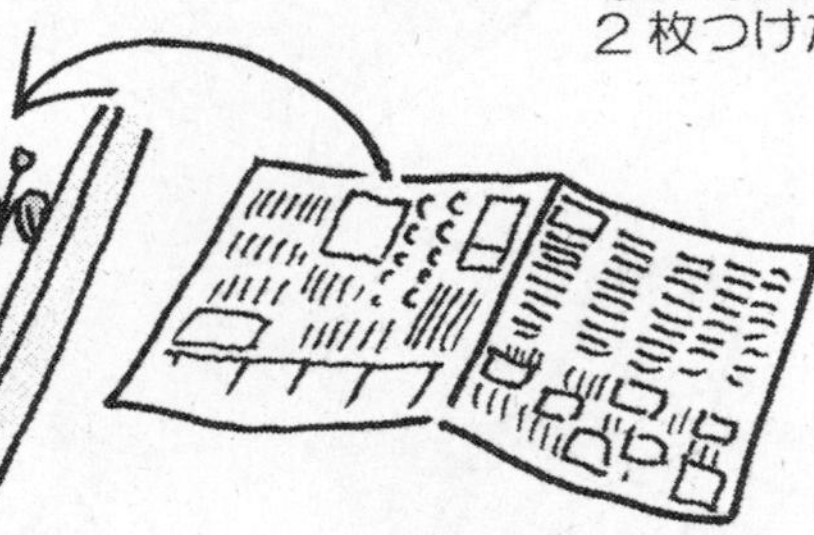

濡れ新聞紙をのせて涼しいところに。乾燥しないようにときどきかん水。約３週間で発根する

平成6年に挿し木繁殖に成功して
ブドウの下に植えたのが
私のシドケ栽培の始まり
ーシドケ栽培9年
堀眞一郎さん

☆株分け法

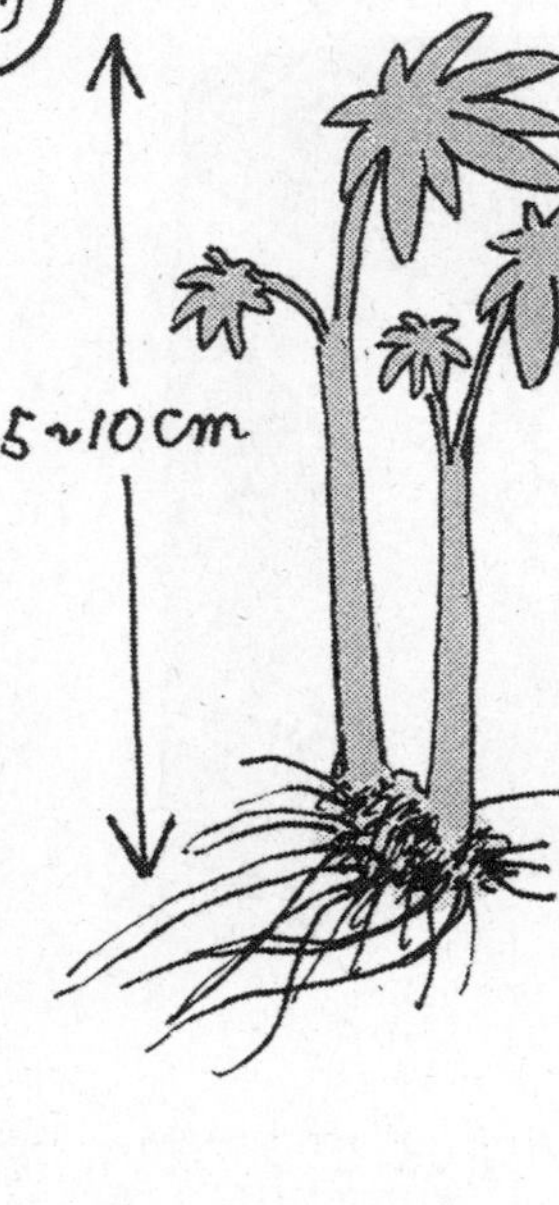
5～10cm

４月中旬頃、シドケが萌芽し、草丈が５～10cm のときに１芽ずつ分けて植える

※前ページのクワダイと同じく実生法でも殖やせる

自家採種法

山から根株やタネを採って遊休地でつくろう

定植圃場は排水を良くし、定植１カ月前に堆肥や肥料をやって耕耘。施肥量は、１ａ当たり３要素とも1.5～2kg

ウネ間60cm，株間20cm
くらいに植えると
4～5年は改植の必要がない

挿し木苗は、７月中旬に十分発根したものを定植。実生苗なら６月中～下旬に定植

直射日光を嫌うので、ブドウやリンゴの下作に適。そうでなければ、遮光率 60～70%の寒冷紗などで覆う。秋、茎葉が枯れたら刈り捨て、完熟堆肥を１ａ300kg 散布

シドケ

キク科。全国に自生。湿気のある林内を好み、沢の斜面や西日の当たらないところに群生。５～６月に若芽を食べる

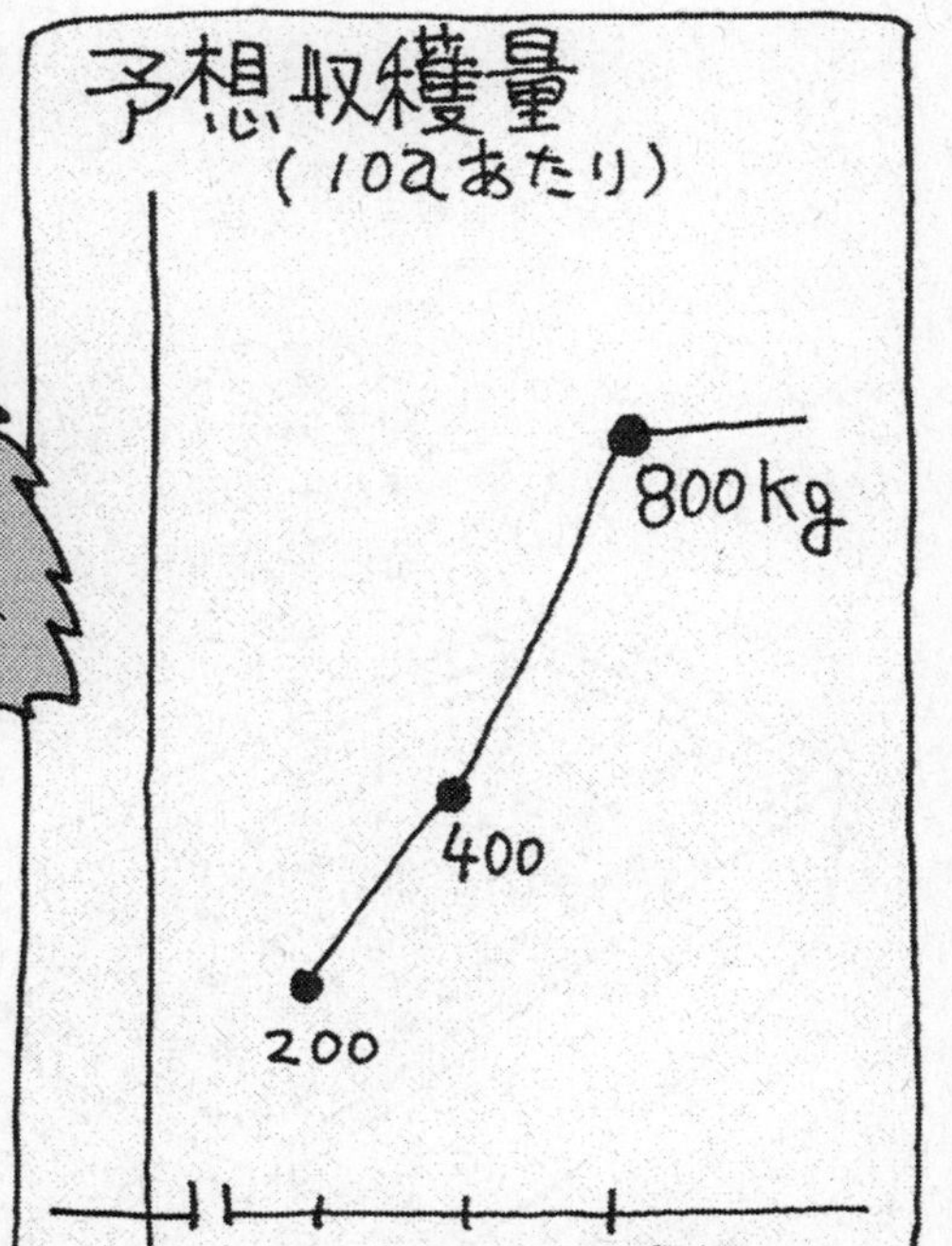

シオデ

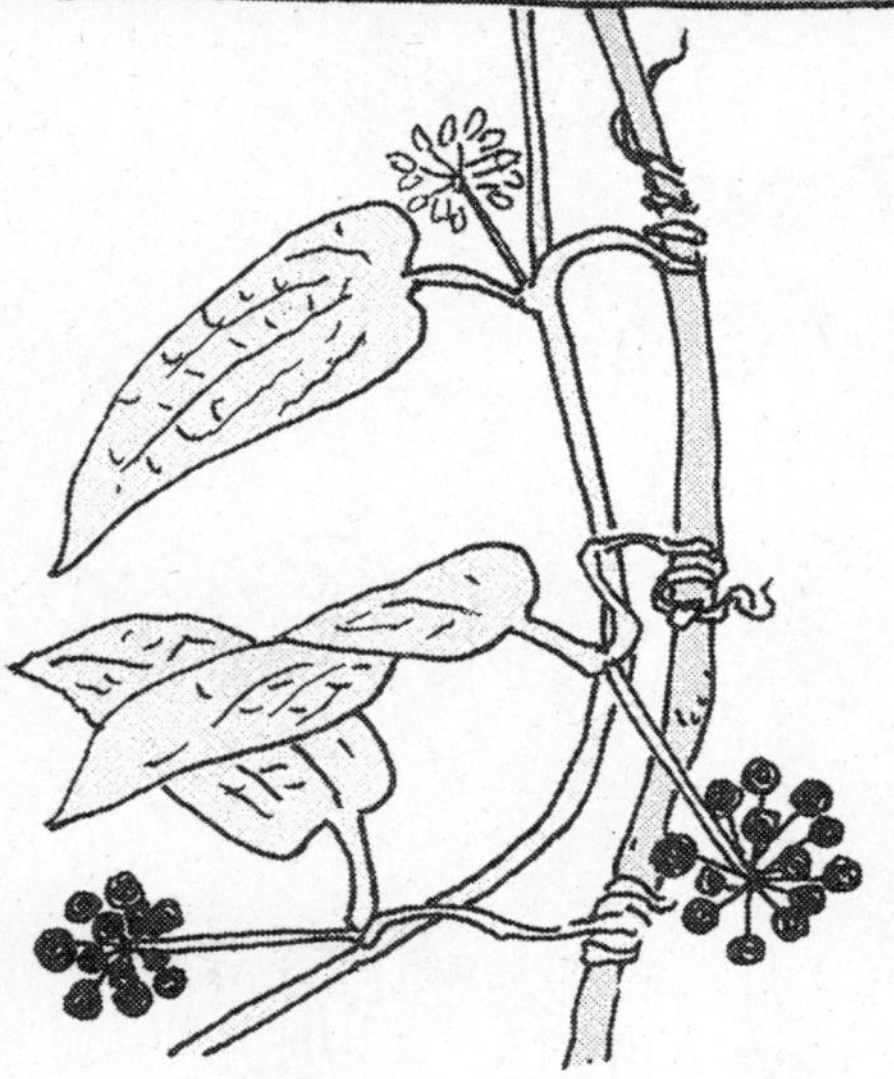

10月頃、黒い実がつく

ユリ科。全国に自生。山菜の中では比較的日光を好む。2～3mのツル状に伸びる。春先の若芽は、「山のアスパラガス」といわれるとおり、姿も味も似ている

増殖法

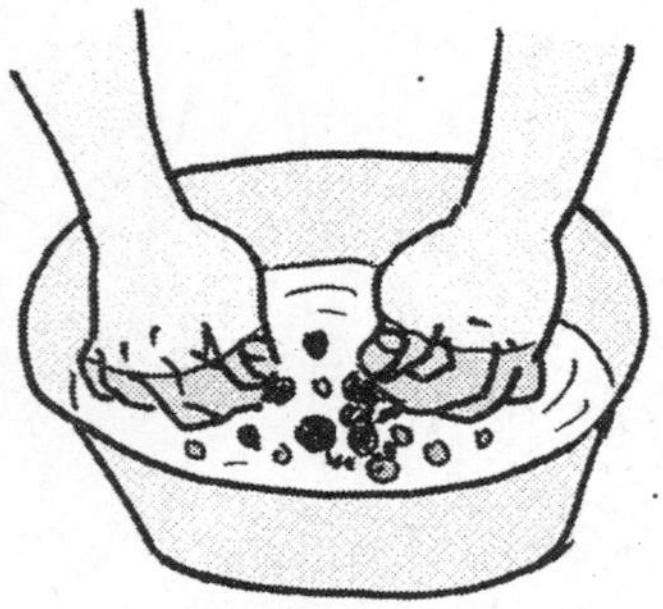

黒い果肉を洗い、タネを取り出す。タネは赤色

軽く陰干ししたら、すぐに播種。有機質主体のやわらかい土を使い、発泡スチロール箱かプランターに。翌々年の春に芽が出る

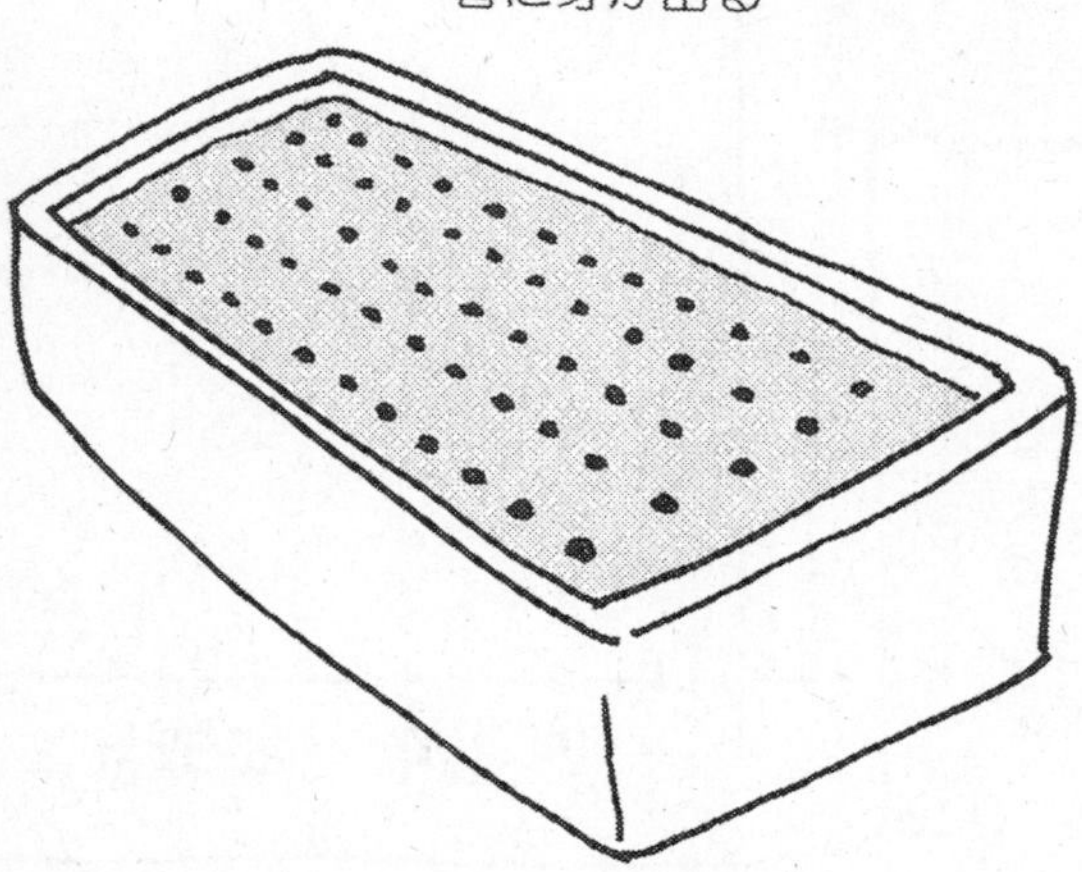

発芽した苗は秋まで養成し、10月下旬に定植。
定植して2年目までは、軽い遮光を

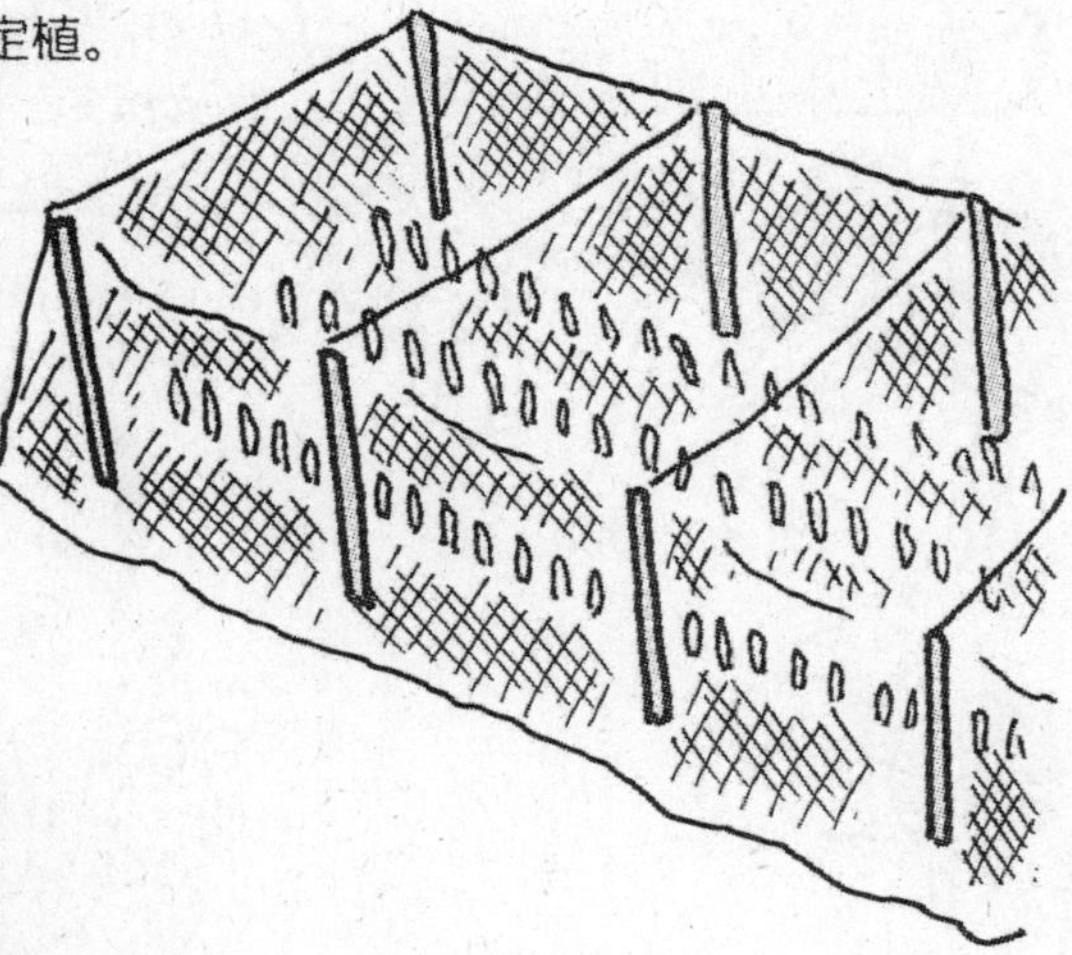

3 年目以降になるとツル状に伸びるので、キュウリ栽培のネットや支柱を利用

施肥は、1 年にチッソ成分で1 a 1kg ほど。堆肥などの有機質肥料の効果が高い

収穫は定植して5 年目くらいから

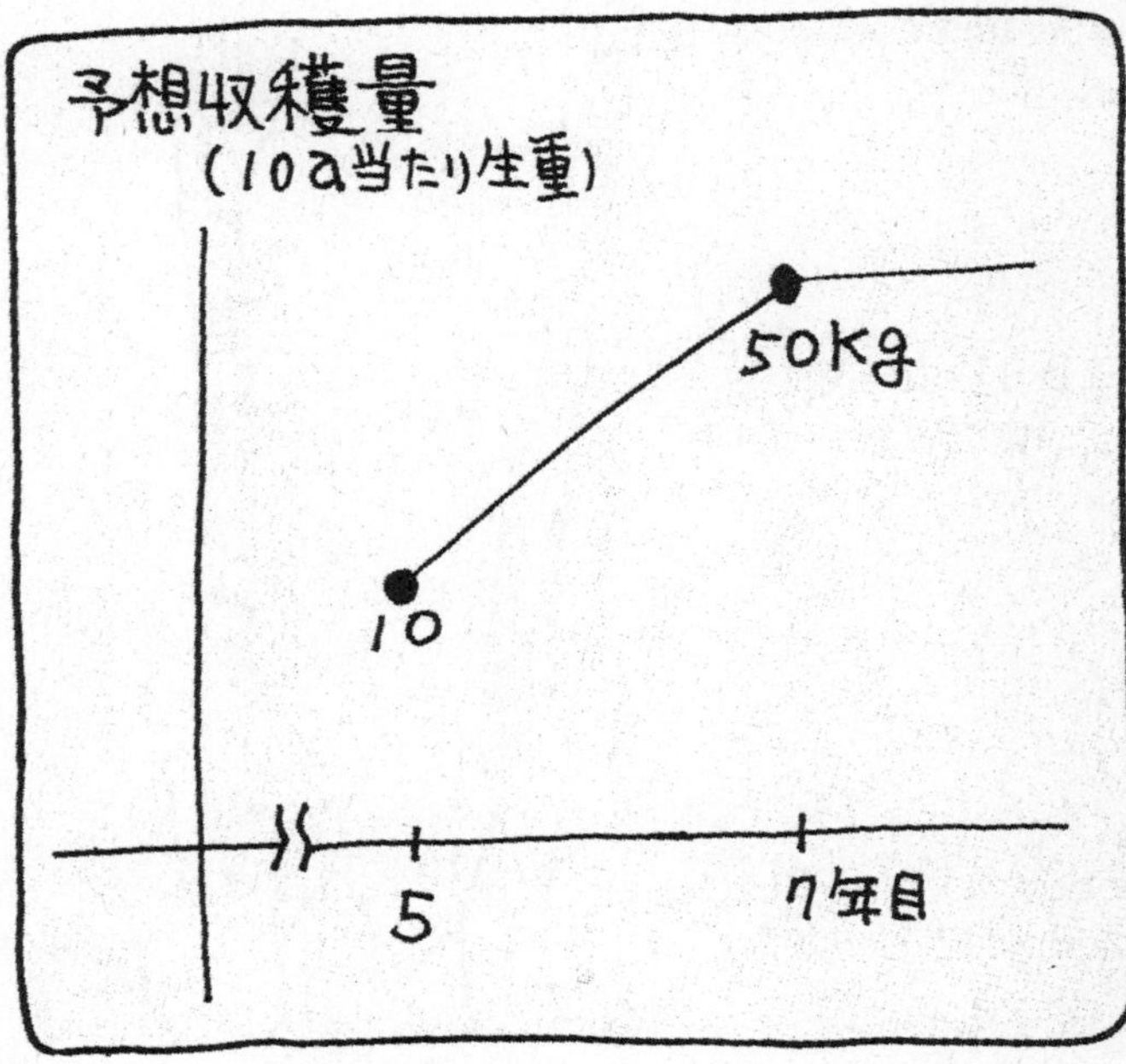
予想収穫量
(10a当たり生重)
50kg
10
5
7年目

収穫できるまでの時間がかかるのが欠点。姿が似ているからか、アスパラガスと同じ害虫がつくのも困るが、とにかくおいしい
―シオデを栽培する
阿部政郎さん

オオナルコユリ

別名：アマユリ

私の場合は山イモみたいにつながった根茎を株分け（1個200g以上に）したところ、3年目からいいものがとれるようになった
ーオオナルコユリ栽培10年
渡辺友吉さん

実生での増殖法

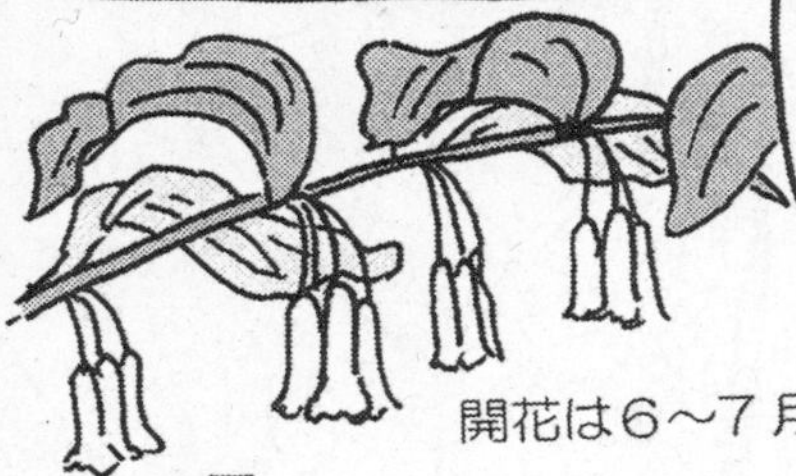

開花は6～7月

10 月上旬、黒っぽく熟した実をつぶす

直径３㎜ほどのタネ

（ビニール袋に湿ったバーミキュライトといっしょに入れ冷蔵庫に保存）

翌春に播種

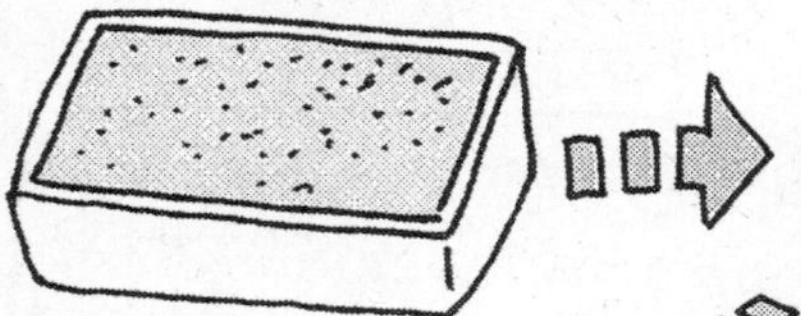

播種から２年目の春に発芽。その苗を秋、11 月上旬までに１a 300 株ほど定植

定植から５～６ 年で収穫可能。 10 a 50kg くらい

◎施肥は ４ 月上旬までに有機質肥料をチッソ成分で１ a 300g。日当たりの良いところは遮光。収穫の際は必ず１本を栄養芽として残す

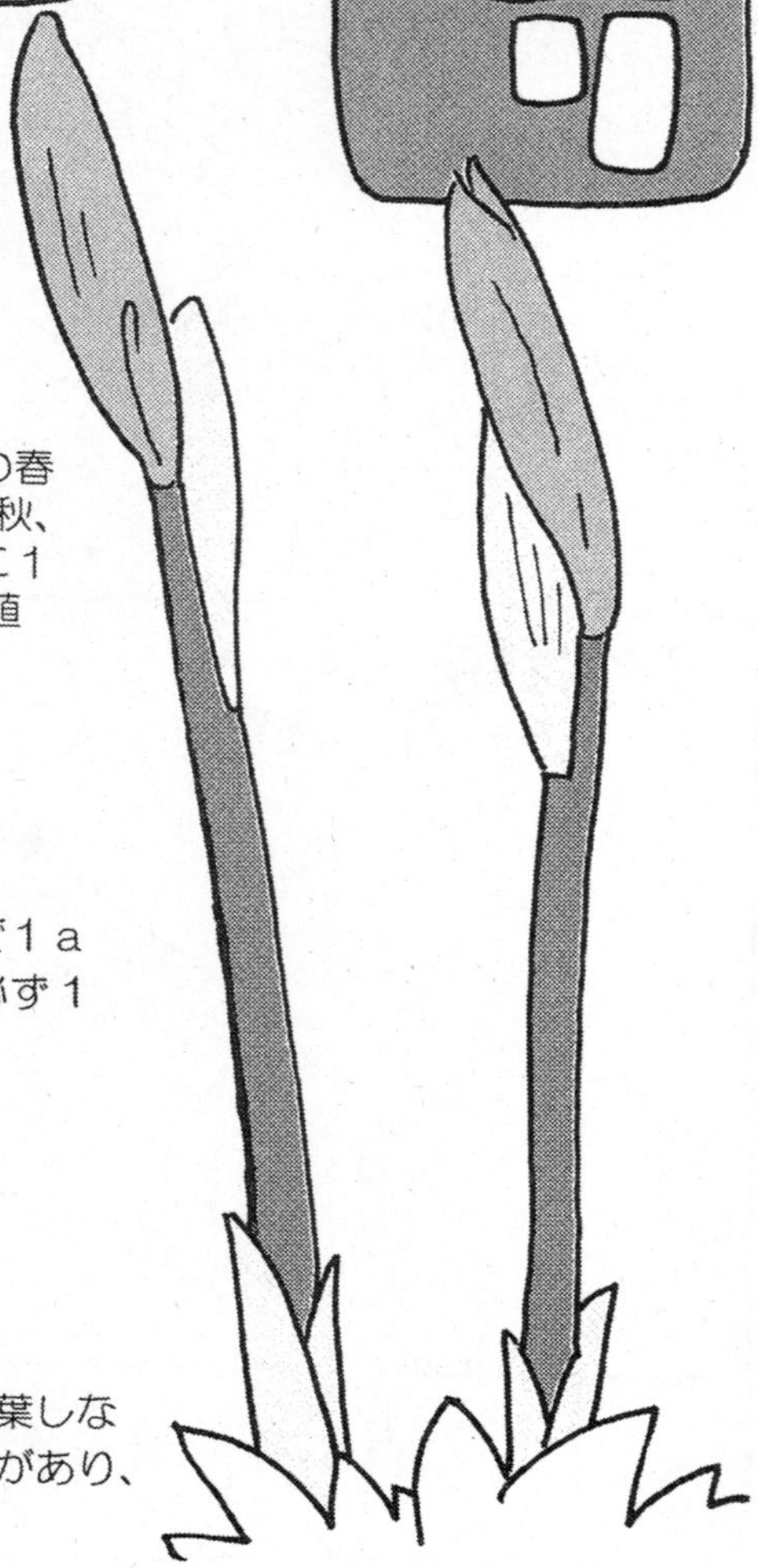

ユリ科。全国の林地に自生。５月、展葉しない若芽を食べる。特有のヌメリと甘みがあり、アスパラガスに似た味

イラクサ科。全国の深山の沢沿いなどに多く繁殖。茎葉全体に刺毛があるので、採取には軍手を着用

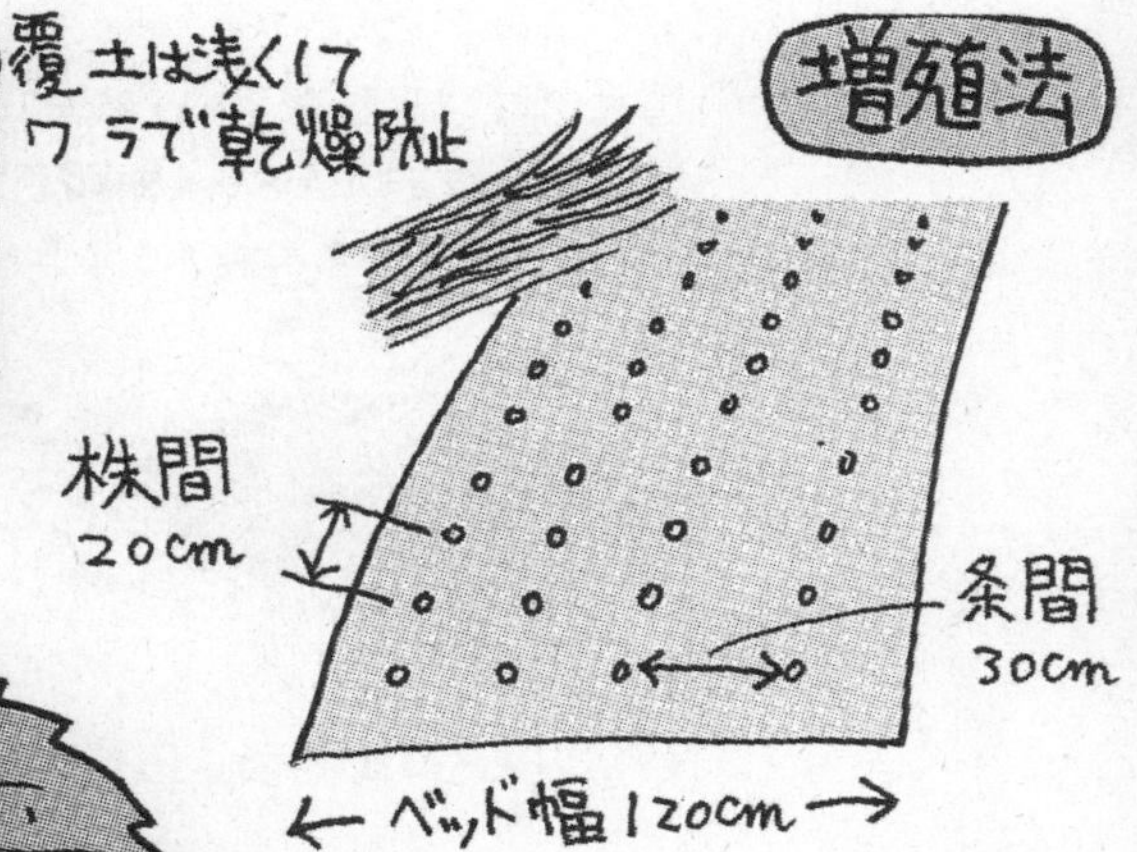

10 月下旬～11 月、または芽が出る前の3月下旬～4月上旬に根株を掘りとって株分け、120cm 幅のベッドに４条植え

※10月中旬頃に採種し、30ページのクワダイと同じく実生で育ててもよい

夏は茎が直立して
1m以上になる
敷きワラ

収穫適期は４月下旬から。草丈 20～30cm、本葉２～３枚で地際からとる。株分けなら定植後 ２ 年目から収穫可能。５年目で 10a 当たり 1000kg

施肥は収穫後の ６ 月と萌芽前の ４ 月に、３要素とも1ａ １～１．５kg ずつ。有機肥料を主に

―アイコを栽培する
阿部政郎さん

植え付けは晩秋がよいが、新葉展開前の 3 月下旬、6 月上旬の入梅期でも可。ウネ間 80cm、株間 30cm くらい

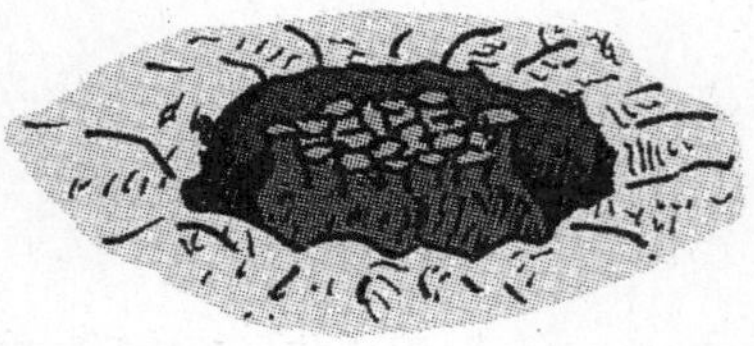

植え付け年は肥料をやらず活着を促す

山から根株を掘る。握りこぶし大で芽が２～3 本ついているものが生育良好

ゼンマイ

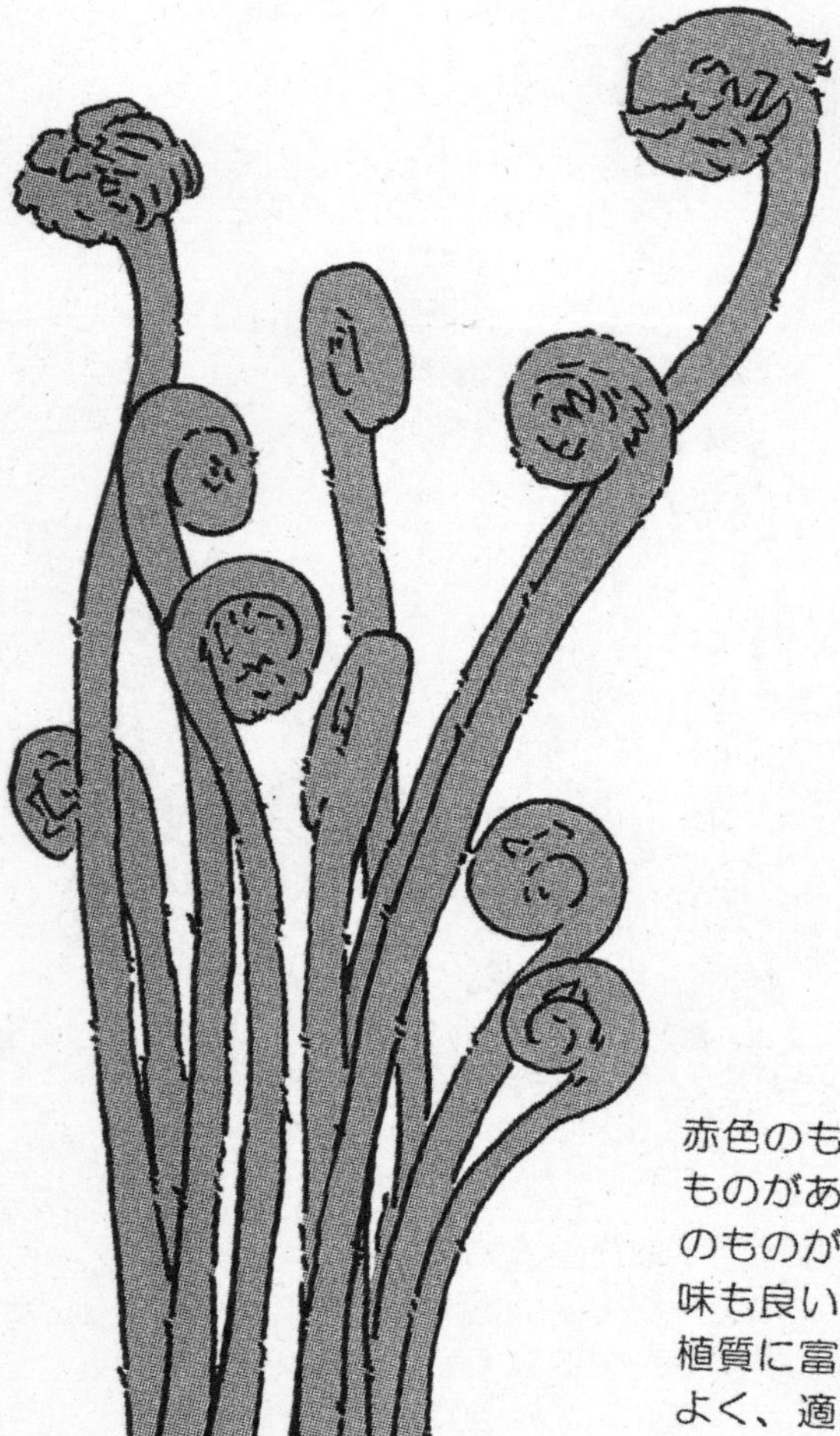

赤色のものと緑色のものがあるが、緑色のものが生育良好で味も良い。土壌が腐植質に富み、排水がよく、適当な湿度が大事

平成元年頃にリンゴ畑に植えたのが始まり。最初の3年は草刈りがたいへんですが、植え替えの必要もなく、おもしろい山菜です

―ゼンマイ栽培14年

小林 昭治さん

植え付け後の 3 年間は、除草を年 2 回（6 月と 8 月）以上実施。その後は葉が繁るので必要なくなる

施肥は植え付け翌年から、鶏糞を 1 a 当たり 20～25kg。4 月初旬と 10 月の年 2 回

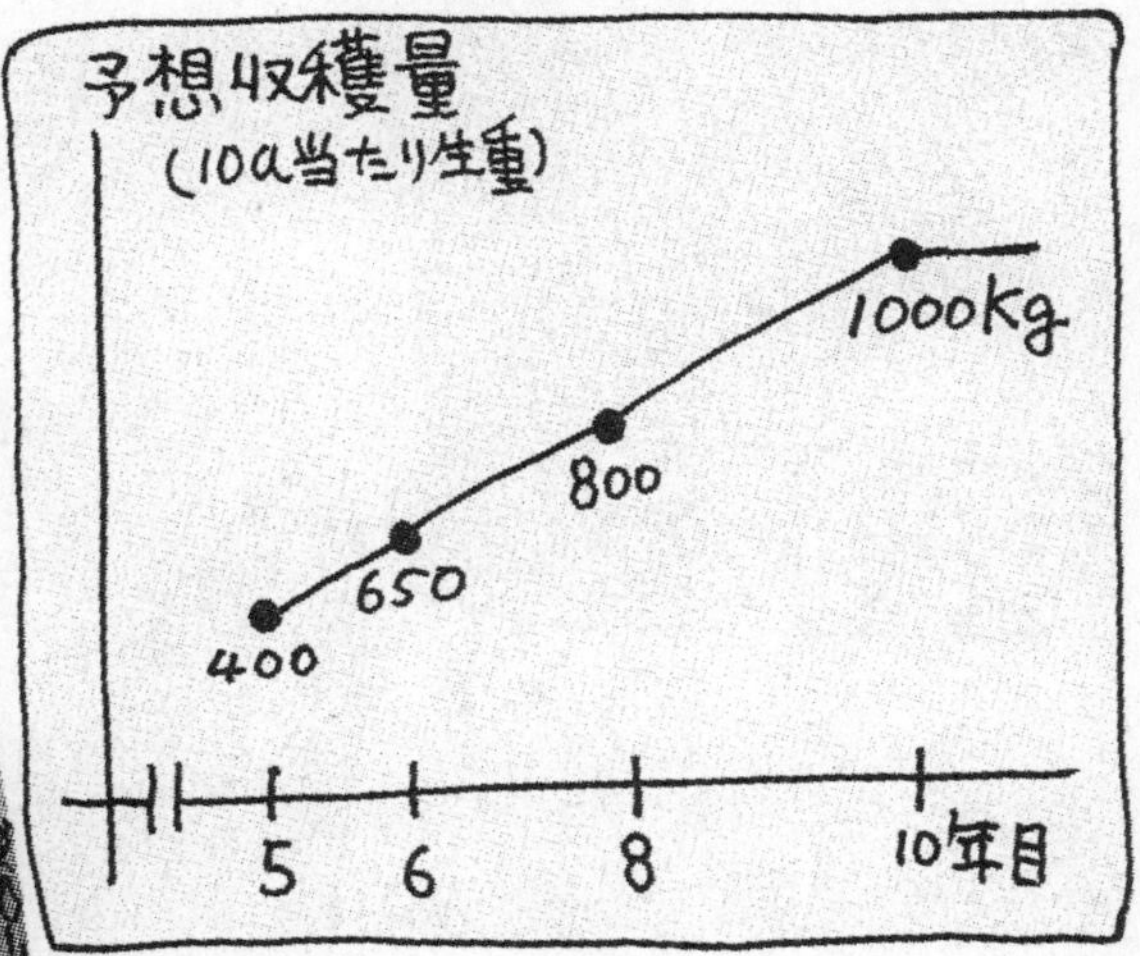

収穫の際は必ず、1 株 1～2 芽を残す。その後出てくる追芽は絶対にとらない。7～8 年たつと収量が安定。ワラビやコゴミに比べて株の更新の手間がかからない

転作田でゼンマイを栽培しています。乾燥したゼンマイは 1 kg1 万円前後。10 a 20～30 万円の売り上げにはなっています。
――秋田県阿仁町・佐藤千代美さん（「現代農業」2002 年 3 月号）

ワラビ

アオワラビ・ムラサキワラビ・中間系などあるが、青系で、茎が太く長い状態で遅く展葉するものがよい

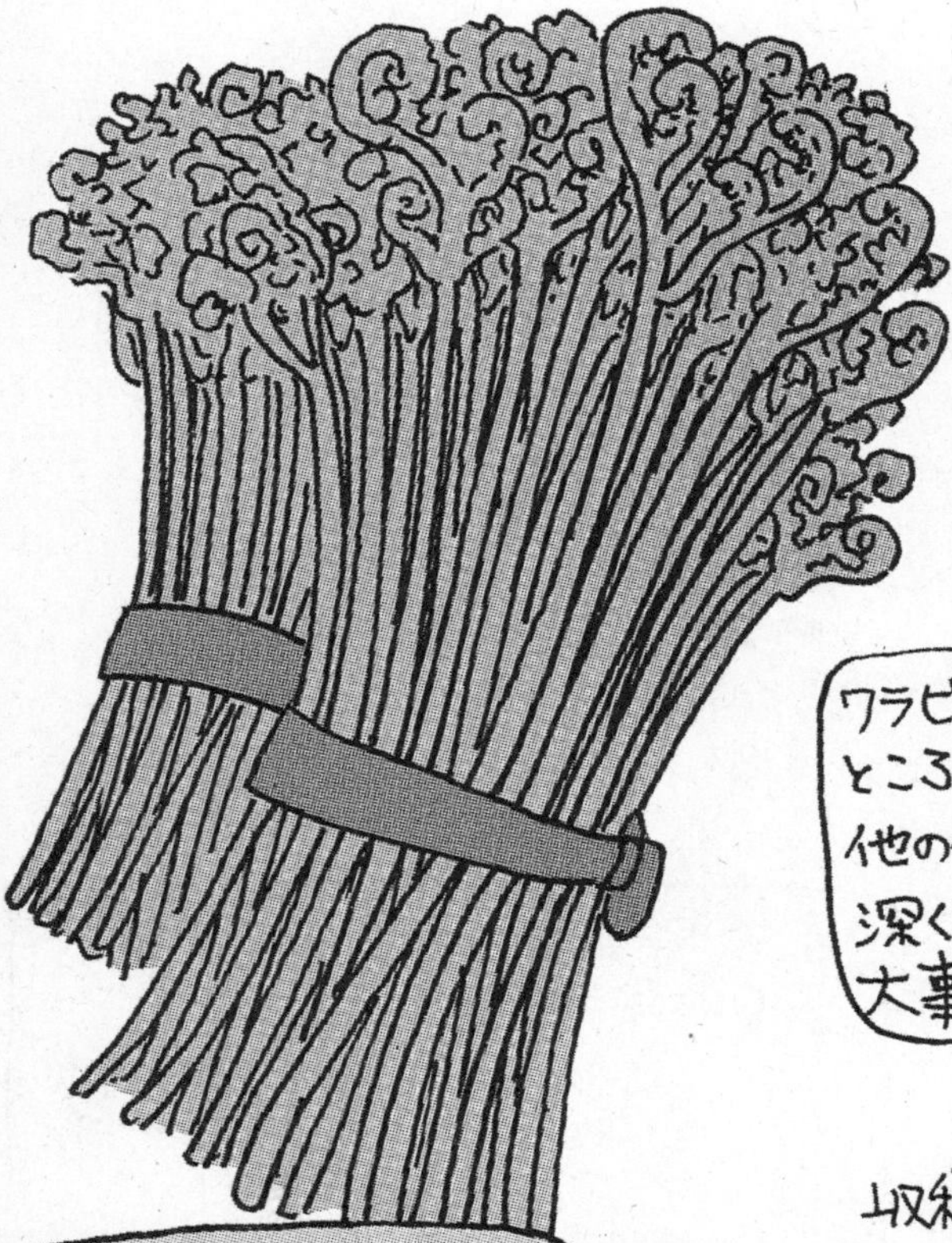

ワラビの先が早く開くところは根が浅い。他の作物と同じく根を深く張らせることが大事だ
収穫は6月いっぱいまでにする。
ーワラビ栽培25年
清水昭三郎さん

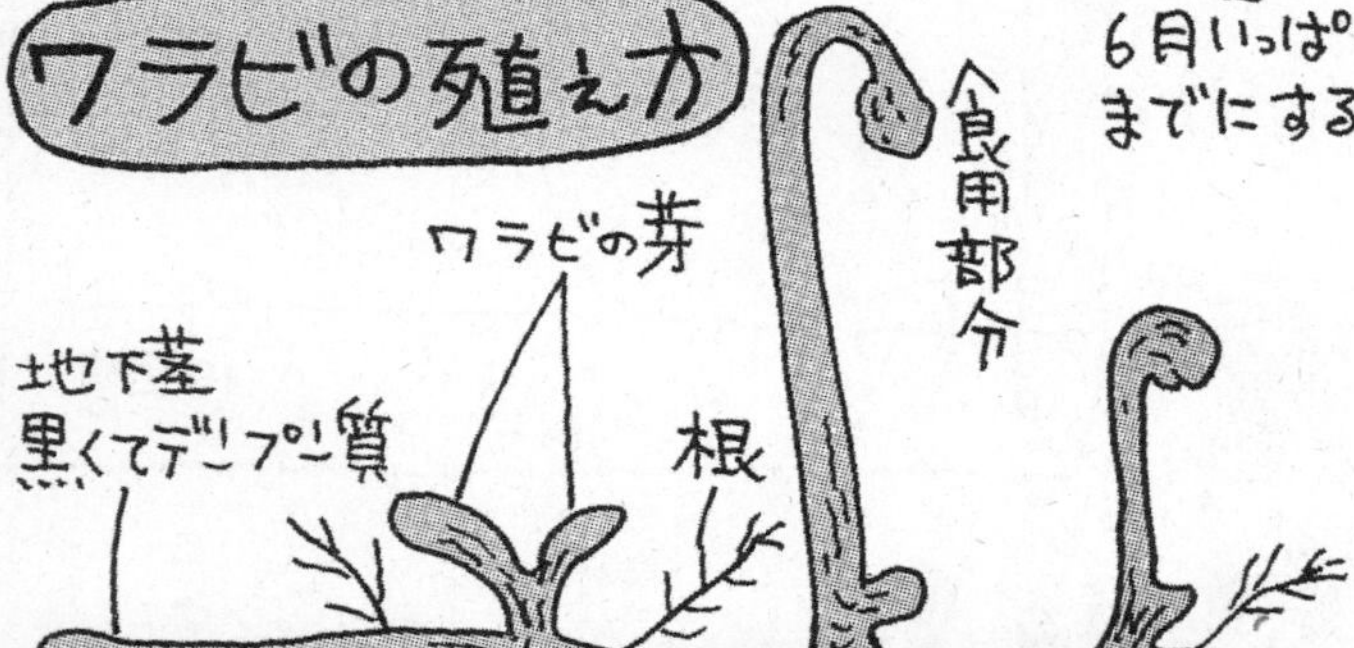
ワラビの殖え方
食用部分
ワラビの芽
地下茎
黒くてデンプン質
根

増殖法

10月下旬～11月下旬、または4月初旬に、根系を多くつけて根株を掘り、移植。ウネ間60～70cm、株間10cm。植え付け前は深耕して堆肥を1a200kg。その後も、1年に1度くらい有機質肥料を中心に施用

植え付け2年目までは、春先の乾燥と夏の干ばつを防ぐため、収穫前に株元に敷きワラを。植え付け4年目で収量は10a500kgくらい（生重）。根詰まりしてワラビが細くなってきたら、耕耘して株を更新

ギョウジャニンニク

増殖法

☆株分け

地上部が枯れた９月下旬～10月に掘り、分球したものを１球ずつ分けてすぐ定植

☆実生

７ 月中旬～８ 月上旬にタネが成熟。乾燥させないようにして、３日ほど水浸けしたらすぐ播種。うまくいけば ９ 月中に発芽。そのまま育苗して、３ 年目の秋に定植

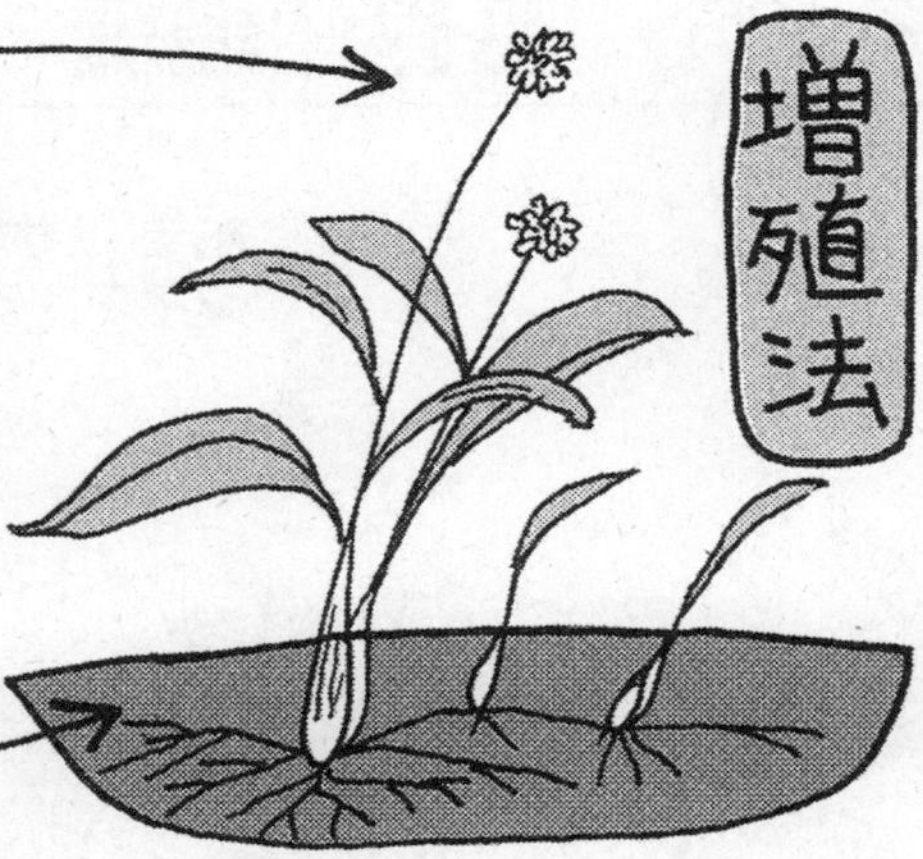

施肥は１ａ当たり、チッソ成分で１～１．５kg を２～３ 回に分けて。定植２～３ 年後から収穫開始。収量は ５ 年目で 10ａ 80kg くらい

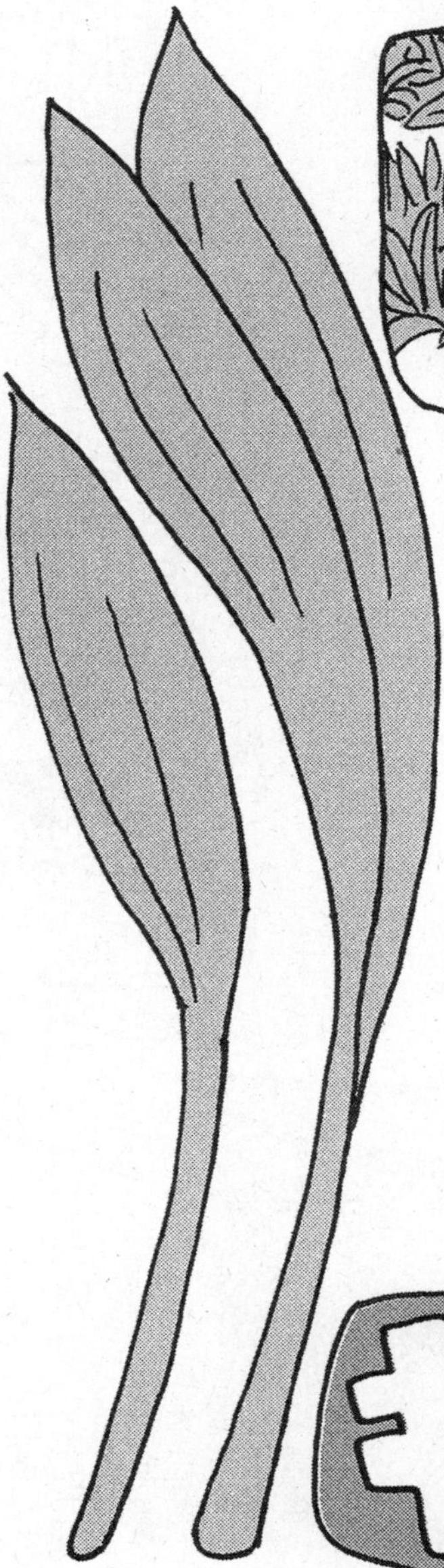

ユリ科。北海道の平地、近畿以北の高山の日陰になる場所に自生。４～５月の若芽や茎葉のほか、花やつぼみも食べられる。滋養強壮効果大

クワの樹の下など、やや日陰になる、夏涼しいところに植えるのがポイント

―ギョウジャニンニク栽培17年、
松田 鈴雄さん

その1　基礎知識編

絵・高橋しんじ

タネ採りマメ知識

固定種とは

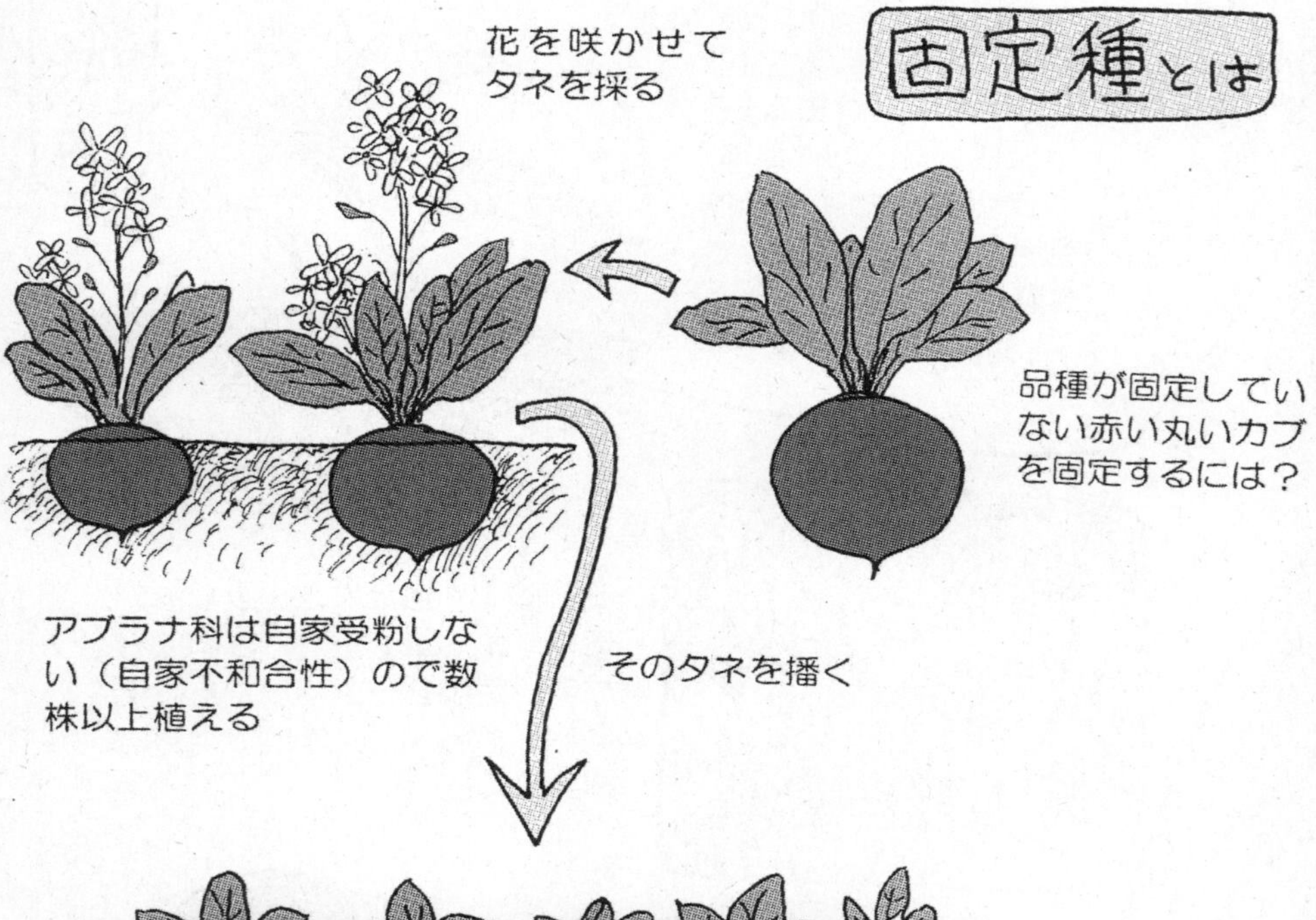
バラついた中から赤い丸いカブを選んで、タネ採りを繰り返す（選抜）
固定種
やがてバラつきの少ない「固定種」ができる
しかし同じ特徴のカブだけをずっと選び続けると…
生育が貧弱になってしまう

アブラナ科のように、他の個体と交配して受精する「他家受粉」の作物では、純度を高めすぎると、生育が貧弱になったり、タネが採れなくなってしまう（自殖弱勢）

イネやムギのような「自家受粉」作物では自殖弱勢は起こらない

図解② タネを自分で採ってみよう

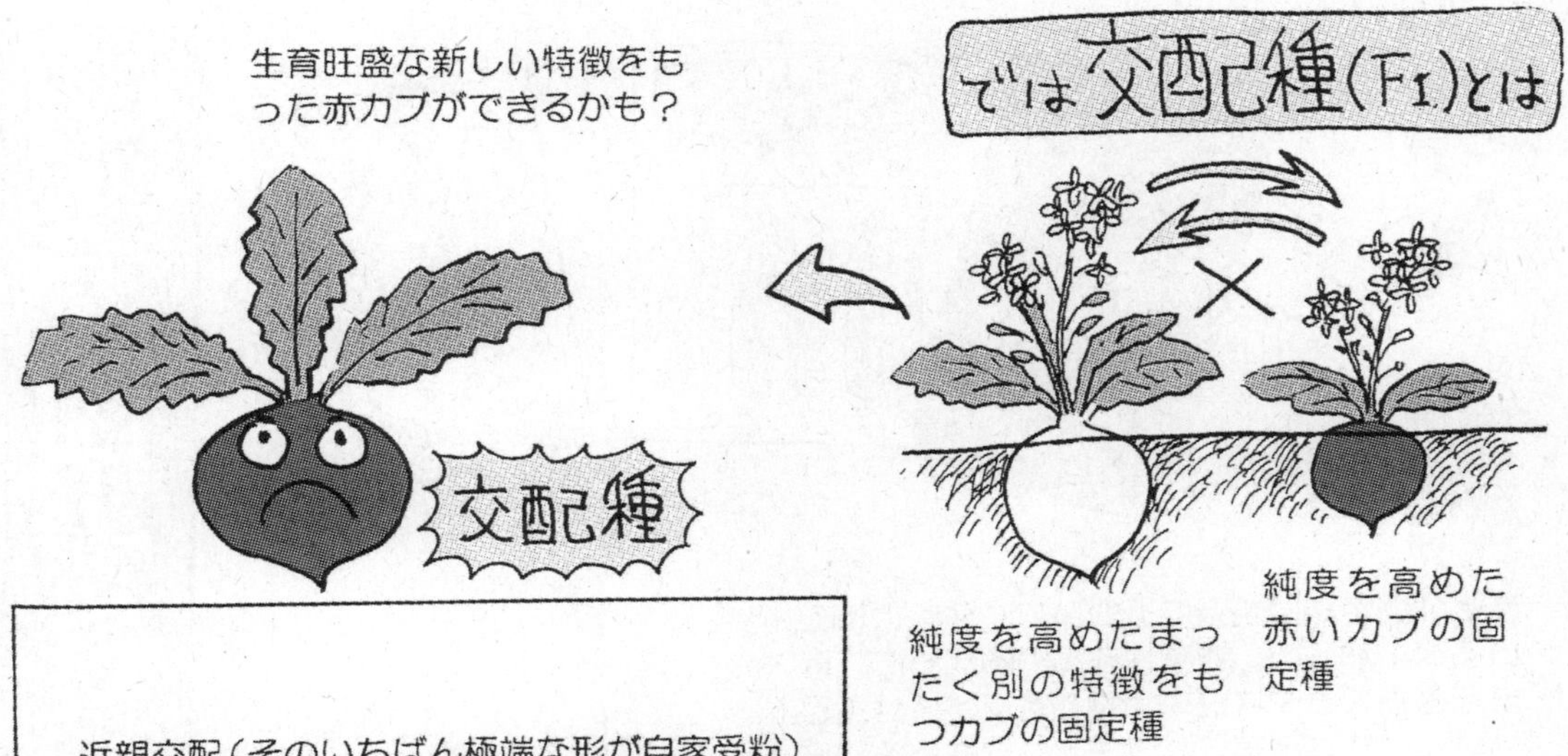
では交配種（F1）とは
生育旺盛な新しい特徴をもった赤カブができるかも？
交配種
純度を高めたまったく別の特徴をもつカブの固定種
純度を高めた赤いカブの固定種

近親交配（そのいちばん極端な形が自家受粉）を繰り返して純度を高めた固定種どうしを交配すると、その第１代目はきわめて生育旺盛になり（雑種強勢）、特徴もそろう

アブラナ科の交雑について
カブやダイコン、ハクサイなど、アブラナ科の作物どうしは交雑しやすいが、アブラナ科なら何でも交雑するわけではない
源助大根は白い花
交配しない
チンゲンサイは黄色い花
花の色がちがうと交配しないと思う
岩崎政利さん
染色体数がちがうと交配しません
ダイコン
キャベツ
交配しない
カラシナ
タカナ
西恒美さん

その2　固定種パワーアップ法と固定種つくり

弱った固定種をパワーアップ

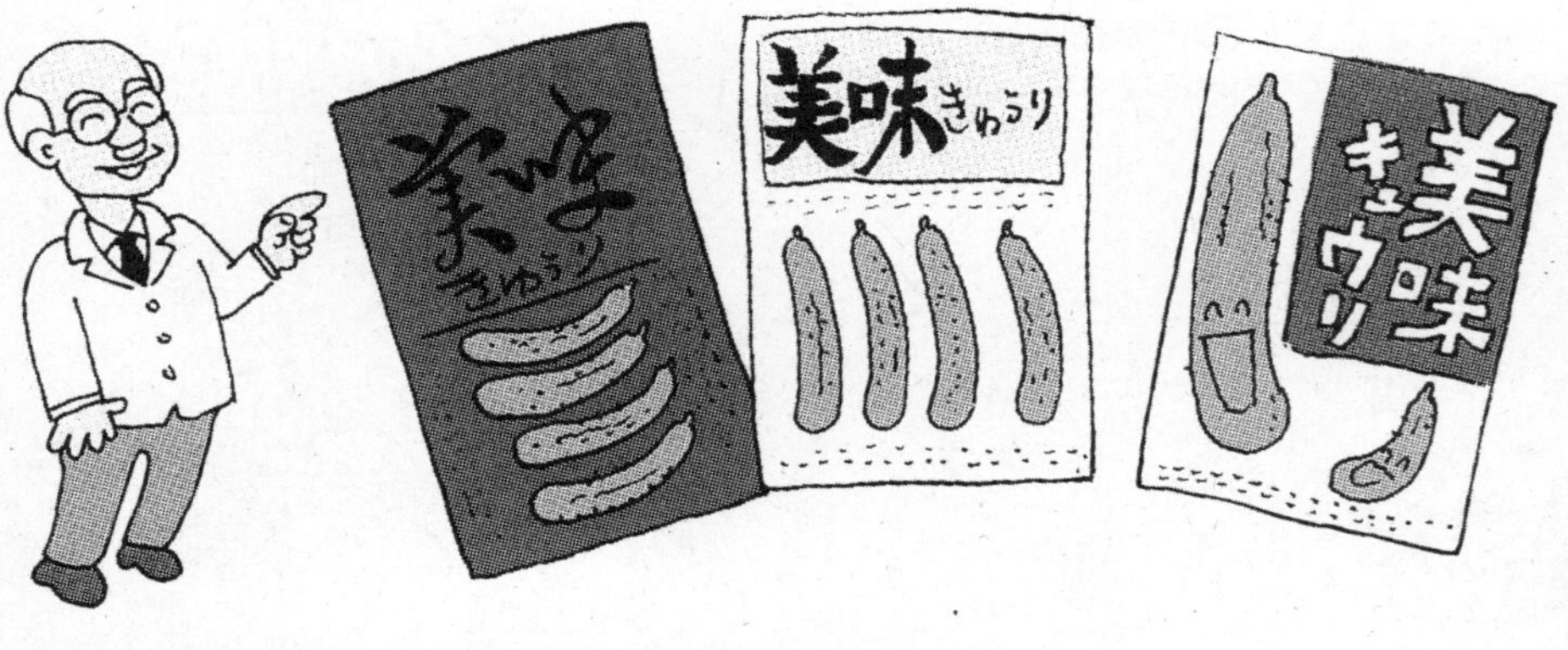

市販の固定種は純系に近づいて、弱勢化しているタネが多い。雑種性を高めるために、育成元の異なるタネ 2～3 種類を交雑させるといいんです。確実にパワーアップさせるなら下の方法ですね

1 株に 1～2 花ずつ別の会社の花粉を交配してタネを採る

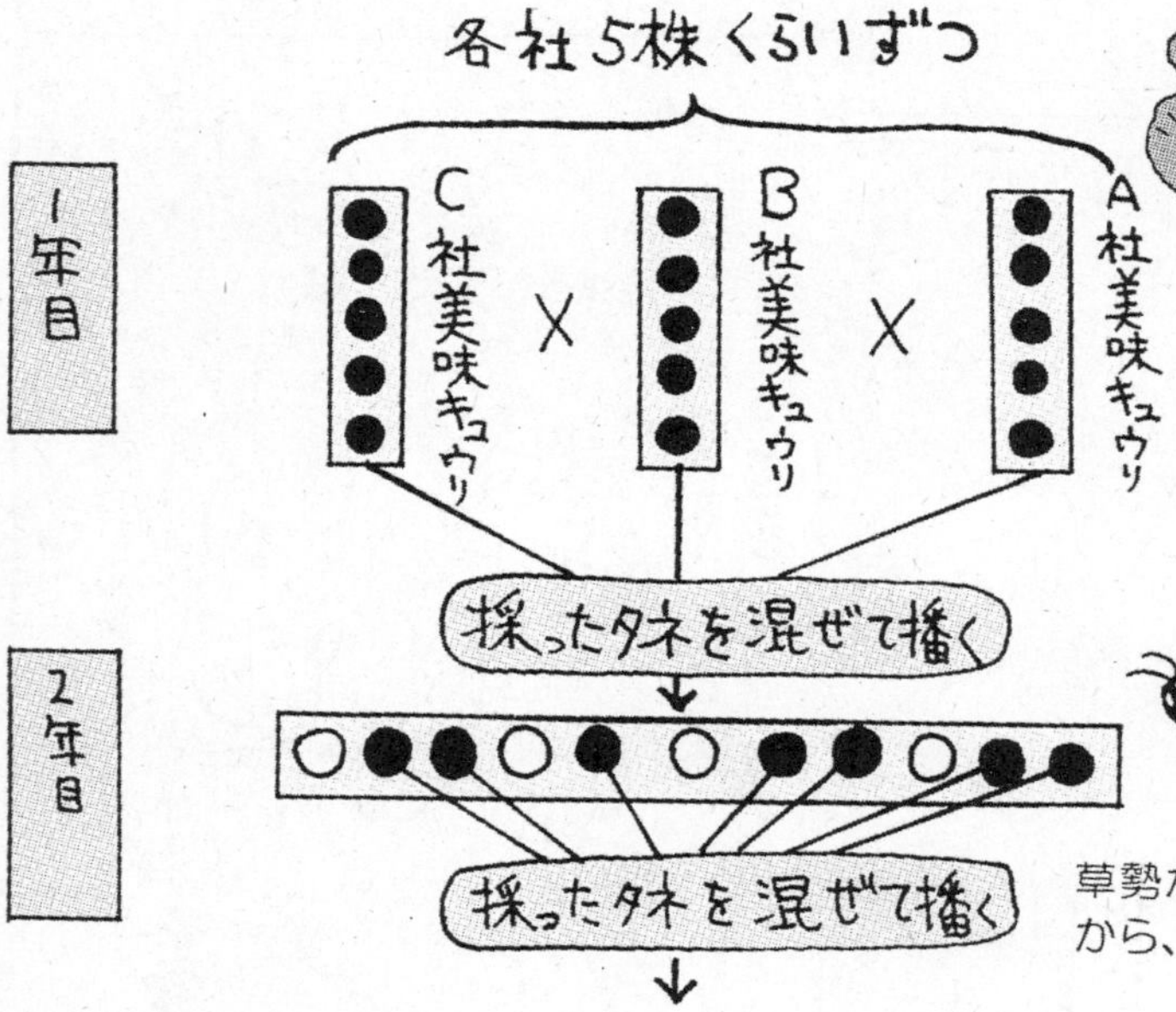

2 年目からは自然交配でいい

草勢が強く、果揃いがよい株から、1 株 1 果ずつタネ採り

3年目以後……

タネを採るときは、たくさんの花粉が混じるように自然交配にし、5～10 株以上の果実から採る。少ない株数で採種を繰り返すと純系化して弱くなりやすい

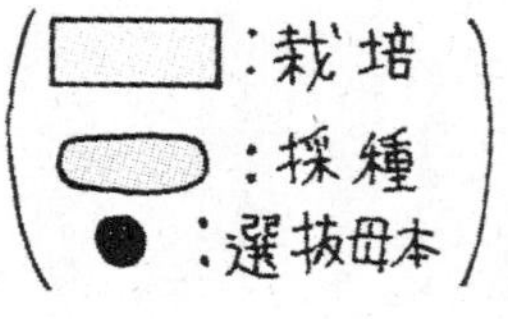

図解② タネを自分で採ってみよう

バラつきのある在来種から固定種をつくる

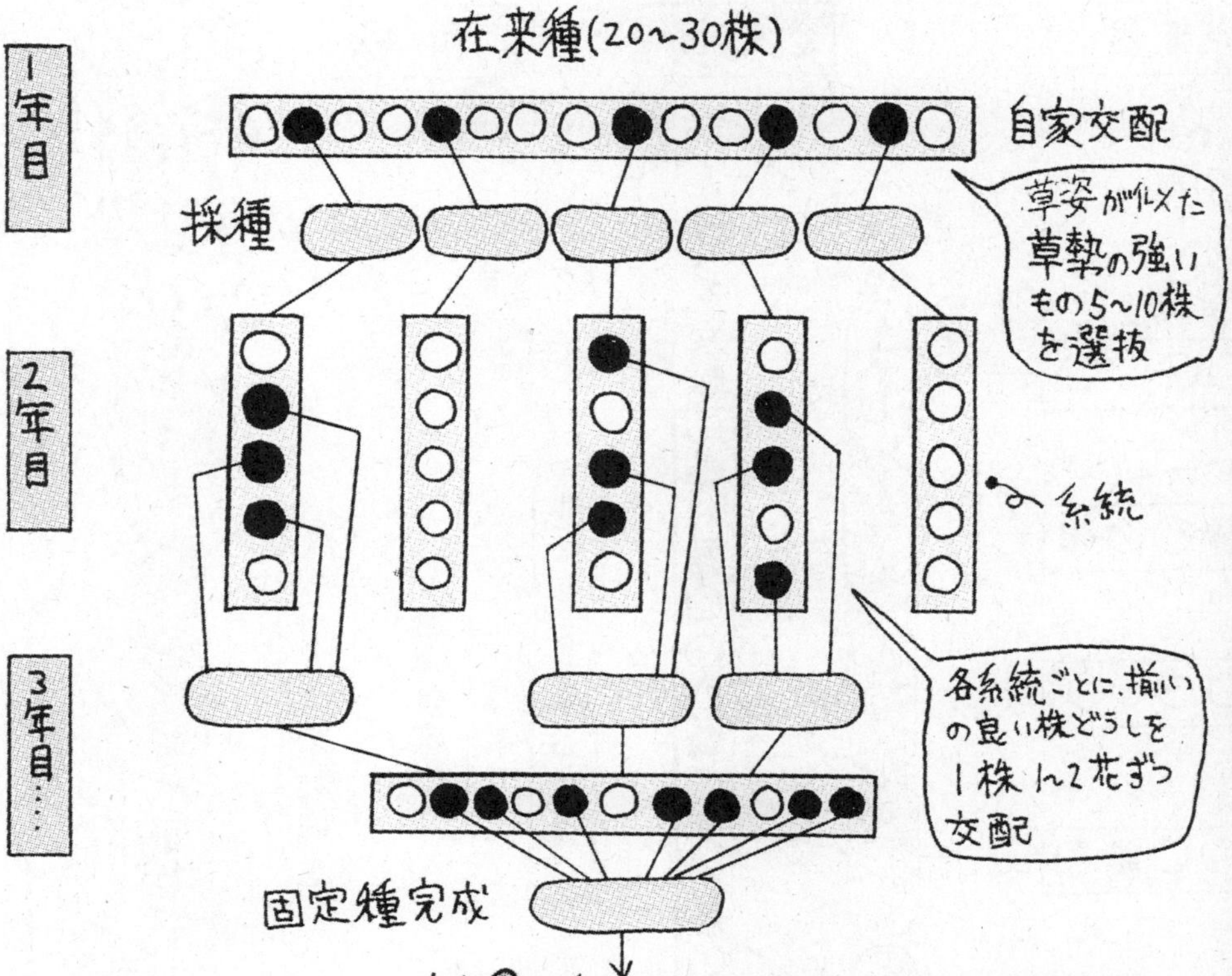

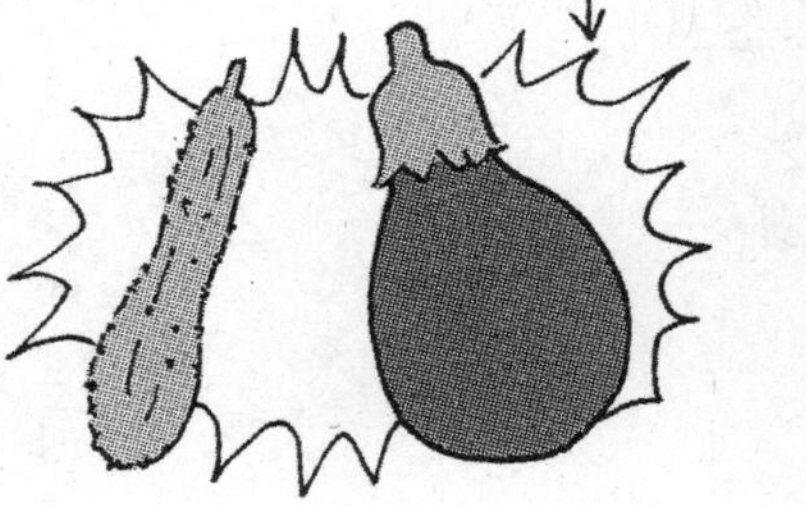

3年目以後は、固定種のタネ採りと同じ要領で純系化しないように

自家交配（1 株の中での交配）できないアブラナ科の野菜やナスなどは、おかしな特徴の株を除きながら、自然交配を繰り返せばよい

品種の特徴というのはある程度バラつきがあったほうが味が美味しくなります。調味料を何種類か混ぜると美味しくなるのと同じです。揃えすぎないようにしましょう

その3　F１から固定種をつくる

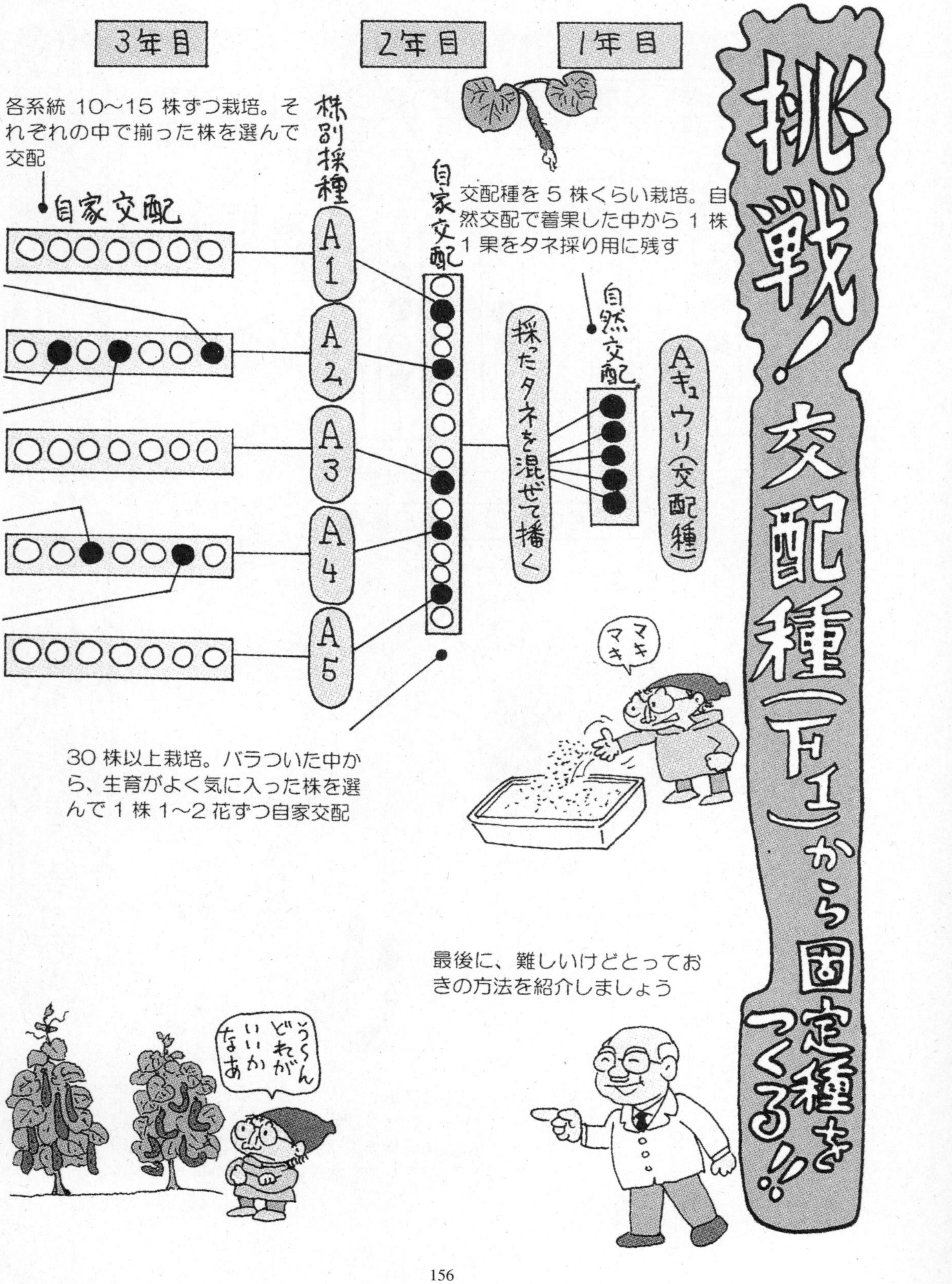

挑戦！交配種（F１）から固定種をつくる!!
1年目
2年目
3年目
Aキュウリ（交配種）
自然交配
交配種を５株くらい栽培。自然交配で着果した中から１株１果をタネ採り用に残す
採ったタネを混ぜて播く
マキマキ
自家交配
30 株以上栽培。バラついた中から、生育がよく気に入った株を選んで１株 1〜2 花ずつ自家交配
株別採種
A1
A2
A3
A4
A5
各系統 10〜15 株ずつ栽培。それぞれの中で揃った株を選んで交配
自家交配
うーんどれがいいかなあ
最後に、難しいけどとっておきの方法を紹介しましょう

図解②　タネを自分で採ってみよう

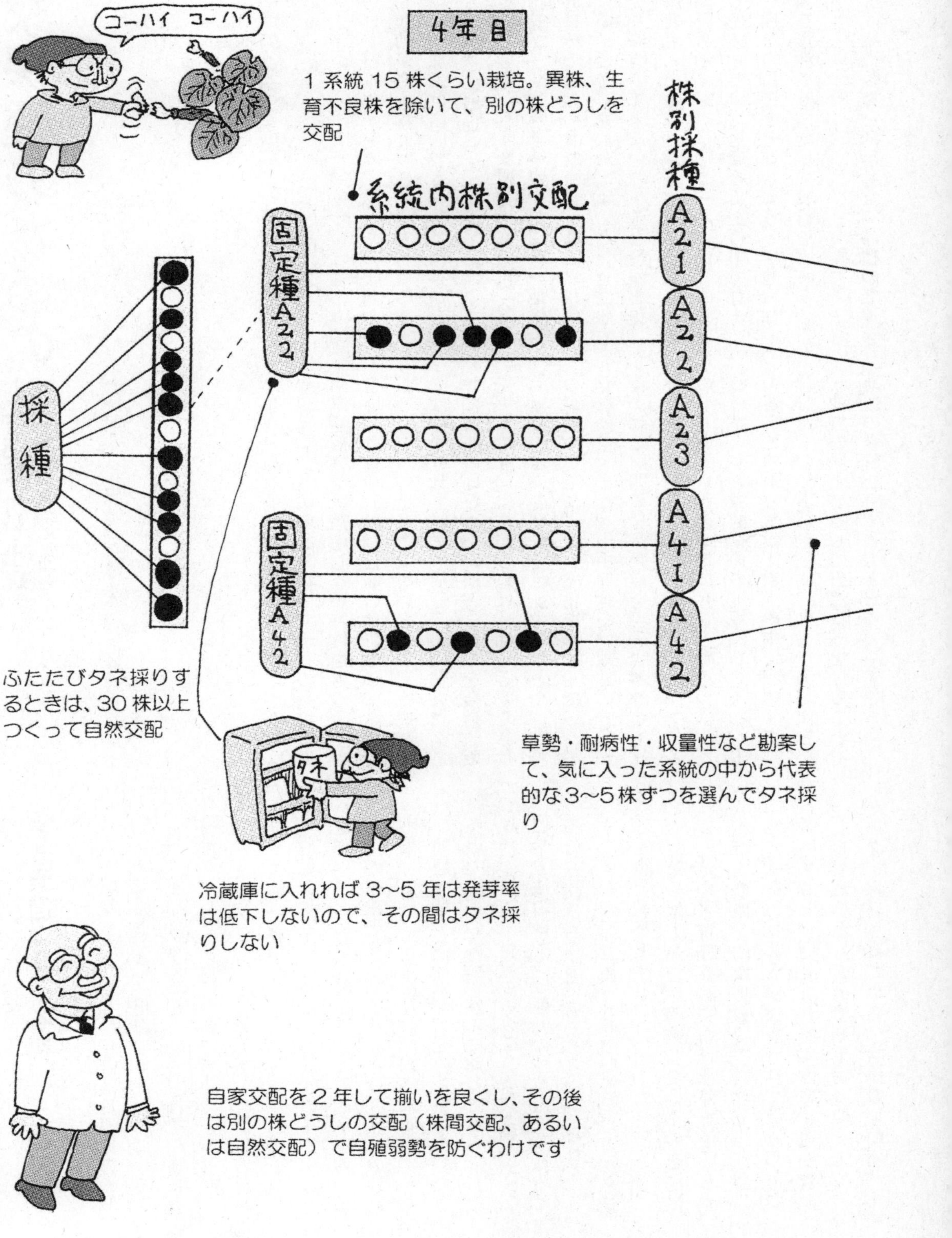
コーハイ　コーハイ
4年目
1系統15株くらい栽培。異株、生育不良株を除いて、別の株どうしを交配
系統内株別交配
株別採種
固定種A22
固定種A42
採種
A21
A22
A23
A41
A42
タネ
ふたたびタネ採りするときは、30株以上つくって自然交配
草勢・耐病性・収量性など勘案して、気に入った系統の中から代表的な3～5株ずつを選んでタネ採り
冷蔵庫に入れれば3～5年は発芽率は低下しないので、その間はタネ採りしない
自家交配を2年して揃いを良くし、その後は別の株どうしの交配（株間交配、あるいは自然交配）で自殖弱勢を防ぐわけです

自家採種のための基礎知識

小林保　兵庫県立農林水産技術総合センター

地域独自の品種で地域の食材を育てる

食のグローバル化が進み、私たちのまわりには輸入食品があふれている。地方名産の漬物の中には、加工は国内でも材料は国外のものもある。急速に増加している直売所でも、ときおり外国産の野菜が販売されている。「地産地消」という響きはいいが、狭い地域で周年的にその土地の食材を供することは容易ではない。だが、売れればよいという発想では消費者はついて来ない。正確な情報を提供し、消費者とともに地域を支える農業をめざす必要がある。

そこで提案したい。地域の風土の中で育まれてきた独自の品種を発掘しよう—。地域独自の品種を復活させ、地域の食材を育てるのだ。

戦後は、雑種強勢を利用したF1品種の発達により、品種統一が急速に進んだ。これにより衰退した地域の品種には、現在の栽培技術や流通形態では適応しない特性をもつものが多い。青臭いもの、苦味の残るもの、辛味のあるもの、外見がよくないものは、一般流通では排除されてしまう。むろん、個人で楽しむには問題はない。だが、これらを復活し販売するには、何らかの地域特性が必要だ。

地域の伝来の歴史を付加することや、独特の調理や加工により食文化を形成していくのも有効だ。また、中山間地では地域の野菜が育まれた周囲の自然景観を再生することも重要である。有名な地方野菜と呼ばれているものも、もともとその地に存在したものは少ない。先人が意識的に他の地域から導入したものが、その地の気候、風土の中で馴化して定着したものである。気候、水、空気、土という独自の風土、そして自然景観を守ることも地域の食材を育てる力となる。

どうやって発掘するか

地方品種といっても、兵庫県丹波地方のヤマノイモのように、現在でも流通しているメジャーな品目もあるが、ここではその地にかつて存在した品種について考えてみる。

大きく分けると、産地化されていた品目と、地場でのみ栽培されていた品目に分かれる。産地化されていた品目は、地元の産業史などを調べると品種が特定できることがある。地場でのみ栽培されていた品目は、地元の地誌を調べるか、古老を訪ねて聴き取る。

問題は種子の探索だ。元の形質を維持できないF1種子の流通が盛んになってから、自家採種が減り、絶滅してしまった品種が多い。探索方法のひとつは地元の種苗店を訪ねることだ。意外に掘り出し物があるかもしれない。また、かつて特産物を栽培していた方から情報を得るのも有効だろう。

野菜の地方品種が絶滅していくのを危惧した元農水省野菜試験場育種部を中心とする方々の献身的な努力で、昭和五十五年に地方品種のリストが作成されているので参考にするとよい。これをもとに、遺伝資源として重要なものは農業生物資源ジーンバンクに保存されている。兵庫県尼崎市の市民団体「尼いもくらぶ」では、自然と共生する街を再生させるため、ジーンバンクからかつての特産物である甘藷品種「四十日藷」「尼崎赤」をゆずり受けて復活し、地域活性化を図っている。

自家採取のしかた

種子の収集

探し出した地域の品種を広めるには種子を採らねばならない。採種の技術について書かれた指導書はほとんどない。F1育種が進み、種子は専門の種苗会社から購入するものという意識が定着したためでもある。最近は育苗の分業化も進みつつあり、農業は効率化しているが、逆に栽培技術は単純化し、農家の工夫の余地が少なくなりつつある。採種技術についても同様で、もはや農家技術ではなく企業技術となっている。ここでは採種について基本となる知識を整理しておく。

広島菜の採種母本（広島市・両祖勝氏圃場）

地域の品種を復活するには、まず目的とする品種が地域に存在するかどうか調べる。

個々の農家から収集した系統は、土地名や農家名を付けた系統とする。隔離された条件で栽培されたものであれば、形質のばらつきは少ないが、地域の品種にはばらつきが大きい。有名な品種であれば、長年栽培を続けている生産者から聴き取りを行ない、その品種のもっとも普遍的な共通点を見出して特徴を記録しておく。これは、選抜するための貴重な資料となる。

選抜のための基礎知識

種子で繁殖するものには、同じ株内で受粉する自家受精作物（自殖作物）と、遺伝組成が異なる株間で受粉する他家受精作物（他殖作物）に分けられる。他家受精作物は同じ花では受粉できない自殖防御機構をそなえ、自家不和合性などの遺伝的要因による不受精機構を持つこともある。選抜にあたっては、種子の繁殖様式を熟知しておく必要がある（表）。また、多くのイモ類のように茎、根の

主な作物の繁殖様式

自　殖	自　殖 （部分他殖）	他　殖 （自殖可能）	他　殖 （自家不和合）	他　殖
イネ コムギ オオムギ ダイズ ナス	ソラマメ ナタネ（洋種）	トウモロコシ カボチャ キュウリ	ビート ライムギ カンラン	ホウレンソウ アスパラガス セリ ソバ

注１）自殖は同じ株内で受粉する自家受精、他殖は異なる株のあいだで受粉する他家受精
　２）自家不和合性があると同じ株内では受精できない

一部が増殖する栄養繁殖がある。

イネ科、マメ科、ナス科の作物の大半は自殖性であるが、イネ科の中にも他殖性を示すトウモロコシ、ライムギなどもある。アブラナ科は主として他殖性であり、その相互の交雑関係は複雑だ（図）。自殖性の作物であっても他殖する場合もあり、繁殖様式の変異は連続的である。その証拠に野生のイネでは栄養繁殖や他殖性のものもある。自殖は個体維持のための最終繁殖様式のようである。

では、なぜ他殖作物のほうが多いのか？これは自殖弱勢（近交弱勢）という自殖や近親交配により生育や繁殖力が弱まる現象が起きないようにするためだ。地方品種の有用形質を固定するため、小さい集団の中で採種したり、同一形質の株を選抜したりするとこの現象が生じるので注意が必要だ。

自殖弱勢を防ぐため、他殖性作物の選抜では目的形質について均一な個体のみを母本として選ぶのではなく、生育を強勢にする個体も集団の中に入れる場合もある。このような選抜方法は、意識的に自殖弱勢を回避する伝承技術である。

主要なアブラナ科野菜の交雑関係（井上氏改写）

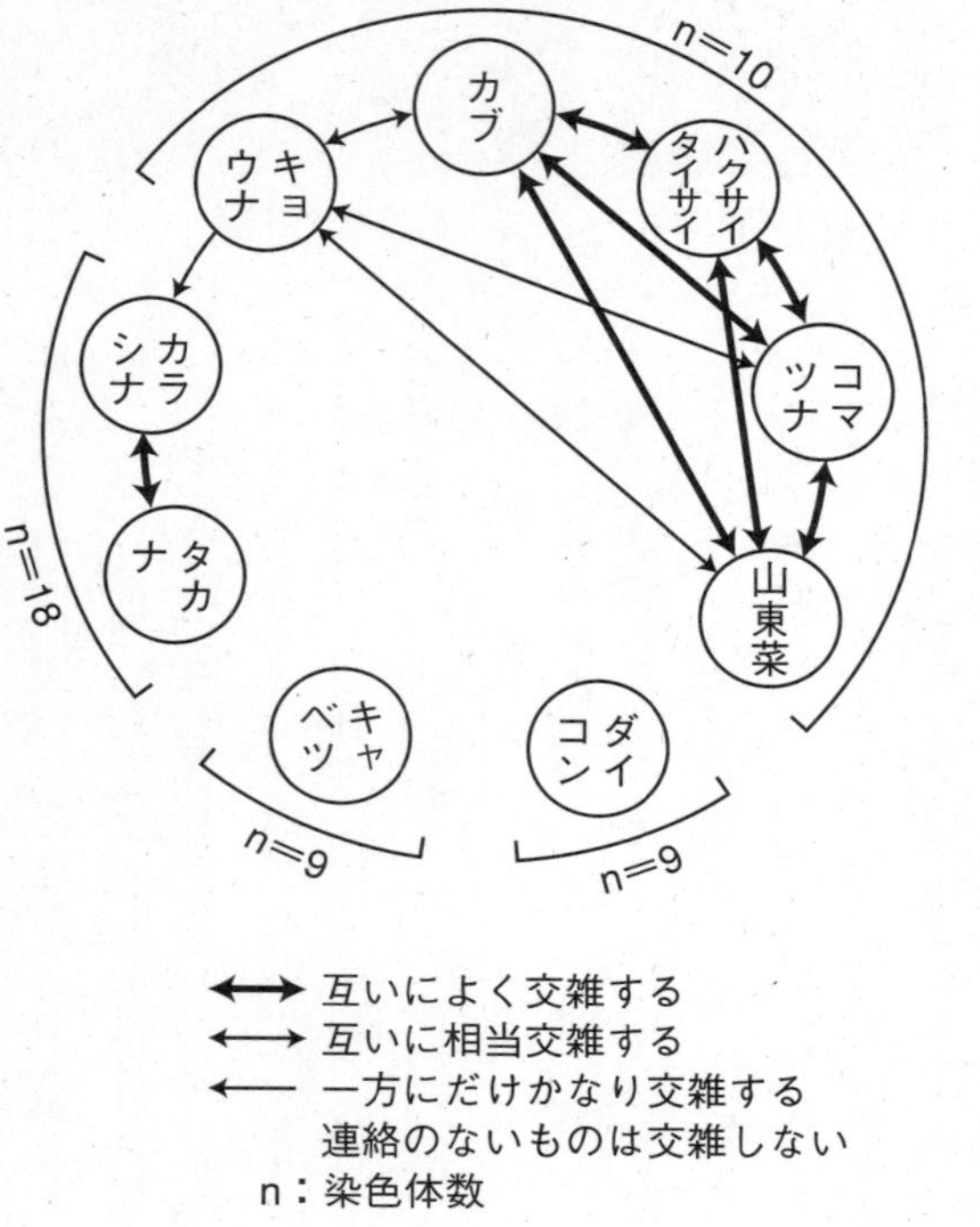

また、交雑関係については、原則として「種（しゅ）」が異なると交雑しないと考えてよいが、共通のゲノム（遺伝情報）をもつキョウナはタカナ類と交雑する。また、ナプス系のトウナなどは、キャベツの仲間とハクサイの仲間が交雑したものと考えられる。詳細については、最近急速に発達しているゲノム解析研究によって進化の過程が解き明かされるだろう。

交雑を防ぐ

採種圃を設置するにあたって注意すべきことは、周辺に交雑可能な品種がないことである。交雑可能であっても、開花特性が異なれば問題ない。開花生理を理解しておく。

一般に、アブラナ科の野菜は冬の低温を経過して花芽分化し、開花は二月下旬～四月中旬になる（低温感応性の差によって若干の違いが出る）。ただし、同じアブラナ科でもタカナ類は、若干の低温感応性ももっているが、主に長日条件で花芽分化する。したがって、タカナ類をふつうに秋播きすれば開花は五月上旬になり、一般のアブラナ科野菜より開花期はやや遅れるため隔離の必要性は少ない。また、タカナの採種を安全に行なうには、春播きして六月上旬に開花させる方法もある。

他殖作物では、とくに寒冷紗ハウスなどによる隔離採種が望ましい。隔離した場合は必ず交配用のミツバチを入れる。野菜は六月に採種するものが多いので、軟腐病などを防ぐため雨除けするとよい。

採種した種はふるいで夾雑物を取り除き、陰干しする。アブラナ科の種は細かい砂や石とふるい分けるのが難しいので、根を付けずに刈り取る。

種子の保存

種子を保存するには湿度を低くすることが重要だ。種子を入れる袋は通気性のよい紙の封筒がよい。保存年限は植物の種類によって異なる。マメ科、ウリ科、アブラナ科は比較的種子の寿命が長いが、ネギ、シソ等は短命である。

もっとも簡単な種子の保存方法は、ブリキ缶に生石灰やシリカゲル等の乾燥剤を入れ、マイナス一℃程度の冷蔵庫に保管する方法である。長命種子なら、適当な冷蔵庫がない場合は、密閉乾燥条件で常温保存が可能である。

地方品種を維持するには保存会の育成も重要である。兵庫県では、わが国への導入の起源とされる「武庫一寸ソラマメ」を系統選抜し、尼崎市に農村文化を守る富松豆保存会が育成されている。

地域の品種の復活は先達に学ぶこと、環境を守ること

我々の食卓にのぼっている野菜の大半は、もともとそこに存在したものではない。明治以降に導入され、昭和に入って普及した種類も多い。

そもそも主要な野菜というのは、十六世紀以降の世界的なプラントハンティングによって遺伝資源の豊富な赤道地方から導入されたものだ。世界各地の豊富な食文化は、これら移入された食材を主体に成り立っている。先進国に導入された野菜は、すでに先住民族が地域の生活の中で長い年月をかけて選抜し、改良を加えてきたものだ。今日の私たちの豊かな食生活は、その優秀な品種の恩恵を享受したものである。

かつて「種は万人のもの」として自由に交換され、これが多様な地方品種を生み、様々な食材となり各地に食文化を育てた。現在、生物多様性に関する条約により遺伝資源の権利保護が提唱され、種の取り扱いは新たな段階に入った。ジーンプールといわれる栽培植物の発祥地も、急速な近代化により破壊されており、農業分野においても生物多様性は確実に失われている。地域の品種を発掘する作業は、先達が営んだ生活を知ることであり、その環境を守ることでもある。

（兵庫県立農林水産技術総合センター）

二〇〇四年二月号　自家採種のための基礎知識

アブラナ科・ウリ科 交雑を防ぐ簡単自家採種のコツ

船越建明
(財)広島県農林振興センター農業ジーンバンク

「数百メートル離す」のはたいへん

最近、全国各地で伝統野菜の復活が叫ばれ、地域特産野菜を大事にする動きが活発になっている。伝統野菜の栽培を安定して継続し、地域特産物として育てるには、地域で純粋な種を採る必要がある。種苗会社で育成した種苗は種苗店で買うことができるが、伝統野菜の種子は栽培者自らが採らねばならない。

筆者は、広島県の「農業ジーンバンク」で、多くの種子の収集や、増殖、検定、保存、配布の仕事をしてきた。そのなかで強く感じることは、農家から収集した野菜類の種子が非

広島菜の採種の様子。採種株を防虫網で覆い、その周囲にも同じ品種の株を植えて開花させる

常に〝混ざっている〟という事実である。これは種子が実る時点で異品種と交雑したためである。種子は、一度交雑させてしまうと、これを元に戻すことはほとんど不可能といってもいいほど困難であるため、できるだけ交雑させないような採種を行なう必要がある。

採種に関する文献は、これまでにも多く発行されているが、そこには交雑可能な異品種との距離を数百メートル離すとか、栽培室内での隔離栽培による採種の必要性などが書かれている。だがこれは、個人でも行なえるような伝統野菜の採種技術としてはふさわしくない。もっと小規模でも純粋な採種が可能な技術を開発する必要があると考え、いくつか試みた結果、ある程度ではあるが当初の目的を達成することができたので、一部を紹介する。実際、広島県世羅町の「せら高原こだわり農産物研究会」では、私の提案した方法で自家採種を行ない、特産物の開発に努めている。

アブラナ科

染色体数が同じアブラナ属は交雑しやすい

十字花科は開花時に四枚の花びらが十字に見える植物群である。現在、一般にはアブラナ科と言われている。十字花科に属する野菜類にはアブラナ属、ダイコン属、キバナスズシロ属（ルッコラ）、オランダガラシ属（クレソン）、マメグンバイナズナ属（ガーデンクレス）、ワサビ属、トモシリソウ属（ワサビダイコン）などが含まれる。このうちアブラナ属は、その他の属に比べて桁違いに大きいグループであるため、この科をアブラナ科というのが通説になったものと思われる。

アブラナ属に含まれる野菜の種類は、大きく分けて、基本ゲノム（遺伝情報）の異なる三つのグループと、これら相互の交雑によって生まれた複二倍体の植物群によって構成される。そして、同一の基本ゲノムを持った植物どうしは容易に交雑する。

基本の三つのグループとは、染色体数n＝10が、ハクサイ・タイサイ・カブ・ミズナ・コマツナ・ヒサゴナ等で、多くの地方在来の菜類はこれに含まれる。n＝9が、キャベツ・カリフラワー・ブロッコリ・コールラビ・子持甘藍・ケール等。それにn＝8がクロガラシである。

また、これらグループ間の交雑によって生まれた複二倍体の植物群として、n＝19の西洋ナタネ類・ルタバガ、n＝18のタカナ類、n＝17のアビシニアガラシがある。

アブラナ科野菜の採種法

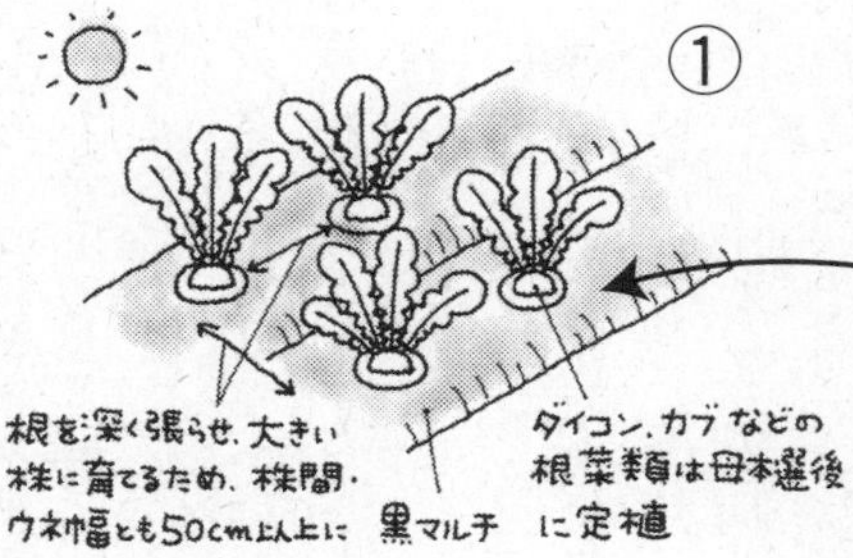

ダイコンの母本選（タネを採る株を選ぶ）。定植後の発根をよくするため、年内か春先の地温が高い時期に行なう（撮影　赤松富仁）

採取圃は、耕土が深く、日当たりや水はけのよい場所を選ぶ。有機物や有機質肥料を中心に全量元肥で施し、黒マルチを張る。採種株数株を中心に、同じ品種の株をその周囲にも等間隔（50cm以上）に植える（②参照）。病害虫を防ぐため、定期的に防除

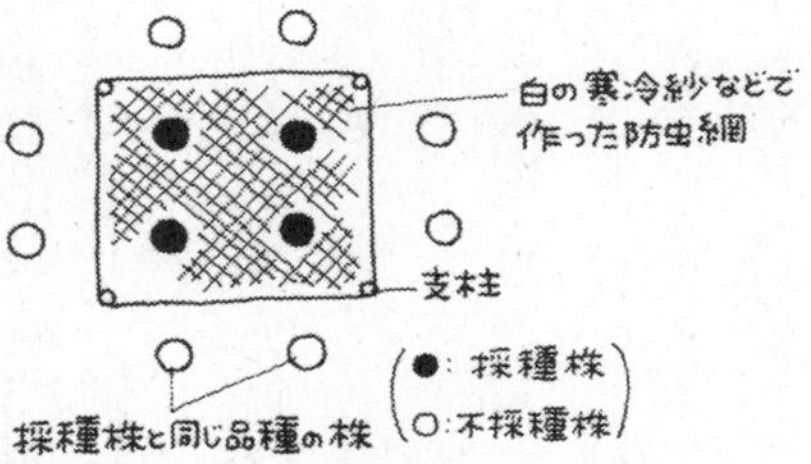

開花前に採種株数株を、白い寒冷紗などで作った防虫網ですっぽり覆う（162ページ写真参照）。さらに、この上に雨よけ施設を設ければなおよい

採種時期を迎えたカブ

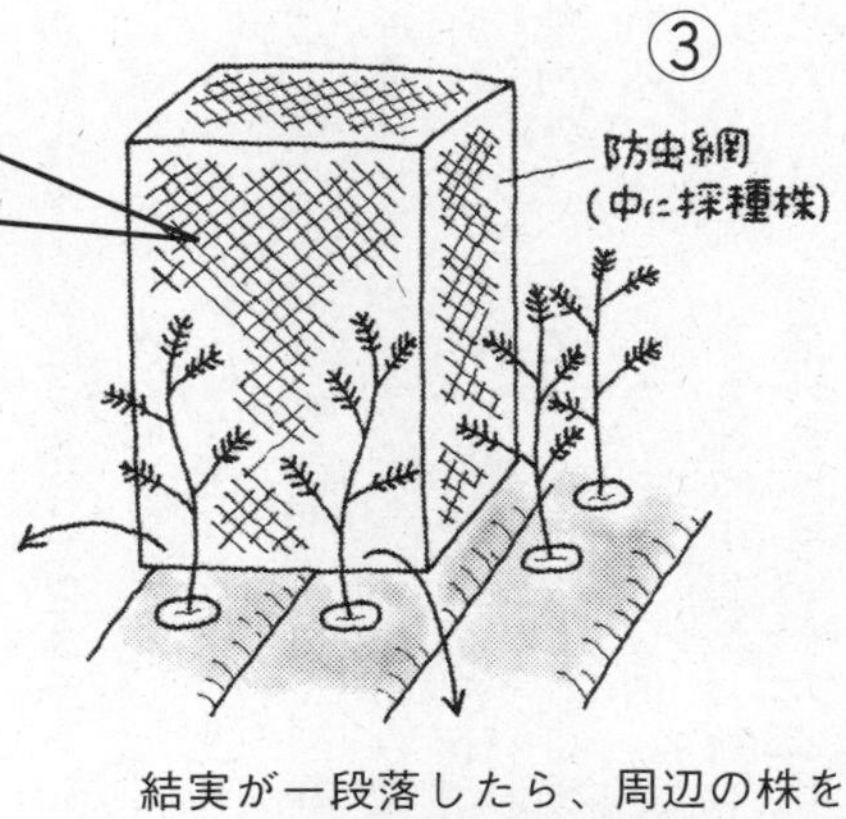

結実が一段落したら、周辺の株を除去し、防虫網内の採種株に残っている遅咲きの花を取り除く。網は鳥害を防ぐため、タネ採りするときまで被せておく

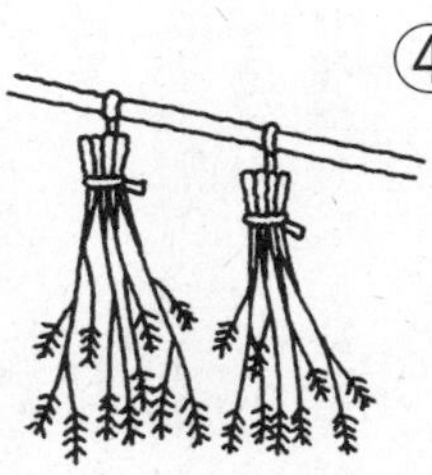

サヤが7割程度黄変したら、株ごと収穫。軒下、またはビニルハウス内に吊り下げて乾燥。タネは篩分けするとともに、風選して未熟種子などを取り除く

ダイコンとハクサイは交雑しない

一方、同じ十字花科でも、属が違うと自然状態で容易に交雑することはない。たとえばダイコンとハクサイは、人工的に蕾授粉などを行なえば交雑させることもできるが、自然状態では交雑することはない。

ただ、アブラナ属にしてもダイコン属にしても、現在では多くの品種が実用化され、多少の品種間差はあっても三～四月にかけてほぼ一斉に開花する。しかも開花期間が長いため、交雑の機会は極めて多い。花粉の移動は、ほとんどがミツバチやハナアブなど訪花昆虫によって行なわれるが、一部は風によっても運ばれる。このような条件下で、小規模でも純粋な種子を実用的な量だけ採種するには一六三ページの図の方法で行なうのがよい。

交雑防止と花粉供給に一石二鳥の周辺株の役割

採種集団の中心部には、将来の採種株を数株植え付け、その周辺部に同一品種をいずれも等間隔に植え付ける。周辺部に植え付けた株からは採種しないが、これらの株は開花時に訪花昆虫の採蜜場となる。訪花昆虫は、防虫網の中の採種株に近づくよりもまず、この周辺株に下りる。すると、外部から運ばれてきた異種類の花粉が採種株へ飛び込んで交雑するのが防げるとともに、周辺株は採種株への花粉の供給源としての役目もはたすのである。

アブラナ属やダイコン属の中には自家不和合性の強いものがあり、これらは単独株ではほとんど実らない。その点、数株の集団を採種株として網掛け栽培したうえ、その周辺部に同種の株を植え付けておけば、採種量は確実に多くなる。採種株どうしの花粉の交換のほかに、採種株と周辺部の株とのあいだでも花粉が交換されるからだろう。

一方、採種株の網掛け栽培のみで周辺部に何も植えなかった場合は、採種量は周辺部に同じ株を植えた場合より少ないのみならず、交雑が多くなり純粋な種が採れない。この原因は、網に付着した状態で咲いている採種株の花に、訪花昆虫が網目を通して採蜜することや、風によって外部から異種花粉が網内へ飛び込むことで交雑するからだと思われる。

ウリ科

ウリ科は雌雄異花のものが多く、しかもメロン類の一部以外はほとんどが単性花である。日本で栽培されているメロン類（メロン・マクワウリ・シロウリ）は、雌花が両性花で雄花は単性花、韓国の成歓マクワ（黒皮）は両花とも単性花である。このようにわが国で栽培されているウリ科野菜は、単独の花で結実するものは少なく、結実させるには雄花の花粉を雌花の柱頭につける必要がある。この役目はふつう訪花昆虫が行なっている。

ウリ科植物は、このような花の構造から、自然状態で採種した場合、交雑する種子が非常に多くなる。これを防ぐには、開花前日の夕方（ユウガオやヒョウタンなど、夕方開花する種類では開花当日の朝）に、雌花の袋かけと雄花の採取、そして開花時に袋を外して交配することとふたたび袋を掛けること、および交配月日を記録しておくことが必要である（一六五ページの図）。このとき、花粉の交換は少なくとも二～三株のあいだで行なうのが望ましい。一株のみでも結実はするが、遺伝子の幅を広げる意味で、複数の株のあいだで遺伝子を交換したほうが生産力の低下が少ないといわれている。

ある程度大規模に行なおうとすれば、同一品種の数株を網室内で栽培し、雌花の開花が始まった頃からミツバチ等の訪花昆虫を放して交配させる。交配月日は、結果した果実がゴルフボール大（キュウリでは長さが一〇cm程度、シロウリ等では長さ五cm程度）になった頃に、数日遡った月日を書いたラベルを付ければよい。病害虫防除は適期に行なう。

発芽試験と貯蔵のしかた

種子の発芽能力を調べるには、一〇～四〇粒（十字花科は四〇粒、ウリ科は一〇～二〇粒）をティッシュペーパーに挟んで二～三回注水し、発芽状況を調べればよい。発芽率が八〇％程度あれば、紙袋に入れて家庭用の冷蔵庫内で貯蔵すると一〇年以上は保存可能である。最初に発芽率が低い種子は保存可能な年限も短いので、発芽率の高い種子を選別して保存するとよい。

（（財）広島県農林振興センター農業ジーンバンク）

二〇〇六年二月号　アブラナ科・ウリ科　交雑を防ぐ簡単自家採種のコツ

ウリ科野菜の採種法

①

開花前日の夕方（夕方に開花する種類では朝）。雌花に袋をかける（キュウリ）

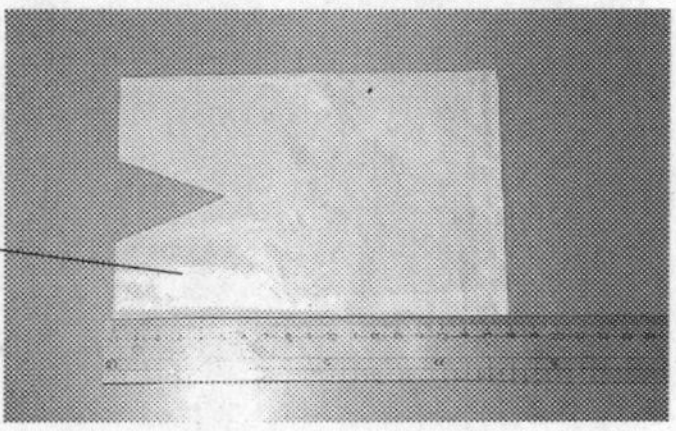

交配用の袋は、光がよく入るグラシンという紙で作る。大きさは 18 ㎝× 12 ㎝程度。この大きさだと、もっとも大きいカボチャの花でも、花びらの 1/3 程度を除去すると十分に使用可能

②

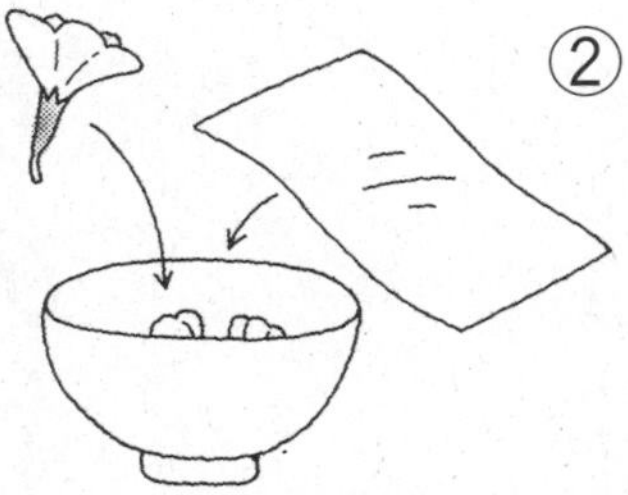

雌花に袋かけするのといっしょに、雄花を採取。交配に使える雄花のみ選び、ドンブリなどに入れ、上からラップをかけて室内で貯蔵。1 つの雌花にたいして 2 ～ 4 個の雄花を用意する

袋かけ直前に花びらの一部を切り取った様子（ズッキーニ）。人口交配では大きい花びらは邪魔になるので切り取ってよい

③

交配では花粉を多く着けることで採種量が増える。花粉量が多い大型の花をもつカボチャやトウガンなどでは、雌花 1 つに雄花 2 つで十分だが、花粉の少ないキュウリやスイカ、単性花のメロン類では 4 つくらい使用

④

交配が終わったら、ふたたび袋かけ。袋に交配月日を記入しておく。結実した果実が肥大してくると袋は破れてしまうので、適当な時期に別のラベルに転記して、採種用果実の収穫の目安にする。交配果実以外は早めに除去して、交配果実の充実を図る

⑤

交配後、採種までの日数は、天候にもよるが、マクワウリやスイカで 40 日、メロン・シロウリ・キュウリ、ふつうのカボチャ類では 50 日～ 60 日、大型のトウガン・ユウガオ・ヒョウタン・巨大カボチャなどでは 70 日以上必要

⑥

タネを取り出すときは、ヘチマ以外は果実を割ってタネを取り出して水洗。ヘチマは乾果からタネを取り出して風選

⑦

タネを水中に取り出した状態（トウガン）。水に沈んだものだけ選んで、紙の上などに広げて乾かす。カボチャの場合は比重が小さく、沈みにくいので、内容が充実していそうなら、浮いたタネも選ぶ

挿し芽・発芽の技術　大公開

草薙洋子　秋田県角館町

私は苗のほとんどを挿し芽で増やします。挿し芽や播種のポイントをあげてみました。

①挿し穂は「挿す」のではなく「落とす」べし

挿し芽をする際、準備するものとしては、なるべく汚れの少ない砂ですね。鹿沼土を使う方も多いようですが、粒が大きく空気を多く含むぶん、乾燥しやすいので、あまり利用しません。

砂は土建業などで使われている「洗い砂」です。鹿沼土よりちょっと安くできます。

砂を少し湿った状態にして上をならすのは皆さんと一緒かと思います。でも、その後、殺菌剤を霧吹きでかけて砂の上部を消毒し、割りばしかドライバー等で穴をあけ、そこに挿し穂を落としていくのが、違う方法でしょうか。

挿し穂で穴をあけるように挿す方もいらっしゃると思いますが、挿し穂の気持ちを考えれば、傷（切り口）がついているのに砂の中に押し込まれたら、きっと傷口がヒリヒリとして、かわいそうじゃない!?　だから、あけておいた穴に挿し穂を優しく落とすんですよ。

①

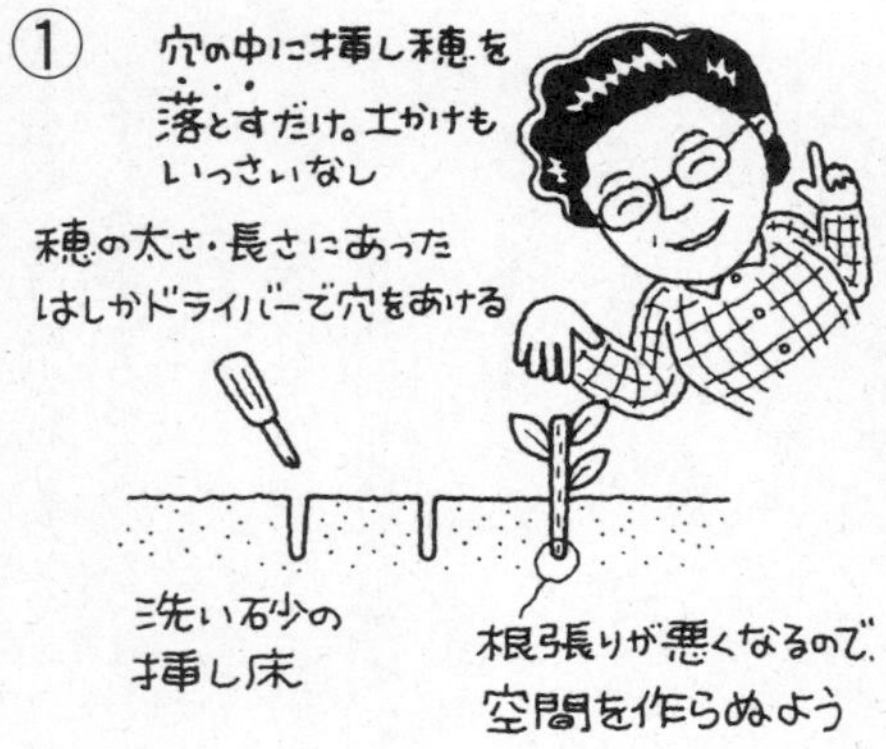
穴の中に挿し穂を落とすだけ。土かけもいっさいなし
穂の太さ・長さにあったはしかドライバーで穴をあける
洗い砂の挿し床
根張りが悪くなるので、空間を作らぬよう

草薙洋子さんは150種類以上の花や野菜を栽培し、直売所で販売している

②挿し穂は干すべし

また、親株から挿し穂をとる際、切った挿し穂をすぐさま水に浸すという手順で作業する人が多いと聞きますが、それは危険で、これも私の考えとはまったく反対と思っております。

私たちもケガをしたり傷がついたら、洗濯などの水仕事をするときは手袋をして水につけないようにしますよね？　なるべく乾いた状態にしておきたいと思うけど…。だから挿し穂の「傷口」も乾かしてから挿します。

挿し穂を切ったら順次、大きな入れ物に並べておきます。日陰で作業していても、挿し穂をとって、入れ物がいっぱいになる間に葉がしおれてきます。葉がしおれるぐらい干したら、少し水につけます。葉がピーンとなったら水を捨て、そのまま一晩。傷口は乾かし、上から夜露にあてると、自然な感じのいい挿し穂になります。

そして朝早く挿し芽をするのが私の手順です。

③挿し床は温めておくべし

夏以外、気温が低い時期に挿し芽するときは、あらかじめ挿し床をなるべく暖かい場所においておきます。少しでも砂の温度を上げておきます。いくら寒さに強い植物でも暖かい場所のほうがありがたく感じるのでは？

南国育ちの植物ならなおさら。人間でいえば、ぬるいお風呂と暖かいお風呂、どっちが気持ちいいか、ってことですよね。

だから、夕方には挿し芽はしません。これから冷えるときに赤ちゃんを外に置いておくようなものですから。

秋や早春の寒い時期に挿し芽をするときは、挿し床が冷えないようポリマルチを使うことがあります。挿し床容器の上部ギリギリまで砂を入れ、消毒したあとにポリをかけ、その上からドライバーやはしで穴をあけて挿します。ポリをぴっちりとかけるので、保温・保湿の効果は目を見張るものがあります。

でも、「あまり温度や光は欲しくないわ」という夏に挿し芽をするときは、挿し床を発泡スチロール箱にします。そして、挿したあと、日中はフタをしてなるべく日陰に置きます。夜は

②

①挿し穂を乾かす

〜♪
なよ〜
しなしな〜

挿し穂は大きな入れ物に並べ、葉がしおれるぐらいにまで干す。ベチュニアはしおれやすいので早めに水につけてやる

注意

コリウスなど枝がやわらかくて挿し穂を寝かせると曲がってきてしまうものは、鉢にまとめて立てておく

②水につける

入れ物の端から
そーっと水をさす

葉がシャキッとするまで（長く置きすぎないように。３時間もつけたらダメ）。ランタナだけはあまり水を入れると傷むので 30 分程度つければよい

③一晩、夜露にあてる

zzz…

水を捨てたら一晩置く。翌朝、挿す

③

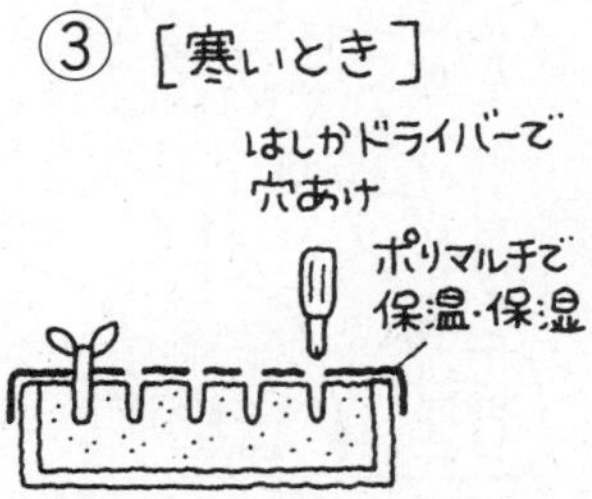
[寒いとき]
はしかドライバーで
穴あけ
ポリマルチで
保温・保湿

容器の上部ギリギリまで砂を入れて、上からポリマルチをぴっちりとかけて、布テープで容器にとめる。ドライバー等で穴をあけ、挿し穂を落とす。容器ごと少し上からトンと落とすと、砂と挿し穂がなじむ

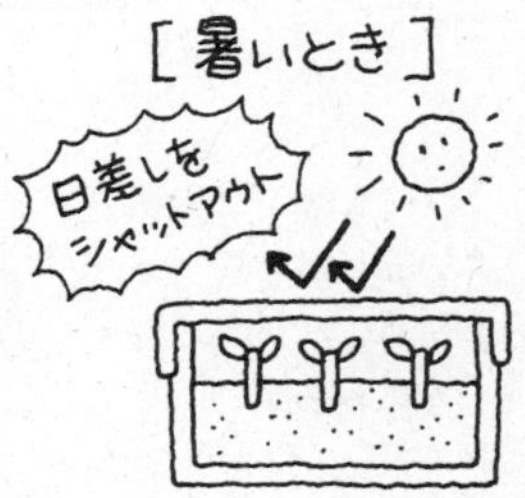
[暑いとき]
日差しを
シャットアウト

挿したあと、日中は発泡スチロールのフタをしておく。後は外して夜露にあてる

フタを外して箱の中の空気が滞留して悪い菌が増えるのを防ぎ、夜露をあてます。

④発根しにくい挿し芽は砂と肥沃な土の二段床土で

リンドウやジャスタデージー、宿根サルビア…。挿してもなかなか発根してくれない植物の増やし方として考えたのが「挿し床二段方法」です。

肥沃な土に挿し芽をすると、ややもすると発根がすこぶる悪いときがあります。ですから栄養分のない砂を上に、下に栄養タップリの土を入れて、砂の層で発根した根が肥沃な土を求めて根を伸ばし、やがて栄養を吸収して生長してくれるのを願っての方法です。

逆に、すこぶる発根の早い花、たとえばナスタチウム、インパチェンス等はポットに「二段床土」を作って、直接挿してすぐにポット苗ができる「一発的中方式」としています。こちらは発根をよくするのが目的というよりも、なるべく多量の苗を手間いらずで育てるために実行しております。

挿し穂が一本では貧弱に見える場合は、数本を挿して、短時間で立派なポット鉢となるようにしております。

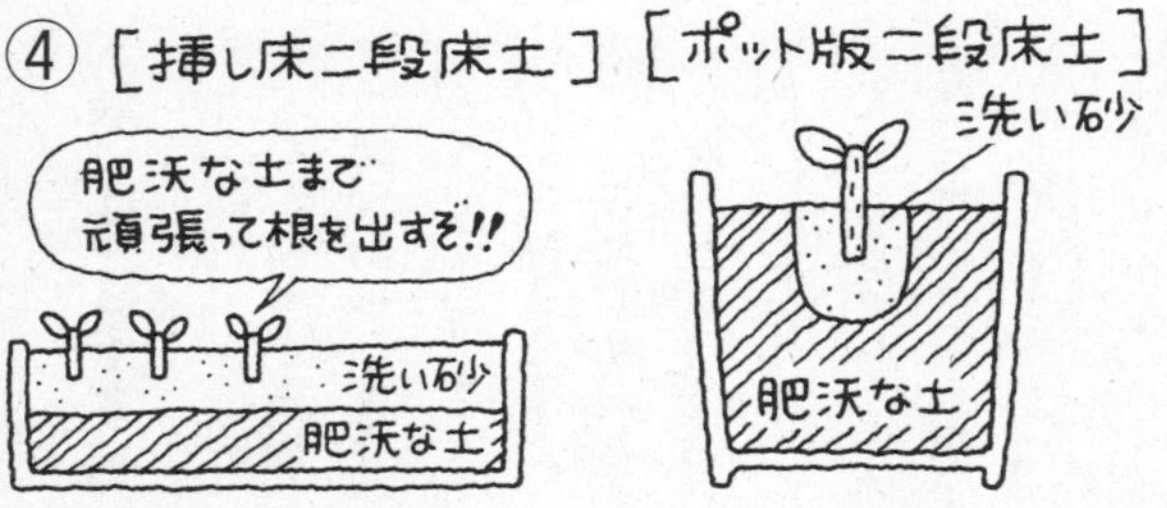

発根しにくい植物を挿す場合。例：フロックス、ジャスタデージー、デージー、宿根サルビア、レックスベゴニア、アロエ系の多肉植物、クレロデンドロム、ストレプトカーパス、パイナップルリリー、レックスベゴニアの葉挿し等

ポットに直接挿し穂して苗を作る手間いらずのやり方。発根しやすい植物で。例：ナスタチウム、インパチェンス、コリウス、タキタス、キンレンカ、クフェア、花アロエ、エンゼルストランペット、大型のレックスベゴニア、ペンステモン、太く育ったアブチロンやランタナ等

⑤芽出しはブラジャーで!

種まき方法の笑い話を一つお伝えします。私は種の発芽をブラジャーでやっています。まだ寒い早春、どうにかして早めに苗を育てたいけど、電熱線もないし、どこか外気に触れないで、温度が一定に保たれるところはないかと考えたのがここです。種を布に包んで水で濡らし、ビニル袋に入れて胸元へ。

播種前の種は私と何日間か一緒に旅をしているわけですね。直売所の仲間ともその時期になりますと「今日は何をだっこしてるの?」「もう、だっこ始めたの?」と、そんな質問が珍しくないやり取り…。お客さんとは「私ねえ、ハートで発芽させるの」「え、ハートってどこど

①タネを織り目の細かい布に包んで4～5cm四方に折り込み、水に濡らす
②チャック付きの密封できるビニル袋に入れる。酸素が通うよう、ストローをさしておく
③ブラジャーの中に入れる。お風呂に入る際に袋の中から布を取り出して、新しい水（ぬるま湯）を含ませるようにする

こ?」なんてこともあります。

⑥芽が出たら一緒にお風呂

かわいい種ですから、お風呂に入るのも一緒。発芽の確認をしながら布にぬるま湯をかけて水の取り替えをしています。植物によって発芽の積算温度が違うことから、すぐに芽を出すものの、そうでないものとあって、お風呂に入る楽しみが増えます。白いかわいい根が出てきたら、やはり温めておいた床土に播種し、発泡スチロールの箱に入れて、お風呂に浮かべます。

温度、湿度を同時に与えるためにも、発泡スチロールの箱にはフタをしませんが、風呂桶のフタはきちんとかけて、朝まで温度を下げないようにします。日中は乾かさないよう気をつけながら暖かい部屋に置いて、発芽を待ちます。

風呂桶のフタだけ閉めて朝まで保温。なお、イチゴパックの二段床土は日中はラップをかけて保温・保湿

⑦種は封筒に入れて洗濯バサミで吊るして保存

採種した種は必ずきちんと乾かさないとカビたり、変質してしまいますので、封筒に入れます。そして、洗濯物干しの洗濯バサミにはさんで吊るして保存します。

もし、生乾きの種を保存するときは封筒の口をあけて吊るしておきます。

⑦ タネは紙封筒に入れて洗濯物干しに

⑧種を冷蔵庫に入れると発芽が早い

種を冷蔵庫に入れて、一度、冬を感じさせると、種をまくときに「春だ」と思うのか、発芽が早いような気がします。こうして冷蔵庫に入れていつでもまくことができる状態にし、時期を外して播種するときがあります。

⑨覆土は色の違う土でわかりやすく

挿し床のところでも触れましたが、肥沃な土だと種の発芽もよくないことが多いので、栄養豊富な土の上に砂をのせ、その上に種をまきます。

このとき、覆土に砂と色の違う土を使うときがあります。以前は覆土が厚くなって失敗することもありましたが、これだとどれぐらい覆土したのか、覆土の厚さがよくわかり、とてもよい結果を得ることができました。

⑩ポットにポリマルチをかけて水やり省略

里芋やウコンの苗作りは、株分けしてポットにふせこみ、すぐにたっぷりの水をかけて土に水分を含ませたら、上からポリをかけておきます。こうするとずいぶん長い間水やりせずともそのまま管理できるので、散水作業の回数を少なくしております。

このポットの下に発泡スチロールのフタを敷いて、断熱材とするやり方を今年から行なうつもりです。

⑧タネは冷蔵庫に入れて冬を感じさせると発芽が早い

冷蔵庫
さむい!! 春になったら早く芽を出さなくちゃ!!
ヒュ〜

⑪野菜にも使えるラブシート

里芋のポットはポリマルチでほったらかしの管理ができますが、春の日差しは思いのほか強いときがあって、「このままでは芽が煮えて死んでしまうなー」というときがあります。

でも、いかに楽して大量に管理できるかが、私の考え。そこで私は、ポリの上にラブシート（水稲の育苗時に使う被覆資材、ユニチカ製）をかけて、温度が上昇するのを防いでおります。

新聞紙を使う人も多いのですが、ラブシートなら一気に敷けますし、夜は保温にもなります。

曇りの日はラブシートだけを取り外して、なるべく地温を高くしてやるように管理しております。

⑪

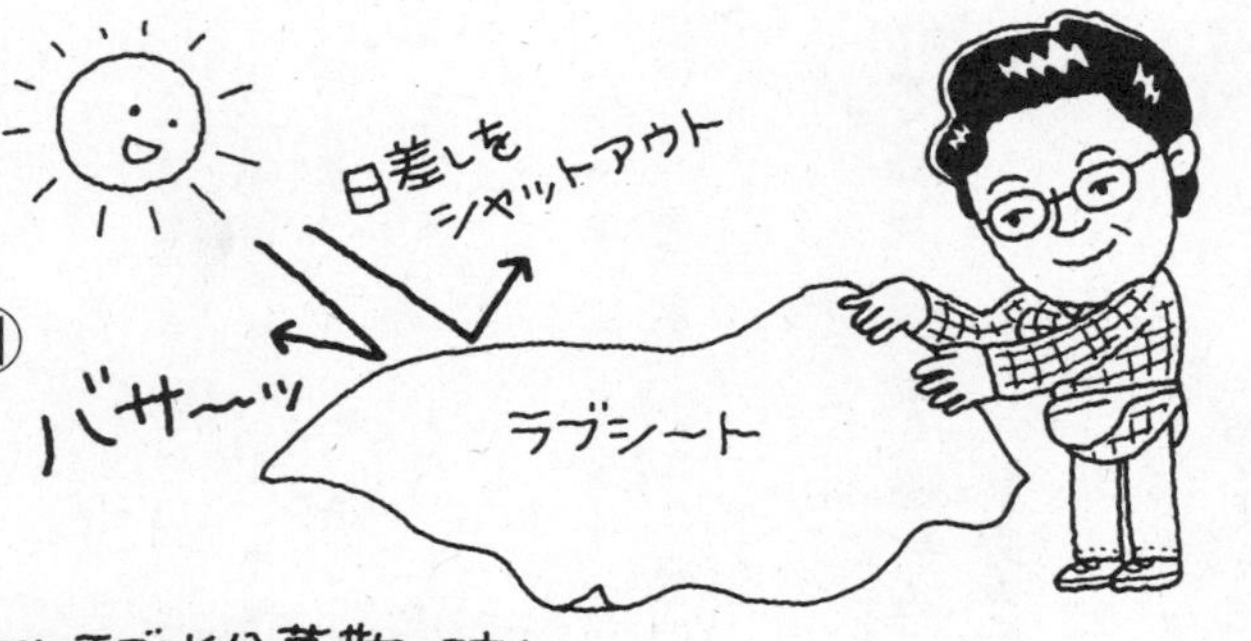
日差しをシャットアウト
バサ〜ッ
ラブシート

⑩

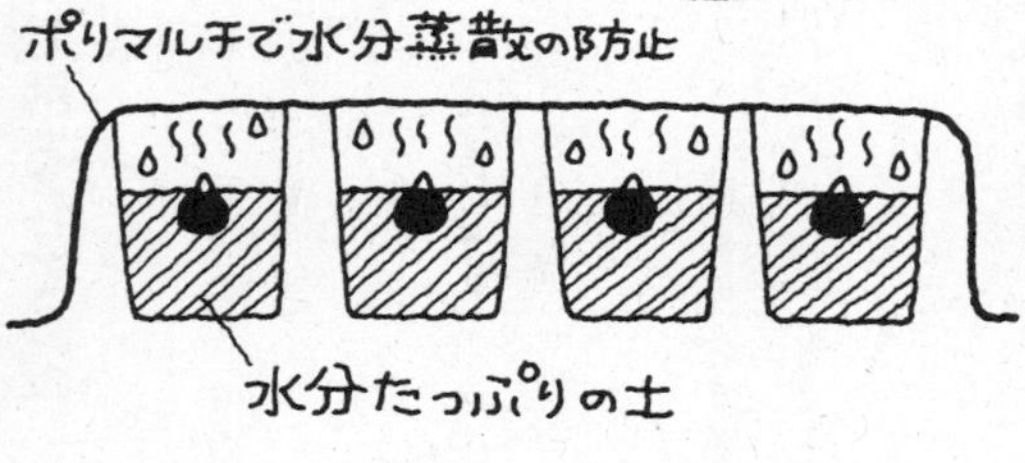
ポリマルチで水分蒸散の防止
水分たっぷりの土

◇　◇　◇

いずれのやり方も植物や気候によって変わってきますので、失敗して初めて気付くことも多いですね。「では、どうしたらいいか…」と頭をひねる私がときどきおります。こんなとき「百姓は死ぬまで勉強だ」といっていた在りし日の兄の姿が思い出されます。

（秋田県仙北郡角館町白岩）

二〇〇五年四月号　「挿し芽の洋子」の挿し芽の秘密大公開

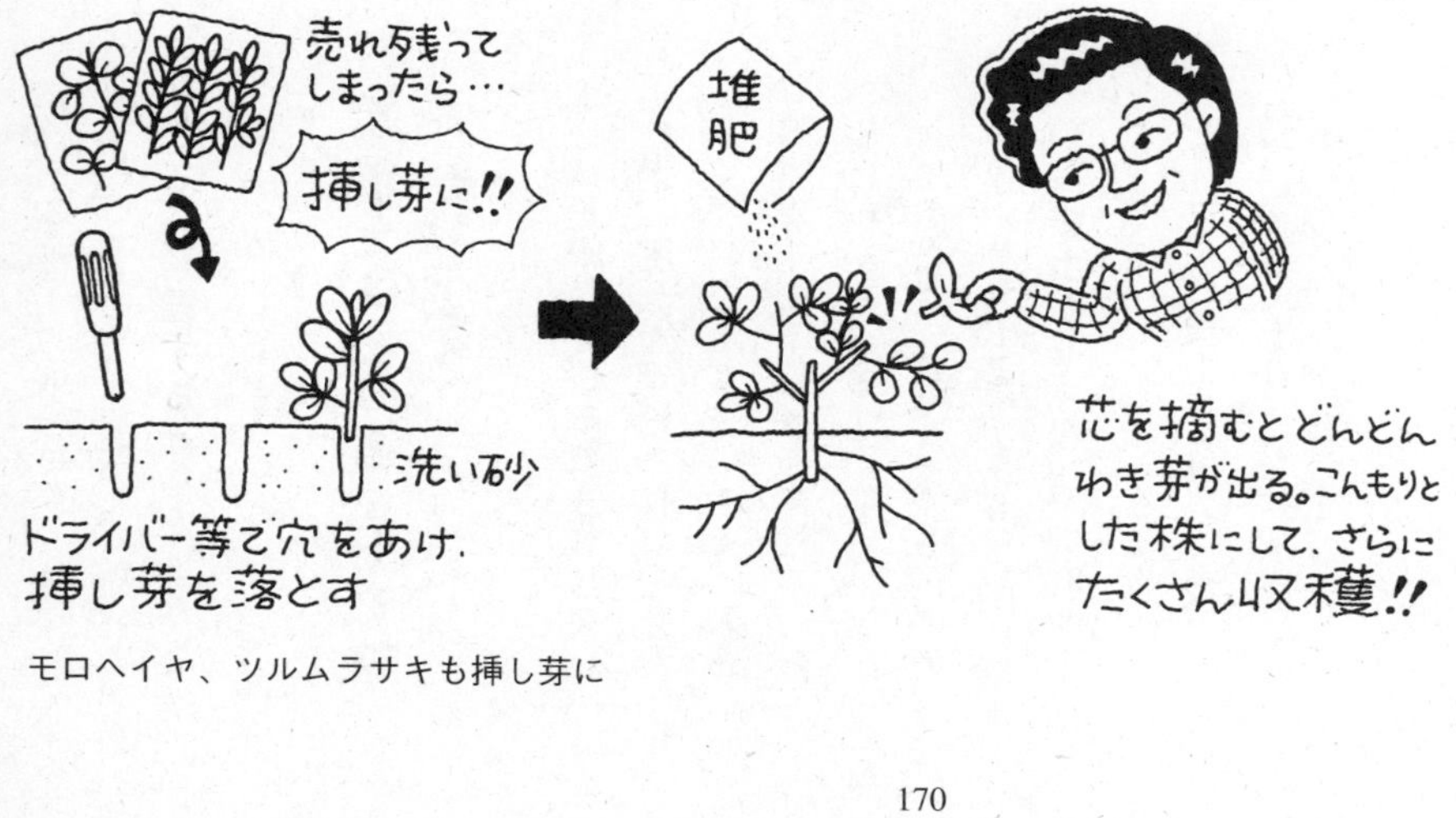
売れ残ってしまったら…
挿し芽に!!
洗い砂
ドライバー等で穴をあけ、挿し芽を落とす
堆肥
芯を摘むとどんどんわき芽が出る。こんもりとした株にして、さらにたくさん収穫!!

モロヘイヤ、ツルムラサキも挿し芽に

Part 6 混植の知恵

長野市の善財幸雄さんは、いちごのうねの中央に、にんにくを植えてみた。その結果、農薬でも対処しきれなかったアブラムシが、ほとんど発生しなくなったという

麦との混作で健康野菜

針塚藤重
群馬県渋川市

①秋に小麦をまく。基本は5mに1本ずつキャベツ用のうねを残す。うね幅はロータリ幅。②そこへ11月にキャベツ苗を2条植え。病害防除は海藻資材の散布のみ。③5月にキャベツ収穫。④6月中下旬に小麦をコンバインで収穫

江戸時代からやっていた陸稲と真桑瓜の間作

針塚家の幸平じいさんは優れ者で村の助役をつとめ、働きものでした。私が子供の頃、朝食は一年中夜明け前の暗闇の中で食べました。一日の野良仕事をして、ひと風呂あびて役場に出かけました。江戸時代、群馬県渋川には漢学者で農学者の吉田芝渓がいました。漢学者の幸平じいさんはその流れの農法を学んだのです。

幸平じいさんは真桑瓜《まくわうり》を陸稲の中で栽培していました。毎年お盆には真桑瓜が供えられましたが、香りがよく、甘くて、おいしかった味は今でもよく覚えています。ウリ科とイネ科が共生して、病気や虫におかされないで、おいしい真桑瓜ができたのです。陸稲の根群につく菌根は、真桑瓜のリン酸吸収を助け、病害虫にかかりにくくして、フザリウムやネコブセンチュウを防ぎます。また、陸稲の根が深く張るので排水がよくなり、株間を広くとるおかげで日照もふえますから、自家用としての栽培にはよいのです。

また、針塚家では江戸時代から奥山の落ち葉の堆積土、海のイワシ丸ごと、海藻のアラメなどと、稲わら、麦わら、もみ殻、米ぬかなどの資材を丸ごと、田、畑、桑畑に投入してきました。この落ち葉の堆積土や稲わらなどにいる微生物が、有機質を分解して、土壌を団粒化してくれます。

漬け物づくりを支えるコンパニオンプランツ

畑での作入れ農法は帯状栽培です。学術的にストリップカルチャーと呼ばれます。ストリップとは帯「おび」という意味です。イネ科植物と帯状に混作することで、土壌が雨で流れるのを防ぎ、保水性を高め、排水力もよくします。冬は北風を防ぎ日光がよく当たり、秋は台風にも強い、高品質の野菜をつくることができます。

今、私は日本一高品質の漬け物「白菜のこ

小麦と大根の混作。大根を多くとりたい。ときにはこのように麦の作付けを減らすこともある

うじ漬」「きゅうりのこうじ漬」「キャベツのこうじ漬」などを作って、よく売れています。それは、原料野菜の作り方（土づくり）をしっかりとやっているからです。その農法がわが家で江戸時代から受け継がれているコンパニオンプランツ（共栄・共生作物）なのです。

今、二毛作の水田で小麦を八俵とっても、一俵七〇〇〇円では反当五万六〇〇〇円です。こんな農業ではやる人がだんだん少なくなるのはあたり前でしょう。小麦作の中に五mに一本ずつうねを作って、大根やキャベツ、菜の花、小松菜、高菜を作ってみましょう。小麦の直根で排水がよくなり、その根につく菌根がリン酸吸収を助けて、病気に強くおいしい野菜ができます。

できた野菜はお漬け物にして、五〇〇g入り一パック五〇〇円で一〇〇〇パックもつくれば、反当五〇万円ほどになります。反収は約一〇倍です。私ができることがみなの衆ができないことはありません。

私の米こうじ用稲は、前作の小麦のおかげで根が一m以上張ります。秋の十月、稲株を「手で抜いてごらん」とたくさんの人にやってもらいましたが、抜けませんでした。この根ばりのよい稲で米こうじを作ると、酵素の力が強い日本一のこうじができます。私はこのこうじを使って甘酒、みそ、白菜のこうじ漬、こうじ入りぬか床など、たくさんの農産加工品をつくっています。

自家育種のタケノコ型白菜

私が白菜の育種（固定種）に取り組むようになったのは昭和三十年の春のこと。当時、東京農業大学の遺伝・育種学教授だった近藤典生博士のご指導を受けて始めました。たくさんの白菜品種の組み合わせのなかから、これぞという優良品種を選んで原種をつくりました。固定種白菜「青慶〈せいけい〉」もそのひとつ。中国の品種をもとに生まれた、全長七〇cmにもなるタケノコ型の白菜です。

この青慶白菜、八月下旬に種をまいて十二月に収穫しますが、このとき包丁を入れて切り取るのは、細長い白菜の上三分の二だけです。これは針塚農産の漬物になるほか、鍋ものにしたりして食べます。いっぽう、畑

小麦とサツマイモの混作

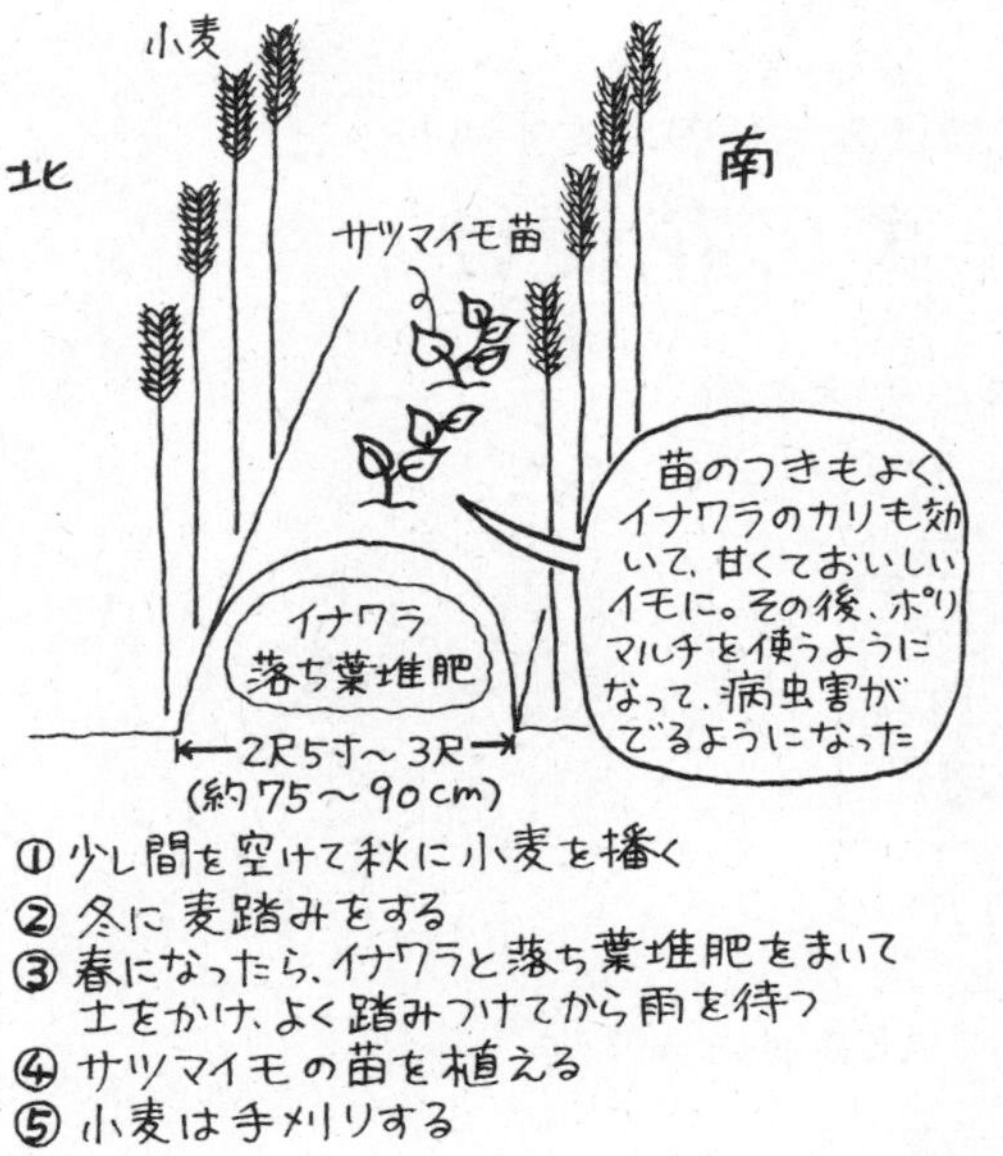
小麦
北
南
サツマイモ苗
苗のつきもよく、イナワラのカリも効いて、甘くておいしいイモに。その後、ポリマルチを使うようになって、病虫害がでるようになった
イナワラ
落ち葉堆肥
2尺5寸～3尺
(約75～90cm)
①少し間を空けて秋に小麦を播く
②冬に麦踏みをする
③春になったら、イナワラと落ち葉堆肥をまいて土をかけ、よく踏みつけてから雨を待つ
④サツマイモの苗を植える
⑤小麦は手刈りする

に残した下三分の一の株のほうは、根がしっかり張っているので、やがて中央から元気な花茎が伸びて、三月になると菜の花が咲いてきます。この花が咲く前のつぼみ部分（先端から三㎝ほど）を摘み取れば、おひたしや漬物にしてこれまたおいしく食べられる。白菜のダブル利用です。

菜の花にはえぐみがあります。これは、五〇℃の湯に二〇％の食塩を入れ、三〇分浸けるととれます。このとき、米こうじをネットに入れていっしょに浸けるといいでしょう。こうじの酵素が働いて、まろやかな味の酵素食に変身。こうじの酵素は五五～六二℃がいちばん働く温度なのですが、野菜そのものにも酵素があるので五〇℃の湯で十分に反応するのです。

なお、お湯に浸けたあとの菜の花は、すみやかに氷水に入れて冷やすのがコツ。鮮やかな緑色が保たれます。これをごま和え、おひたし、漬物などに。いずれもおいしくいただけます。

（針塚農産＝群馬県渋川市中村六六　TEL〇二七九―二二―〇三八一　FAX〇二七九―二四―五四二四）

二〇〇四年五月号　江戸時代から続くムギとの混作で、おいしい健康野菜

長さ（高さ）が70㎝にもなる青慶の上3分の2を収穫して漬物や鍋ものに。下3分の1は残し、トウ立ちさせてつぼみやタネを採る

針塚さんが育成したタケノコ型白菜の「青慶」。高さ70㎝にもなる

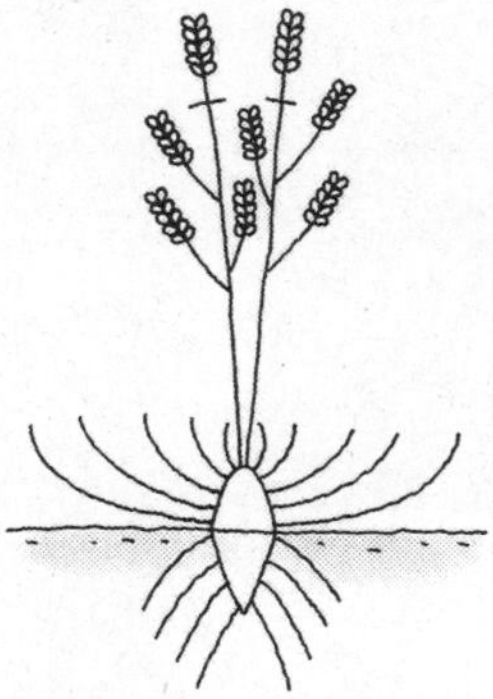

初めのつぼみを摘むと、下から若い花茎が枝分かれして次々に立ってくる。種子もたくさん採れる

春のつぼみ　私のおすすめレシピ

菜の花漬け

えぐみを抜いたあと、調味液に漬ける

［調味液の割合］
- みりん―1
- 魚醤油―1
- こうじ―みりんと魚醤油の重量の3％
- 昆布―適量
- トウガラシ―適量

アク抜きした野菜の水分を切って調味液に漬ける。嫌気性発酵させることが大事なので、重石をして調味液が上がった状態にする。
漬けてすぐに食べていいし、発酵がすすんでから食べてもおいしい。
菜の花漬けをみじん切りにして納豆に入れれば、元気ハツラツ納豆のでき上がり！

なす、葉生姜のベッド。フレンチマリーゴールドでベッドを縁どり

無農薬の自給菜園
ハーブ混植で美しい畑づくり

礒田有治　千葉県市川市

ハーブとの混植で美しい農園

わが家では、約三〇坪の家庭菜園を無化学農薬、無化学肥料でつくっています。毎年、約四〇種類以上の野菜と、収穫した野菜で漬け物づくりを行なっています。美しい畑をつくってみよう―そう思いたって、昨年春から、野菜やハーブ、花との混植による美しい農園づくりに取り組んでいます。

きっかけは、ある人から野菜の病害虫対策にハーブとの混植で対応している事例があるということを聞いたこと。また、フランスに旅行に行ったおり、大変美しい農園を見学し、その農園でも野菜やハーブとの混植が行なわれていて、私なりにこうした畑づくりに取り組んでみようと思ったからです。

私自身まだ取り組み始めたばかりで、試行錯誤の状態です。はっきりしたことは言えませんが、昨年の成果として、①トマトで、ほとんど害虫の発生がなく、節間が非常につまった、②ピーマンの味がとても甘くなった、③枝豆で害虫の発生がほとんどなく、味が良くなった―などがあげられます。しかし、そうしたことより私自身が大切にしているのは、畑づくりそのものを楽しんだり、気持ちがとてもなごむこと。そして、見る、触る、香りを嗅ぐ、味わうといった五感を使った行為をごく日常的に体験できることだと思っています。

十分な説明はできませんが、この畑づくりの方法などを紹介したいと思います。

病気害虫に強く、風味も増してくる

私の場合、まずつくりたい野菜を決め、それに合わせてハーブなどを選定していきます。昨年の果菜類を例にあげると、次頁の表のようになります。

野菜と一緒に植えるハーブや花などには、その野菜に対し、おおむね次のような効果があると言われています。①害虫よけ、②有益昆虫誘引、③病気予防、④生育を助ける、⑤風味を良くする、などです。

こうして、栽培する野菜やハーブ、花が決まったら、それぞれの苗の手配をします。基本的には、自分で苗づくりから始めるのがよいと思いますが、最初は、手に入りにくいものや苗づくりが間に合わない場合もあるので、購入苗でもかまいません。

野菜とハーブの組み合わせ

トマト	バジル、レモンバーム、ミント類、ナスタチウム、マリーゴールド、ねぎ、にら等
なす、ピーマン	ミント類、チャイブ、マリーゴールド、ナスタチウム
きゅうり、小玉すいか	ネギ、チャイブ、ナスタチウム
枝豆	ローズマリー、ペチュニア、ゼラニウム、マリーゴールド
とうもろこし	あさがお

ただし、ハーブ苗などは、同じ種類のものでも園芸用(鑑賞用)のものと、食用のものがあるので気をつけてください。鑑賞用のものは、農薬を使用している場合があります。

苗づくりから始める場合、とくにハーブ類は、種子が小さいものが多く、移植する大きさになるまで時間がかかるので、温室等を利用して早めにとりかかります。また、ハーブは挿し木で殖やせるものも多いので、知り合いの方に分けてもらって苗づくりをすることも可能です。

ベッド幅は一m、通路は八〇cm確保

苗づくりをしている間に、畑のデザインを考えます。最初は、庭の本などを参考にしてデザインしてみるとよいでしょう。

デザインするうえでの留意点は、日当たり、ベッド幅、株間、通路幅などです。果菜類の場合、ベッドの幅は、一m位確保したほうがよいでしょう。トマトやなす、ピーマン、きゅうり、小玉すいかの株間も一m位とれればよいと思います。ベッドの端や株間にハーブや花を植えていくのでゆったりとつくったほうが、風通しや作業性も良くなります。通路も最低八〇cmは確保したいものです。私の場合、昨年は畑の面積の都合で、ベッド幅や通路の幅を狭くしたのですが、後々の管理が大変でした。

苗の定植時期が近づいたら、

トマトベッドの様子　手前からねぎ、ナスタチウム、バジル、トマト、株間にアップルミント

手前からコキア、アフリカンマリーゴールド、きゅうり

私の昨年の畑

ベッドづくりです。デザイン通りになるよう、糸などを張って直線等がきれいに出るようにつくっていきます（高さ一〇～一五cm）。ベッドのノリの部分は、崩れないように鎮圧しておきます。このとき、トマトやきゅうりなどの支柱やネット張りもしておきます。支柱は、できれば竹や木のものがあれば、美しくより自然なものになります。

秋につくったサラダガーデン。レタス、サラダ菜、ルッコラ、サンチュ、セロリ、タイム、ローズマリー、セージ、イタリアンパセリなど

ベッドの縁や株間、株元に混植していく

ベッドができたら、定植です。トマトやなす、ピーマン、きゅうりなどの野菜をまず定植し、その間にハーブ、花類を植えていきます。マリーゴールドは、ベッドの縁に沿って二〇cm間隔位に植えていくとよいでしょう。

枝豆は、条植えした（条間六〇cm位）後、その条間に株間三〇～四〇cm位でローズマリーを植えていきます。そして、ベッドの縁にペチュニア、マリーゴールド、ゼラニウムなどを植えます。

とうもろこしは、定植した後、株元にあさがおを植えるようにします（あさがおのツルをとうもろこしに巻き付かせます）。

長期間収穫する果菜類のベッドには、定植後、マルチをします。マルチの材料は、後々の土づくりのことも考え、わらや腐葉土などを利用します。私の場合は、腐葉土を五cm位の厚さに敷きます。雑草の抑えにもなります。

野菜の後には花が楽しめる畑に

次に管理法ですが、生育旺盛なハーブ（ミント類等）は、刈りこんでいき（つまり収穫）、風通しをよくするようにします。また、通常の栽培より肥料切れが早くくる傾向があるので、まめに肥料をやるようにします。

果菜類の収穫が終わると、今度は、ハーブや、花たちが畑の主役になります。ハーブは、収穫して、乾燥して保存したり、株分けや種子とりをして来年に備えます。

二〇〇一年三月号　美しい畑作りの提案

上：枝豆の生育
下：枝豆収穫後の秋には、ローズマリーとマリーゴールドの風景に変わっていく

なす・にら混植はやめられない

桜井正男さん　神奈川県藤沢市

なす・にら混植一五年

桜井正男さんは、なすとにらの混植を始めてもう一五年ほどになる。きっかけは「現代農業」でねぎ・にら混植の記事を読んでからだ。そのおかげか、桜井さんのなすには、半身萎ちょう病や青枯れ病などの土壌病害が出たことがない。おまけに、地面を這うヨトウムシ、ネキリムシ、アリなどの虫も、少ないような気がしている。「病気が出ないのはなんでかはっきりとはわからないけど、虫が来ないのはにらのにおいのせいだろうなあ」

なすの根とにらの根をくっつけて植えるのがポイント

桜井さんのなす・にら混植のやり方は図のとおり。最初の頃は、定植後のなすの株間にあとからにらを植えていた。でも、離れたところに植えても効果がないような気がして、二年後くらいから今のやり方に変えた。「やっぱり根っこに近いほうが効き目があるような気がする」と桜井さん。

桜井さんのなす・にら混植畑。なすの株元は日陰になってにらの生長にはちょうどいい。にらが伸びたら先っぽを切ってなすの株まわりに散らしておくと、「虫除け効果が上がる気がする」。にらは食べることもある

混植するにらは、最初の年こそ近所の農家に分けてもらったが、その後一度も買ったことはない。植えておけば分けつしてどんどん増えてくれるので、わざわざ買わなくてもいいのだ。桜井さんのお宅では、その年のなすの収穫が終わる十一月以降、なすの樹は切ってしまうが、株元のにらは翌年の五月まで植えっぱなしにしておく。なすは連作しないので、五月には別の畑になすを定植することになるが、そのときに必要な分だけ掘ってきて一株ずつにバラし、またなすと一緒に植えるのだ。余ったにらは土にすきこんでしまう。これも土に良かれと思って長年続けていることだ。

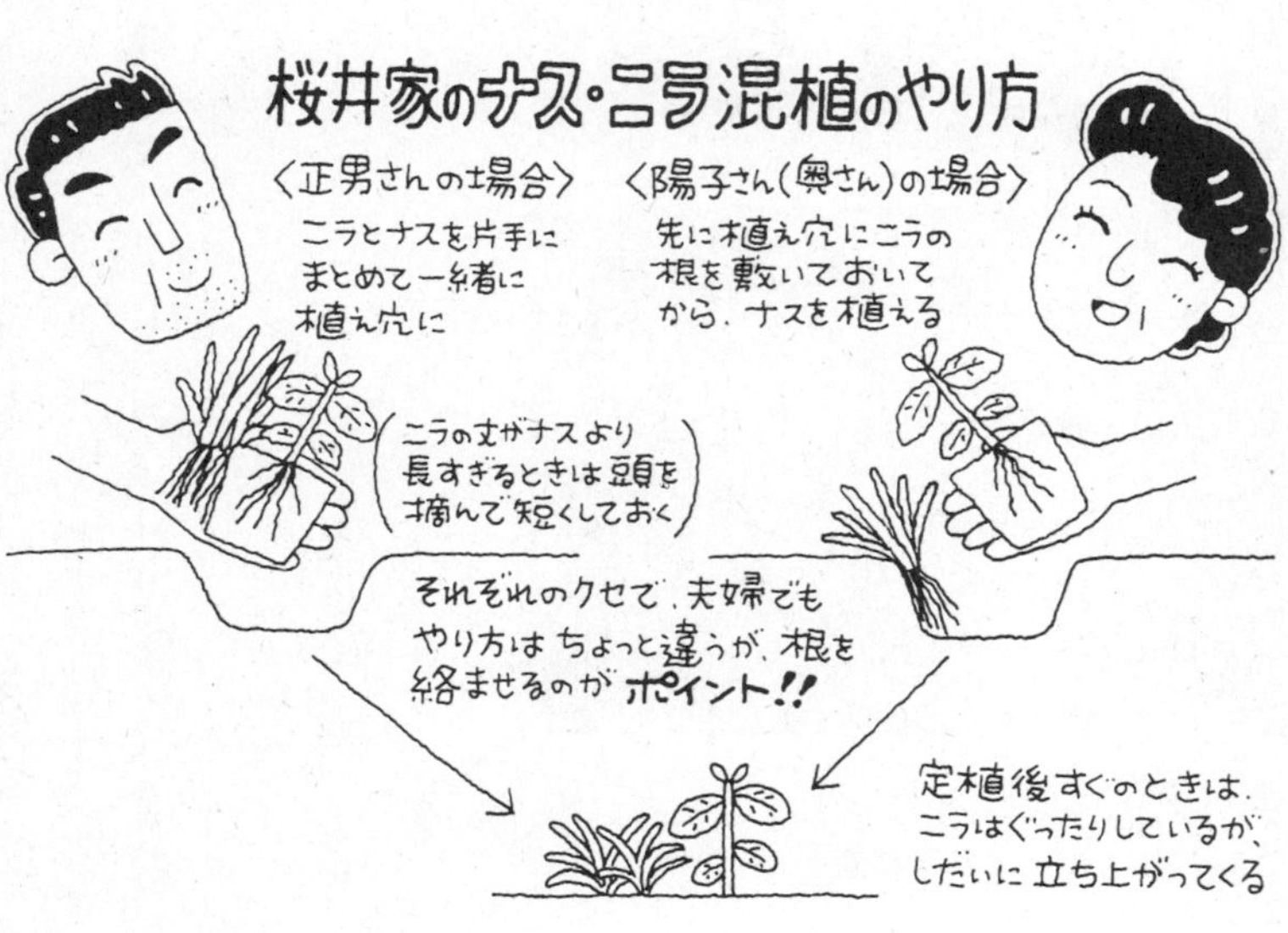
桜井家のナス・ニラ混植のやり方
〈正男さんの場合〉
ニラとナスを片手にまとめて一緒に植え穴に
〈陽子さん（奥さん）の場合〉
先に植え穴にニラの根を敷いておいてから、ナスを植える
ニラの丈がナスより長すぎるときは頭を摘んで短くしておく
それぞれのクセで、夫婦でもやり方はちょっと違うが、根を絡ませるのがポイント!!
定植後すぐのときは、ニラはぐったりしているが、しだいに立ち上がってくる

柔らかくて甘いなすもにらのおかげ?!

なすとにらを混植すると、病気や虫が出なくなるだけでなく、味もよくなるのではないかと、桜井さんは思っている。というのも、「桜井さんとこのなすは甘くて柔らかくておいしいねえ」と、市場や近所の人に大評判なのだ。「もう一五年、このやり方で必ずなすはにらと一緒に植えてきたから比較はできないけど、俺はなすの味がいいのはにらのおかげだって信じてるよ。にらと一緒じゃないと、いいなすが穫れる気がしなくて…。だからなす・にら混植はやめられないねえ」

（編集部）

あっちでもこっちでもねぎ・にら・にんにく混植

【茨城から】いちご・ねぎ混植で、アブラムシやコナジラミがめっきり減った

いちごにねぎを混植しているのが旭村の米川さん夫婦。その効果はアブラムシやコナジラミがめっきり減ったこと。そしてなぜか炭そ病がなくなったことです。「まわりの人にも絶対すすめたい」と、ねぎ混植に太鼓判です。

奇形いちご対策にカルシウム剤を散布するなど、研究熱心なお二人でした。

【福島から】にんにく混植で、いちごのアブラムシ退治

保原町の野木さんのいちごハウスにお邪魔したら、うねのところどころにいちごとは違う葉っぱが見えます。

聞けば、三年前からいちごの花が咲く頃、約二mごとにうねの中ににんにくを植えているんだとか。アブラムシがつかなくなるそうで、防除の手間が減り、結局、殺虫剤代も一割ほど減ったそうです。そのうえ、球根や、切っても切っても出てくるにんにくの芽も食べられる。まさに一石二鳥ですね。

いちごとにんにくの混植（長野県　善財さんのいちごハウス）

北海道のメロン・すいか産地に広がるねぎ混植

【愛知から】オンシツコナジラミには、にらが効く

トマトに、にらを混植する人が増えましたが、田原町のFさんもその一人。

にらの種を連棟ハウスの谷の部分にまいたら、手入れもしていないのにズンズン育ってきました。これを見て第六感の働いたFさん。サクサクとにらを細かく切り刻んで、トマトのうねにまき散らしたのです。するとにおいのせいか、にらをまいたハウスだけ、オンシツコナジラミが姿を消してしまったのです。

以来、Fさんは、ハウスの支柱の立っているスペースには思いきりにらを生やして、切り刻んではまいているそうです。

（編集部）

つやつやのトマトはバジルのおかげ

大河内ヒロ子　北海道剣渕町

バジルがトマトの虫よけに

ハーブコーディネーターの通信講座など、様々なところからハーブの情報を得る中で、トマトとバジルは相性がよいと聞き、トマトの間にバジルの苗も定植するようになりました。トマトの定植に合わせてバジルも播種し、苗のうちから隣り合わせで育てています。

こうするようになってからアブラムシはもちろん、他の虫もほとんどといってよいくらい見かけません。きっとバジルの葉から出る香りが虫を寄せつけないのでしょう。あまり変形果もなく、玉数もつきます。形も丸く、農薬は使ってないのに色つやもきれいです。

花が咲く前にせん定

トマトと同様、ハーブも手入れが必要です。株植えっぱなしの伸ばし放題では駄目です。株や枝が茂りすぎないよう、風通し、日当たりをよくすることでバジルに病害虫がはびこらないのです。そのためにはバジルの花が咲く前、咲く前にと繰り返しせん定するのが重要です。一〇葉ぐらいのところで常に摘心します。

このときカットしたバジルは自家用畑のキャベツや白菜の株周りに敷いて、害虫よけとしています。

バジル。写真は花が咲いているが、その前に摘心する

ピーマン、トマトをもバジルと混植。バジルはせん定したり、トマトは収穫後に葉かきをして通気性をよくしておくことが、病害虫を寄せつけないコツ

もちろん料理や入浴剤にも使います。今年はバジルで紫玉ねぎの漬物にも挑戦してみました。

ここ何年かは「うちのトマトはバジルをはさんで植えているので、つやがあっておいしいよ」と宣伝したせいか、喜んで食べてくれる人が増えました。町で消費者の方に声をかけられるのが嬉しくて作り続けています。

何より、トマトをもぐ時にバジルにふれると香りが漂って、身も心もリラックスさせてくれるのが魅力です。私もハーブと相性がピッタシです。

（北海道上川郡剣渕町三区）

あっちでもこっちでもハーブ混植

【茨城より】マリーゴールドはスリップスにも効く

「ピーマンの株元にマリーゴールドを植えたら、ミナミキイロアザミウマが少なかった」というのは波崎町の高橋さん。

八月、抑制ピーマンのハウス二棟に一間おきに植えたところ、防除は他のハウスと同じだったにもかかわらず、そのハウスだけミナミキイロが少なかったそうです。「三尺おきに植えておけばもっとよかったかな」とも。

ミナミキイロは黄色い花が好きなので、マリーゴールドも心配したそうですが、ミナミキイロの発生が峠を越す十月までは開花しなくて一安心。ネマ対策の緑肥のマリーゴールドに、こんな効果もあったんですね。

【岐阜より】チャイブ畑の中のカボチャが無農薬でできた

金山町の坂本さんはハーブの虫除け効果について研究中。畑でチャイブの中から芽を出したかぼちゃが無農薬で栽培できたのがきっかけだったとか。

ハーブ畑にいると蚊に刺されにくく、中でもバジルが蚊を寄せつけないことがわかってきました。今では山に入る際は帽子につけていくそうです。

【山形より】豊作すいかの秘密はボリジ!?

周りが不作の中、二本のツルから一五個の

キャベツと混植するとよいディル（撮影　赤松富仁）

アップルミント。ミント類は田んぼのアゼに植えるとカメムシが寄ってこないと話題

混植で相性がよい作物の例

科の異なる作物	ナス科	ユリ科
	イネ科	アブラナ科、マメ科
	麦	うり類、なす、さつまいも
根菜類と葉菜類	ごぼう、里芋	ほうれん草、小松菜
	じゃがいも	いんげん、そら豆、大豆、キャベツ
	にんじん	レタス
草丈の高いものと低いもの	とうもろこし	葉菜類、かぼちゃ
	きゅうり	白菜
	トマト	キャベツ
日照を好むものと日陰を好むもの	いんげん、なす、きゅうり	みつば、しそ、ねぎ類、パセリ、あしたば、しょうが
高温を好むものと好まないもの	ささげ、にがうり、なす、ピーマン、オクラ、里芋	ほうれん草など葉菜類
生長の早いものと、遅いもの	小松菜、ほうれん草、サラダ菜	ねぎ、里芋、とうもろこし
	ほうれん草	いちご
少肥作物（マメ科）と多肥作物	大豆	小麦、キャベツ、きゅうり、とうもろこし
	いんげん	きゅうり、キャベツ
	えんどう	かぶ
	豆類	なす、ピーマン
病害虫をよせつけない	うり類やいちご、にんじんなど	ねぎ、にら、にんにく、玉ねぎ
	キャベツ	トマト、レタス、セージ、ローズマリー、タイム、ペパーミント
	トマト、じゃがいも、豆類	マリーゴールド
	白菜、キャベツ	とうがらし、セルリー
	かぼちゃ、きゅうり	廿日大根
	アスパラガス	にんにくと交互にうえる。アスパラガスの収穫あとに、トマトやバジルを植える
	ブロッコリー、とうもろこし	スイートバジル
ハーブとの混植	トマト	バジル、チャイブ、マリーゴールド、ミント、セージ、タイム
	なす	タイム
	じゃがいも	マリーゴールド、タイム、ワサビダイコン
	キャベツ	ディル、ヒソップ、ラークスパー、ミント、タマネギ、セージ
	きゅうり	カモミール
	玉ねぎ	カモミール、ディル、キク
	にんじん	チャイブ、セージ
	いちご	ボリジ、タマネギ、セージ
	豆類	ボリジ、ラークスパー、マスタード、タマネギ、オレガノ、ローズマリー、セイボリー

大玉すいかがとれたという三加和町の菅原さん。ハウスの隅に植わっていたボリジの周りをブンブン飛んでいた蜂が交配してくれたみたい。

ボリジが薄紫色の可憐な花を咲かせるのは、ちょうどすいかの開花時期で相性ピッタシ。チーズケーキの飾りや製氷皿に入れて「花氷」を作るなど、お菓子づくりにも大活躍なんだとか。（編集部）

二〇〇四年五月号　農薬が減る！　混植・混作

Part 7

保存、貯蔵の知恵

食べれない野菜は乾かして保存する。干す前からなるべく水分を寄せ付けないのがコツ。乾いた包丁やまな板で切る

とれすぎた野菜を貯蔵する

干す・粉にする・室貯蔵ほか

干しピーマン

キンピラ、サラダの色どりに

「自家用のピーマンといっても時期になればけっこうな量がとれる」という奥勢津子さん（和歌山県かつらぎ町）。結局、取り残してしまうことも多いが、「それじゃもったいない」と思い、ピーマンを干してみた。

勢津子さんが使うのは、樹にそのままおいて真っ赤に完熟させたもの。これを斜めに千切りしたものを約二日間、外でカリカリに乾かして、カビないように冷蔵庫の野菜室で保存。使うときは、一晩水に漬けてもどす。冬、野菜が少なくて、おかずに色物が少ないとき、きんぴらごぼうやサラダに入れると、ちょっとした彩りになるので、なにかと重宝だ。

干しピーマン。真っ赤に完熟させたあと干す

水に漬けて４時間後、ふっくら厚みのある完熟ピーマンにもどった

干しゴーヤー

同様に干して役に立っているのがゴーヤー（苦瓜）。縦に二つに割って種とわたをとり、暑さ二～三㎜で薄切りにしたら、天気のよい日に干す。カリカリに干したものでも、暖かい日なら半日ほど水に漬けてもどせばよく、奥勢津子さん（前出）のところではゴーヤーチャンプルーにして食べたそうだ。

干しゴーヤーのお茶がお通じの薬に

同じ干しゴーヤーでも、今度はお茶。これが、実は便秘気味で、以前より「何かお通じにいいものを」と探していた佐藤和子さん（群馬県東村）の最近のヒット作。

これまでゴーヤーの食べ方というとチャンプルー（炒め物）ぐらいなもの。「酢の物やぬか漬けでもおいしいよ」と聞いたこともあるが、結局、チャンプルーにする。さすがに飽きる。そこで、なり過ぎて「もう終わりかな」というゴーヤーをとってきて、縦に二つ割りにしてスライスしたものを干す。これを湯が茶色くなるまで煎じてお茶とする。容器に移して冷やしてもよい。

思ったほど苦くはなく、また最初は苦いと思った人も、慣れてくるとその苦味がおいしくなってくるそうだ。「私の友達なんか、くせになって一年中飲んでるみたい」。二五歳になる和子さんの娘さんも「お通じがよくなった。お小水のほうもよく出るような気がする」といって持って帰って飲んでいるとか。和子さんは便秘だけでなく疲れもよくとれるという。

干すときのコツは、夏の暑い盛りに一日で乾かすこと。そのほうがきれいなグリーンに仕上がるし、おいしい。途中で曇ったりして二～三日かけて干すと、色が茶色くなってしまうとか。

干しゴーヤー。お茶にしたら便秘薬に

干しなす

白い干しなすを作るには冷水にさらすのがコツ

「なす干しは嫁に来る前から食べてた」という安孫子みんさん（山形県寒河江市）のコツは、へたをとって五㎜ほどの厚さに切ったら、冷水に約三〇分さらすこと。アクが抜けるのか、たしかに何もしないものよりも白く干しあがる。あとは同じように晴れた日に三～四日かけてカリカリに乾かせばできあがり。秋、寒くなる前に一回蒸して再び干すと虫除けになる、という人もいるが、みんさんは玉ねぎの網袋などに入れて涼しいところに吊るして保存するせいか、やらなくても大丈夫だという。

おいしく食べるコツはもどし方にもある。よく「硬くて半日煮たー」という人もいるが、水で戻す際に砂糖を入れるとやわらかくもどるそうだ。

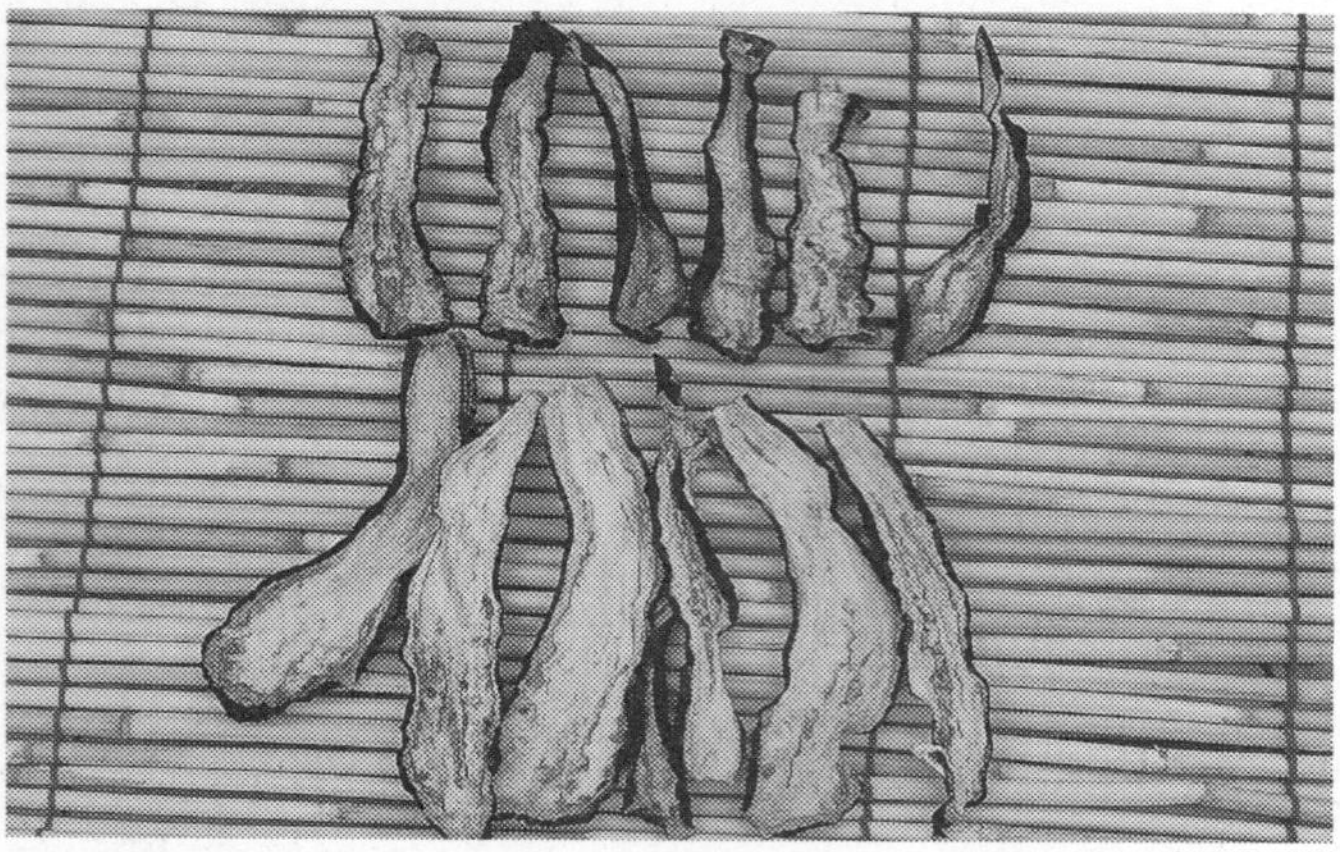

干しナス。冷水にさらしたのが下の干しナス。何もしなかった上のものよりも白くなった

干しなすのつくり方

①収穫後すぐになすのヘタをとり、タテに薄く切る
②塩水に約一時間漬けてアク抜き
③天気のよい日に干す。一日で干せば白く仕上がる
④袋に保存。口をしっかり縛っておく
⑤虫がつくのを防ぐために、秋晴れの日にもう一度干す
⑥使うときはぬるま湯に浸す。もどったらよく水洗いし、手で水分を絞り、油揚げや煮干しと一緒に油炒め、付けに

干しなす・ふっくらもどし方

①干しなすを水にひたして火にかける
②ひと煮立ちさせたら火をとめる
③湯の中に手が入れられるぐらいに冷めたらなすをもむ
④湯が黒くなるので捨てる
⑤新しい水を入れ、砂糖を入れて一昼夜つけておく。砂糖の量は水をなめてみて「あ、砂糖が入ってるのかな」と気づく程度
⑥調味料（醤油、砂糖、酒など）で味付けしてできあがり。かつお節、薄く切った笹かまぼこを入れても

干しきゅうり

干しきゅうりでおいしい煮物ができちゃった

曲がって出荷できないきゅうりは漬物に、といっても漬物ばかりでは飽きてしまいますよね。そんなときはいくつかにぶつ切りにして干してみてください。

醤油と砂糖で煮れば、なんともいえない歯ごたえに。飴色になるので誰もきゅうりとは気づきません。ご飯のおかずにもピッタリ。カラカラに干せば保存もきくので「食べたいな」と思ったときにもどして、すぐに作れます。この夏、とれすぎたきゅうりをわが家の常備野菜にしてみませんか。

（二〇〇三年八月号「あっちの話　こっちの話」より）

干しキュウリ。もっとカラカラに乾かす。写真のような半乾き状態でも冷蔵庫で保存すればよい

干しきゅうりのつくり方

①三～五㎝にぶつ切り。あまり小さく切るとあとで煮たときに崩れるので、三㎝はあるとよい

②二～三日かけてカラカラになるまで天日干し。虫やカビがつかないようしっかり干す

※半乾きでも冷蔵庫に保存しておけばOK

③ぬるま湯でもんでホコリなどを落とす。長い時間、水に漬けておかなくても平気

④醤油、砂糖で煮る。きゅうりから水分が出るので水は入れなくても平気。好みでみりん、酒、唐辛子を入れても

干しかぼちゃ 干しにんじん

不思議な食感の浅漬けに

料理が大好きで、日々「今度はこうしてみようかな」と考えている山田君子さん（北海道足寄町）。最初は「ポテトチップみたいにしようかな」と思って干したかぼちゃも、「何か他の料理にしてみようかな」と思って浅漬けにしたら、ちょっと変わった食感の漬物になった。

かぼちゃは薄く切って生のまま二～三日干す。これをそのまま油で揚げてチップスにしてもよい。もどすときは数時間塩水にさらす。塩水に漬けると、できあがりの歯ごたえが少しよくなるという。

もどしたものを千切りにして酢の物の色どりにしてもよい。浅漬けにするには、醤油、塩、昆布茶と砂糖少々を入れた調味液に一晩漬ける。シャリッとした感触の浅漬けになるそうだ。

同じように大根やにんじんでも作ってみたそうで、シャリシャリの歯ごたえの漬物に変身。

君子さんが干したかぼちゃは、お菓子にも使われる甘くて色の濃い品種。秋が近づいて糖分が高まって一番おいしい時期のものをとるという。

（編集部）

二〇〇四年八月号　夏、とれすぎた野菜を干してみよう

干しかぼちゃ

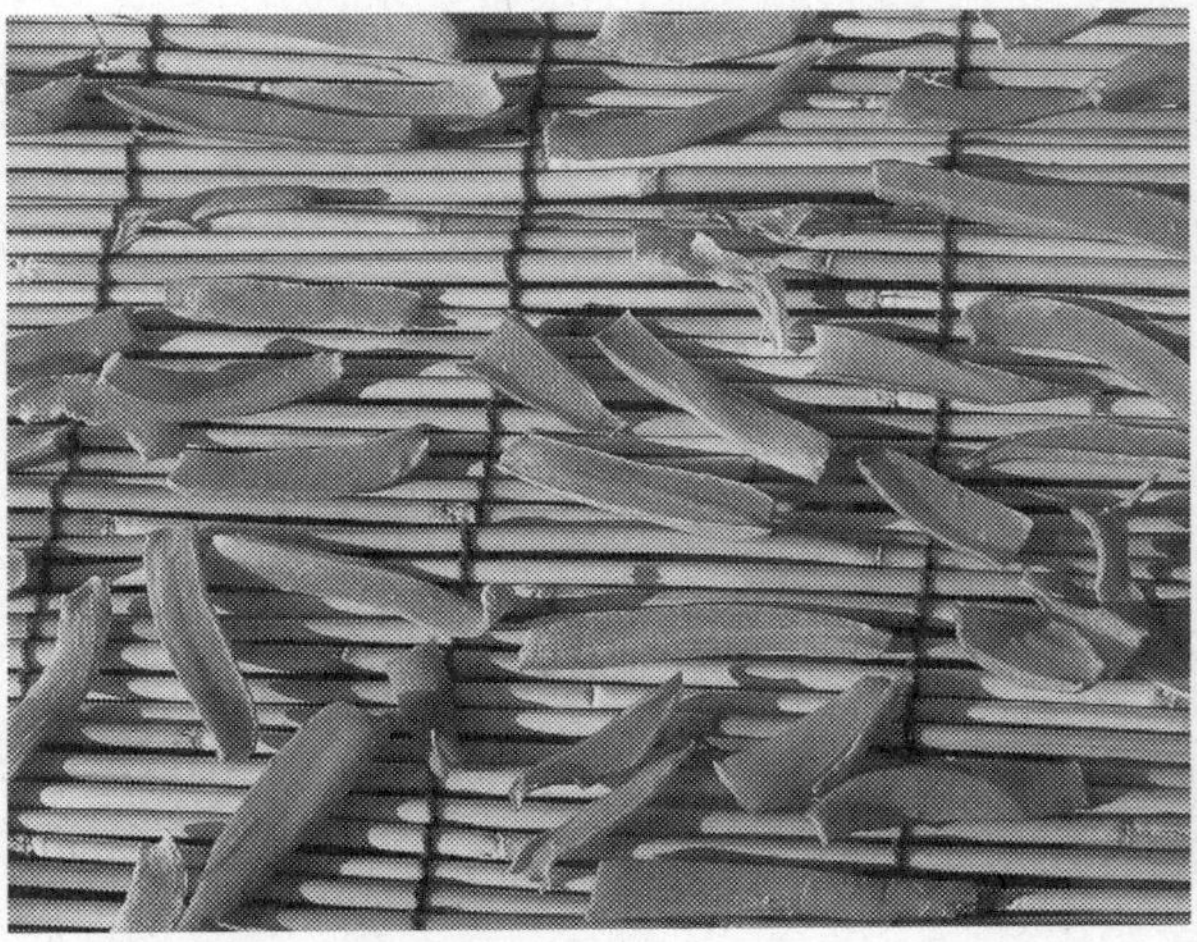

干しにんじん

緑の野菜を粉で保存

細井千重子さん（長野県南相木村）が愛用している粉は、主に緑色。モロヘイヤやアマランサスは抹茶そっくりの淡緑色。おかのりや青じそはもう少し濃い緑の粉になる。きれいだ。

太陽をいっぱい浴びて育ったミネラル・ビタミン豊富な緑色野菜を粉にして保存しておけば、寒冷地の冬でも青物がふんだんに食べられる。なんせ粉にさえなっていれば、何にでも混ぜられる。うどんやお菓子などをつくるときに混ぜれば、グリーンがきれいで栄養価もアップ！

そのうえ、おかのりやモロヘイヤなどのヌルヌル野菜の粉は、水を加えたらまたヌルヌルが復活する。うどんやそばを打つときに混ぜると、「つなぎ」の役目もしてくれる。

二〇〇三年十一月号　緑の野菜パワーを、粉で常備

＊細井千重子さんの著書『寒地の自給菜園12ヵ月』好評発売中です。

干し上がったらすぐにビニル袋に入れてサッともみ、粗い粉にしてから、粉ひき機（ミル）にかける（10秒くらいずつ、2〜3回）。写真の粉ひき機は「よめっこさん」（＊）

粉にするにはまず、畑から摘んだ葉をサッと洗って水気を切り、ネットにふんわり入れて干す。晴れた日に1日で干しあげると、色よく仕上がる（撮影　岩下守、以下＊）

中身がわかるようガラス瓶に入れてフタをして保存。海苔などに入っている乾燥剤を入れておくといい（撮影　倉持正実）

おかのり粉の完成（＊）

土室では大根をさかさに

シッポが上だと、芽が出にくい取り出しやすい

緑色のおかのりうどん。小麦粉500gにおかのり粉大さじ1杯をよく混ぜてから水分を加えてこねる。おかのりのぬるぬるが、つなぎにもなった（＊）

細井千重子さん（前出）の住む地域は冬、マイナス二〇℃にもなるので露地での野菜づくりはできない。そこで、秋にたくさんとれた野菜を貯蔵し、冬の間も野菜を切らさないために大事にしているのが土室だ。

ふつうは掘り下げた底の部分は土にして周囲をコンクリで固めるが、細井さんは周囲も土のまま。そのほうが保存性がいいみたいなのだ。

土室で保存するのは、大根、にんじん、山芋、じゃがいも、ビート、ゆり根、ごぼう…と様々。

中でもちょっと人と違うのが、大根を逆さにして保存すること。よく「野菜は畑でとれたときと同じ状態で保存したほうが長持ちする」といわれる。だが、細井さんの家では昔から逆さにして保存していたのと、実際に細井さんが比べてみたと

菜園の結晶　土室貯蔵のコツ

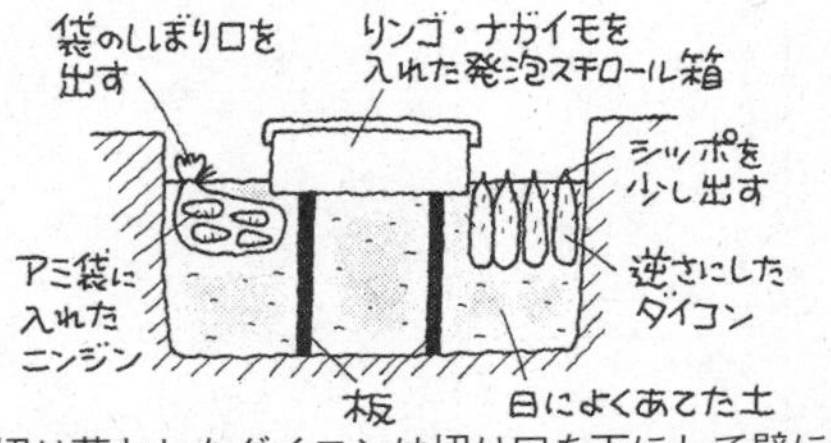

葉を切り落としたダイコンは切り口を下にして壁に立てかけるようすき間なく並べる。取り出しやすいようシッポを少し土の上に出す。ニンジンは網袋に入れて袋の口を土の上に出して埋める（土室に入れるのは翌年3月まで食べるぶん。4〜5月に食べるのは網袋に入れて畑に埋め、4月上旬に土室に移すと芽の出るのが遅い）

ラクチン　ハクサイの貯蔵法

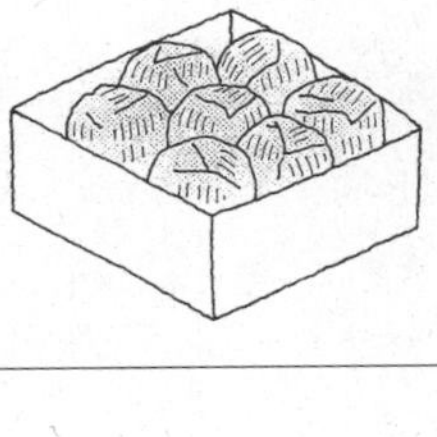

根を切って収穫し、切り口を日にあてて7〜10日干す。2〜3枚重ねた新聞紙でしっかり包み、ダンボール箱に立てて入れ、貯蔵室に（土室には入れない）

細井さんが「小さくても菜園の結晶」という貯蔵室。家を建てる際、お勝手から細い廊下をへだてた北側に設け、さらに一部の床下を掘り下げて、写真のような土室とした。土室の大きさは1.8×0.9m（半坪）。深さは約60cm。中に板をわたして、厚い紙袋に入ったじゃがいもや、りんごや長芋が入った発泡スチロール箱（通気口付き）を載せるようにした
（撮影　赤松富仁）

きも、逆さにして保存したほうが芽が出にくく、スが入りにくかったので、こうしている。

それに、大根の「シッポ」の部分が土よりちょっと出ているから目印となって引っ張り上げるのもラクなんだとか。

たまに中で腐った野菜があると、土も菌で汚れているかもしれないので、春、野菜を食べきったら、中の土を全部出して畑に還すのも大事。

そして、秋に再び貯蔵するときは充分に日をあてた土を使う。土室に入れる土が古いと野菜も長持ちしない。

二〇〇四年十一月号　土室では大根をさかさに
＊細井さんの自家菜園の技をまとめた『寒地の自給菜園12ヵ月』（農文協）、好評発売中です。

野菜の保存の適温

科	野菜	適温℃
アブラナ科	かぶ	0〜2
	小松菜	0〜2
	チンゲンサイ	0〜2
	白菜	0〜2
	ブロッコリー	0〜2
	カリフラワー	0〜2
	キャベツ	0〜2
	大根	0〜2
	わさび	0〜2
ユリ科	アスパラガス	0〜2
	ねぎ	0〜2
	あさつき	0〜2
	玉ねぎ	0〜2
	にら	0〜2
セリ科	セロリ	0〜2
	にんじん	0〜2
アカザ科	ほうれん草	0〜2
キク科	レタス	0〜2
	ごぼう	0〜2
	春菊	0〜2
	みつば	0〜2
バラ科	イチゴ	2
ウコギ科	うど	2
ヤマノイモ科	山芋	2
	長芋	2
マメ科	枝豆	2
	さやえんどう	2
	さやいんげん	6
シソ科	大葉	7
ナス科	じゃがいも	2〜5
	完熟トマト	2
	青いトマト	10
	ピーマン	10
	なす	8〜12
ウリ科	すいか	5〜10
	メロン	5〜10
	かぼちゃ	10〜13
	きゅうり	10〜13
サトイモ科	里芋	7〜10
アオイ	おくら	10〜15
ヒルガオ科	さつまいも	13
バショウ科	バナナ	13
ショウガ科	しょうが	14

白菜は吊るすにかぎる

中国地方とはいえ、雪も深い。白菜をそのまま畑に置いていたら凍みてしまう。土の中に埋めておけばいいのだが、雪の下になると掘り出さないといけない。夏はともかく、冬はこれがけっこうおっくうなのだ。

そこで、早戸広美さん（島根県横田町）の家では土蔵の梁に竹を横に渡し、そこに白菜を吊るしている。広美さんがお嫁に来た時、すでにお姑さんがやっていたやり方で、近所でも同様にやっている人がいる。

やり方は天気のいい日に収穫した白菜を軒下に並べて数日干す。「外側の葉の水分が抜けたなー」と思ったら、新聞紙にくるんで吊るす。新聞紙が水分を適度に吸収して凍みるのを防ぎ、同時に保温してくれるようだ。

なお、根の部分にヒモを結んで吊るすので、収穫する際は根のところで切らずに残しておくのを忘れずに。

白菜が床と接しているとそこから傷み始めることがあるが、吊るしておくとそういうことがない。収穫したときとほとんど同じ状態で春までもつという。

このやり方だと寒い冬にわざわざ家の外に出て取りに行かなくてもいいのでラク。

（編集部）

二〇〇四年十一月号　ハクサイは吊すに限る！

付録 作物別　施肥量の目安（例）

原産	科	作目	施肥量の例（g/㎡またはkg/10a）				
			堆肥	窒素	リン酸	カリK_2O	苦土石灰
西アジア―地中海起源の作物	イネ科	麦	750	8	7	7	50
	アブラナ科	かぶ	2,000	12	17	10	80
		小松菜	2,000	14	12	12	80
		水菜	2,000	21	19	14	100
		野沢菜	2,000	25	20	25	100
		菜種	1,500	16	12	16	120
		白菜	2,000	16	37	16	100
		山東菜	2,000	18	14	13	120
		チンゲンサイ	2,000	12	12	12	100
		ターサイ	2,000	19	15	16	100
		からし菜	2,000	12	12	12	100
		ブロッコリー	2,000	18	21	18	150
		カリフラワー	2,000	24	23	19	200
		キャベツ苗床	2,000	5	7	5	100
		キャベツ	2,000	23	18	23	100
		芽キャベツ	3,000	36	30	30	100
		コールラビ	1,500	10	7	11	150
		ケール	2,000	30	20	30	100
		大根	1,000	24	13	23	100
		ラディッシュ	1,000	12	12	12	100
		ルッコラ	2,000	12	12	12	100
		クレソン		12	8	10	
	キク科	レタス	2,000	25	14	17	120
		チコリー（軟化栽培）	2,000	3	24	18	100
		春菊	1,000	13	15	11	60
	マメ科	えんどう	2,000	14	21	19	100
		そら豆	2,000	9	12	9	120
	セリ科	セルリー	5,000	50	45	48	60
		ミニセルリー	5,000	43	41	28	60
		パセリ	2,000	19	40	19	120
		コリアンダー	2,000	7	10	5	60
	アカザ科	ほうれん草	1,500	17	22	30	100
		不断草・チャード	1,000	8	8	8	100
中央アジア起源の作物	ユリ科	ねぎ（播種床）	2,000	15	20	15	100
		根深ねぎ（本圃）	3,000	27	39	27	100
		葉ねぎ（本圃）	3,000	25	16	12	120
		わけぎ	3,000	15	17	15	100
		玉ねぎ（播種床）	2,000	10	15	10	100
		玉ねぎ（本圃）	2,000	20	20	20	100
		にんにく	2,000	18	39	18	100
		にら（播種床）	4,000	22	25	16	200
		にら（本圃）	3,000	27	32	27	100
		らっきょう	2,000	20	20	20	100
		リーキ	2,000	30	15	30	100
		にんじん	2,000	11	24	12	100
その他の起源	ユリ科	アスパラガス（1年目元肥）	10,000	10	13	10	150
		アスパラガス（1年目追肥）		9	9	9	
		アスパラガス（2年目）	10,000	20	20	15	50
	バラ科	いちご（仮植床）	2,000	6	11	6	適宜
		いちご（本圃）	2,000	12	19	18	適宜

本書は『別冊 現代農業』2006年9月号を単行本化したものです。
編集協力　本田進一郎

著者所属は、原則として執筆いただいた当時のままといたしました。

農家が教える
家庭菜園 秋冬編

2010年7月30日　第1刷発行

農文協　編

発行所　社団法人　農山漁村文化協会
郵便番号 107-8668 東京都港区赤坂7丁目6-1
電 話 03(3585)1141(営業)　03(3585)1147(編集)
FAX 03(3585)3668　振替 00120-3-144478
URL http://www.ruralnet.or.jp/

ISBN978-4-540-10171-7　DTP製作／ニシ工芸㈱
〈検印廃止〉　印刷・製本／凸版印刷㈱